21世纪全国高等院校旅游管理系列实用规划教材
普通高等教育旅游专业"十二五"规划教材

旅游文化学

（第 2 版）

曹诗图　孙　静　主编

中国林业出版社

内 容 提 要

本教材将理论与实践紧密结合，根据本科教学实际，阐述了旅游文化学的基础知识、基本理论与应用方法，有机融合旅游主体文化、旅游客体文化、旅游介体文化与旅游区域文化，对旅游文化进行了系统分析与深入浅出的论述。教材内容丰富，观点新颖，文笔简洁生动，图文并茂。具体内容包括旅游文化导论、旅游主体的文化分析、人文景观旅游文化、艺术景观旅游文化、旅游企业文化、旅游区域文化、旅游跨文化研究、旅游接待地文化的变迁与调适。

本教材适合旅游管理专业本科生学习使用，也可以作为旅游管理专业研究生教学参考用书，还可供相关从业人员参考。

图书在版编目（CIP）数据

旅游文化学/曹诗图，孙静主编．—2版．—北京：中国林业出版社，2015.7（2021.12重印）
21世纪全国高等院校旅游管理系列实用规划教材，普通高等教育旅游专业"十二五"规划教材
ISBN 978-7-5038-8077-3

Ⅰ.①旅… Ⅱ.①曹… Ⅲ.①旅游文化–高等学校–教材 Ⅳ.①F590

中国版本图书馆CIP数据核字（2015）第168782号

国家林业和草原局生态文明教材及林业高校教材建设项目

中国林业出版社·教育出版分社

策划、责任编辑：许 玮

电　话：（010）83143559　　　　传　真：（010）83143516

出版发行	中国林业出版社（100009 北京市西城区德内大街刘海胡同7号）
	E-mail: jiaocaipublic@163.com 电话：（010）83143500
	网　址：http://www.forestry.gov.cn/lycb.html
经　销	新华书店
印　刷	北京中科印刷有限公司
版　次	2008年7月第1版（共印3次）
	2015年7月第2版
印　次	2021年12月第3次印刷
开　本	787mm×1092mm　1/16
印　张	14
字　数	336千字
定　价	36.00元

未经许可，不得以任何方式复制或抄袭本书之部分或全部内容。

版权所有　侵权必究

21世纪全国高等院校旅游管理系列实用规划教材
普通高等教育旅游专业"十二五"规划教材

《旅游文化学》(第2版) 编写人员名单

主　编　曹诗图　孙　静

副主编　胡幸福　孙天胜　詹　丽

编写人员　(按姓氏拼音排序)

　　　　　　曹诗图（武汉科技大学管理学院）

　　　　　　崔　峰（南京农业大学人文学院）

　　　　　　胡幸福（广州大学旅游学院）

　　　　　　李小丽（运城学院经济管理系）

　　　　　　刘新静（上海杉达学院旅游系）

　　　　　　匡　阗（沈阳农业大学经济管理学院）

　　　　　　孙　静（天津农学院人文系）

　　　　　　孙天胜（徐州师范大学历史文化与旅游学院）

　　　　　　汪胜华（三峡大学经济与管理学院）

　　　　　　吴海伦（中南民族大学工商管理学院）

　　　　　　夏凌云（东北农业大学旅游管理系）

　　　　　　夏习英（天津农学院人文系）

　　　　　　詹　丽（三峡大学经济与管理学院）

　　　　　　张建忠（晋中学院旅游管理学院）

　　　　　　赵　姣（山西农业大学林学院）

第 2 版前言

从文化的角度来看,现代旅游首先是一种生活方式(休闲、消遣等),是为了体验异地的文化,是审美文化活动,是不同地域文化的际遇与整合,是消费文化与经营文化的统一。文化是旅游资源和旅游产品的魅力所在。由此可见,文化与旅游的关系十分密切,是文化促成了旅游,没有文化就没有旅游。无论是旅游资源开发,还是旅游服务、旅游产品的设计与营销,乃至旅游业的可持续发展,都必须以文化作为基础和指南。文化可以说是旅游的灵魂。

旅游是文化的载体,文化是旅游的内涵,旅游与文化是互为因果、相互依存、相互促进的关系,发展旅游应与文化有机结合,做到以文兴旅,以旅扬文。我们应努力构建旅游与文化共融共生的平台,用文化支撑旅游、包装旅游、指导旅游、统领旅游,提高旅游的文化含量、文化品位、文化个性,丰富旅游产品的文化内涵,提高旅游产品的核心竞争力;用旅游承载文化、展示文化、传播文化、发展文化,提高文化资源的商品转化率,实现文化的价值和发挥旅游的文化功能。

为适应我国旅游教育发展的需要,我们在全国范围内组织了对旅游文化有着深入研究的部分优秀教师共同编写了这本教材。我们根据当前旅游市场人才需求和旅游业的发展前景,在教材编写中努力开拓创新,以"应用型、就业型"为特色,致力提高学生就业的竞争能力。教材编写中吸收国际同类教材和国内现有教材的优点,紧密结合旅游专业的特点,力求满足教学和科研的需要。

本教材将理论与实践紧密结合,根据旅游管理专业本科教学实际,阐述了旅游文化学的基础知识、基本理论和应用方法。教材编写遵循"导论—旅游主体文化—旅游客体文化—旅游介体文化—旅游区域文化(或旅游文化的空间分析)—旅游跨文化行为分析—旅游的文化影响与调适"的逻辑思路。教材共分为 8 章:旅游文化导论、旅游主体的文化分析、人文景观旅游文化、艺术景观旅游文化、旅游企业文化、旅游区域文化、旅游跨文化研究、旅游接待地社会文化的变迁与调适。教材脉络清楚,内容丰富,体系完整,遵循简明扼要、深入浅出、通俗生动的编写原则。书中不少内容是编者长期从事旅游文化研究的结晶,并参考了不少同行专家的理论总结和研究成果,但由于编者的学识有限,书中难免存在疏漏,欢迎广大读者批评和指正。

本教材由曹诗图、孙静任主编并负责策划与统稿,胡幸福、孙天胜、詹丽任副主编。具体编写分工是:第 1 章由孙静、夏习英编写;第 2 章由孙天胜、崔峰、曹诗图编写;第 3 章由詹丽、刘新静、张建忠、孙天胜、曹诗图编写;第 4 章由曹诗图、吴海伦、孙天胜编写;第 5 章由曹诗图、赵姣、匡瓄编写;第 6 章由胡幸福、曹诗图编写;第7章由夏凌云、汪胜华、孙静编写;第8章由李小丽、詹丽编写。

  研究生鲁莉、荀志欣、闫秦勤、胡书玲、邓苏、杨丽斌帮助收集资料。武汉科技大学管理学院、三峡大学经济与管理学院等单位的领导对本教材的编写和出版予以大力支持。中国林业出版社的编辑为本教材的出版付出了辛勤的劳动。在此一并表示感谢!

编　者
2014 年 8 月

第1版序

1845年，托马斯·库克成立世界上第一家旅行社，标志着世界旅游业的出现。但是作为真正意义上的现代旅游业，则始于20世纪50年代的欧美。从那时至今，旅游从少数上层阶层所能享受的活动发展到现今大众旅游和社会旅游时代，仅经历了50多年的时间。在这短短50多年的历程中，世界旅游业发展大大超出世界经济总体发展速度，成为世界上最大的产业之一。世界旅游组织的统计数字显示，2005年国际旅游人数首次突破8亿人次，全球平均增长率高达5.5%。世界旅游组织预测，到2010年，全世界每年将有10亿多人出国旅游。旅游不仅对世界各国的经济发展产生积极而深远的影响，同时它已成为人们生活中的一部分，还是影响人们生活方式和生活观念的一个重要因子。

中国是一个旅游资源大国，有着得天独厚的自然旅游资源和人文景观优势。上下几千年的文明沉淀，方圆960万平方千米的国土，使中国的旅游资源在世界上无与伦比。尽管我国旅游业起步于20世纪80年代初，但经过30余年的发展，中国正从一个旅游资源大国走向旅游接待大国，旅游业在国民经济中的地位和作用日益凸显，其强劲的发展势头受世界关注。2006年，我国国内旅游人数13.94亿人次，入境旅游人数12494万人次，全国旅游外汇收入339.49亿美元，出境旅游总人数为3452.36万人次。世界旅游组织预测，到2015年中国将成为世界上第一大入境旅游接待国和第四大出境旅游客源国。届时中国入境旅游人数可达2亿人次，国内旅游人数可达26亿人次以上，出境旅游人数可达1亿人次左右，游客市场总量可达30亿人次左右，居民人均出游可达2次，旅游业总收入可达2万亿元人民币左右。"十一五"期间中国旅游业将每年新增直接就业70万人、带动间接就业350万人。到2015年，中国旅游直接拉动和间接就业总量将达1亿人左右。《国务院关于促进旅游业改革发展的若干意见》中提出，到2020年，境内旅游消费额达到5.5万亿元，城乡居民年人均出游4.5次，旅游业增加值占国内生产总值的比重超过5%。

蓬勃发展、无限生机的旅游业给旅游教育，尤其是高等旅游教育带来了巨大的机遇和挑战。旅游管理类是管理学门类下面的一个专业类，面向的却是大产业，如何使旅游学科做大做强，更好地为旅游产业服务，为21世纪旅游业发展培养所需各类人才，是每一个旅游教育工作者所要思考的问题。要想做大做强旅游学科，使旅游教育与旅游产业的发展同步，就必须加大旅游学科建设的力度，其中之一就是要搞好旅游教材的建设，因为，教材是体现教学内容和教学方法的知识载体，是进行教学的基本工具，也是深化教育教学改革、全面推进素质教育、培养创新人才的重要保证。中国林业出版社组织全国部分高校编写"21世纪全国高等院校旅游管理系列实用规划教材"就是推动旅游教学改革与教材建设的重要举措。

在本套教材的编写过程中，我们力求系统地、科学地介绍旅游管理专业的基本理论、基本知识和基本技能（"三基"），同时也力求将以下理念融入教材的编写中：一是教育创新理念。即以培养创新意识、创新精神、创新思维、创造力或创新人格等创新素质以及创新人才为目的的教育活动融入其中。二是现代教材观理念。传统的教材观以师、生对教材的"服从"为特征，由此而生成的对教学矛盾的解决方式表现为"灌输式"的教学关系。现代教材观是以教材"服务"师生，即将教材定义为"文本"和"材料"，提供了编者、教师、学生与真理之间的跨越时空的对话，为师生创新提供了舞台。三是培养大学生"四种能力"的理念。教材的编写充分体现强化学生的实践能力、创造能力和就业能力、创业能力的建设需要，以适应旅游业的快速发展对旅游人才的新要求。四是教材建设服从于精品课程建设的理念。精品课程是具有一流教师队伍、一流教学内容、一流教学方法、一流教材、一流教学管理等特点的示范性课程。精品课程建设是高等学校教学质量与教学改革工程的重要组成部分。本套教材的编写力求为精品课程建设服务，能够催生出一批旅游精品课程。

本套教材不仅是全国高等院校旅游管理专业教育教学的专业教材，而且也可作为旅游管理部门、旅游企业专业人员培训及参考用书。我们希望本套教材能够为培养21世纪旅游创新人才做出贡献。

最后，借此机会感谢北京大学吴必虎教授、青岛大学旅游学院马波教授对本套教材的指导，感谢中国林业出版社对本套教材所付出的辛勤劳动以及各位参与编写的专家和学者对本套教材所付出的心血！

2007年10月

第1版前言

从文化的角度来看，现代旅游首先是一种生活方式（休闲、消遣），是为了了解异地的文化，是审美文化活动，是不同地域文化的际遇与整合，是消费文化与经营文化的统一。文化是旅游资源和旅游产品的魅力所在。由此可见，文化与旅游的关系十分密切，是文化促成了旅游，没有文化就没有旅游。无论是旅游资源开发，还是旅游服务，旅游产品的设计与营销，乃至旅游业的可持续发展，都必须以文化作为基础和指南。文化可以说是旅游的灵魂。

旅游是文化的载体，文化是旅游的根本，旅游与文化是互为因果、相互依存、相互促进的关系，发展旅游应与文化有机结合，做到以文兴旅，以旅扬文。我们应努力构建旅游与文化共融共生的平台，用文化支撑旅游、包装旅游、指导旅游、统领旅游，提高旅游的文化含量、文化品位、文化个性，丰富旅游产品的文化内涵，提高旅游产品的核心竞争力；用旅游承载文化、展示文化、传播文化、发展文化，提高文化资源的商品转化率，实现文化的价值和发挥旅游的文化功能。

从旅游的本质（消遣、审美的愉悦体验）和旅游的属性（文化性）来看，旅游学科体系的构建，旅游文化学、旅游美学、旅游心理学应是旅游学科的主要支撑（核心）学科。如果把这些鼎足而立的重要学科抽掉，旅游学科的大厦就会坍塌。遗憾的是，现实中的旅游教育和旅游学科建设对旅游文化学、旅游美学等太不重视，过分偏重于对旅游管理与旅游经济的研究，旅游文化学至今还很少有人问津，学术界很少有人涉足（如《旅游学刊》从1986—2006年发表的2111篇论文中有关旅游文化研究的文章仅有72篇，只占3.41%）。旅游文化学在一些旅游院校的课程设置中还没有被列入。开设最多的是功利色彩较浓厚的经济类、管理类课程以及技术操作性强的实用型课程，虽然此类课程也很重要，但仅有这类课程是很不全面的，这样培养出的学生知识结构欠合理，专业素养不高，发展潜力不大，难以适应旅游业发展的需要。这种状况应该迅速改变。总之，作为旅游学科的重要基础课程《旅游文化学》应该被纳入旅游教育的课程体系，在教学和科研中予以重视。

为适应我国旅游教育发展的需要，我们在全国范围内组织了对旅游文化有着深入研究的部分优秀教师共同编写了这本《旅游文化学概论》教材。我们根据当前旅游市场人才需求和旅游业的发展前景，在教材编写中努力开拓创新，以"应用型、就业型"为特色，致力提高学生就业的竞争能力。教材编写中吸收国际同类教材和国内现有教材的优点，紧密结合旅游专业的特点，力求满足教学和科研的需要。

《旅游文化学概论》教材将理论与实践紧密结合，根据旅游管理专业本科教学实际，阐述了旅游文化学的基础知识、基本理论和应用方法。教材编写遵循"导论——旅游主体文化——旅游客体文化——旅游介体文化——旅游区域文化（或旅游文化的空间分析）——旅游跨文化行为分析——旅游的文化影响与调适"的严密逻辑与清晰思路。教材共分为8章：旅游文化导论、旅游主体的文化分析、人文景观旅游文化、艺术景观旅游文化、旅游企业文化、旅游区域文化、旅游跨文化研究、旅游接待地社会文化的变迁与调适。教材脉络清楚，内容丰富，体系完整。教材编写追求简明扼要、深入浅出、通俗生动、避虚就实、务实求真。书中不少内容是编者长期从事旅游文化研究的结晶，并参考了不少同行专家的理论总结和研究成果，由于编者的学识有限，教材的内容和质量难免存在这样或那样的问题，欢迎广大读者提出批评和建设性的意见。

《旅游文化学概论》的教学，根据各学校的实际，既可作为专业课程也可作为选修课程，以安排40学时比较合适。

本教材由曹诗图、孙静任主编并负责策划与统稿，孙天胜、查俊峰、胡幸福任副主编。具体编写分工是：第1章由孙静、夏习英编写，第2章由孙天胜、崔峰编写，第3章由刘新静、张建忠、孙天胜、曹诗图编写，第4章由曹诗图、刘晗编写，第5章由查俊峰、曹诗图编写，第6章由胡幸福、曹诗图编写，第7章由汪胜华、孙静编写，第8章由李小丽编写。

研究生鲁莉、荀志欣、闫秦勤、胡书玲、邓苏帮助收集资料。武汉科技大学管理学院、三峡大学经济与管理学院等单位的领导对本书的编写和出版予以大力支持。中国林业出版社的编辑和北京大学出版社的编辑为本书的出版付出了辛勤的劳动。在此一并表示感谢！

编　者
2008年5月

目 录

第2版前言
第1版序
第1版前言

第1章 旅游文化学导论 ··· (1)
  1.1 文化概述 ··· (2)
    1.1.1 文化的概念 ·· (2)
    1.1.2 文化的结构和类型 ··· (3)
    1.1.3 文化的不同分类 ··· (3)
    1.1.4 文化的成因及基本特征 ··· (4)
    1.1.5 文化的基本功能 ··· (7)
  1.2 旅游与文化的关系及其相互作用 ··· (9)
    1.2.1 旅游与文化的关系 ··· (9)
    1.2.2 旅游与文化二者相互作用 ·· (11)
  1.3 旅游文化的概念、特征和功能 ·· (13)
    1.3.1 旅游文化的概念 ··· (13)
    1.3.2 旅游文化的特征 ··· (14)
    1.3.3 旅游文化的功能 ··· (15)
  1.4 旅游文化学研究 ··· (16)
    1.4.1 旅游文化学的研究对象与研究内容 ·································· (16)
    1.4.2 旅游文化学的研究方法 ·· (16)
    1.4.3 旅游文化学研究的意义 ·· (17)
    1.4.4 旅游文化学的研究现状和发展方向 ·································· (18)

第2章 旅游主体的文化分析 ··· (20)
  2.1 旅游主体的文化属性 ··· (20)
    2.1.1 人的本质属性 ··· (20)
    2.1.2 人在时代变化中的异化 ·· (21)
    2.1.3 人性的超越与回归 ··· (22)

2.2　旅游动机的文化分析 …………………………………………………… (22)
　　2.2.1　旅游动机类型的文化分析 …………………………………………… (22)
　　2.2.2　旅游动机的历史观照 ………………………………………………… (23)
　　2.2.3　彰显旅游的非功利精神 ……………………………………………… (24)
2.3　旅游审美行为的文化分析 ………………………………………………… (24)
　　2.3.1　旅游审美的要素及特征 ……………………………………………… (25)
　　2.3.2　旅游审美文化的类型特征 …………………………………………… (26)
　　2.3.3　旅游审美层次 ………………………………………………………… (27)
　　2.3.4　旅游审美文化的时空差异 …………………………………………… (28)
2.4　旅游消费行为的文化分析 ………………………………………………… (29)
　　2.4.1　旅游消费行为的概念及其文化属性 ………………………………… (29)
　　2.4.2　旅游消费行为与文化的关系 ………………………………………… (31)
　　2.4.3　中西旅游主体消费行为的文化差异 ………………………………… (35)
　　2.4.4　旅游消费行为的文化走向 …………………………………………… (37)
　　2.4.5　旅游消费行为的异化与引导 ………………………………………… (38)
2.5　旅游主体文化人格的塑造 ………………………………………………… (39)
　　2.5.1　旅游是最具有文化意味的行为 ……………………………………… (39)
　　2.5.2　文化人格塑造的空间领域 …………………………………………… (40)
　　2.5.3　旅游主体的理想文化人格塑造 ……………………………………… (40)
2.6　旅游意义与本质的文化哲学分析 ………………………………………… (42)

第3章　人文景观旅游文化 …………………………………………………… (46)

3.1　园林文化与旅游 …………………………………………………………… (46)
　　3.1.1　中国古典园林文化概述 ……………………………………………… (47)
　　3.1.2　中国古典园林构成要素 ……………………………………………… (51)
　　3.1.3　中西古典园林艺术特征之比较 ……………………………………… (53)
　　3.1.4　园林文化与旅游 ……………………………………………………… (54)
3.2　传统建筑文化与旅游 ……………………………………………………… (57)
　　3.2.1　中国古建筑的主要形式 ……………………………………………… (57)
　　3.2.2　中西古建筑文化比较 ………………………………………………… (63)
　　3.2.3　传统建筑文化与旅游 ………………………………………………… (65)
3.3　民俗文化与旅游 …………………………………………………………… (68)
　　3.3.1　民俗文化概述 ………………………………………………………… (68)
　　3.3.2　民俗文化中的旅游审美内容 ………………………………………… (69)
　　3.3.3　民俗文化旅游审美的特征及其社会意义 …………………………… (71)
　　3.3.4　民俗文化旅游开发 …………………………………………………… (72)
3.4　饮食文化与旅游 …………………………………………………………… (73)
　　3.4.1　中国饮食文化概述 …………………………………………………… (73)

    3.4.2 中国饮食文化审美的构成要素分析 …………………………………… (77)
    3.4.3 中国酒文化、茶文化鉴赏 …………………………………………… (79)
    3.4.4 饮食文化旅游资源开发 ……………………………………………… (83)
  3.5 宗教文化与旅游 ………………………………………………………………… (84)
    3.5.1 宗教文化的本质 ……………………………………………………… (85)
    3.5.2 基督教文化与旅游 …………………………………………………… (86)
    3.5.3 伊斯兰教文化与旅游 ………………………………………………… (88)
    3.5.4 佛教文化与旅游 ……………………………………………………… (90)
    3.5.5 道教文化与旅游 ……………………………………………………… (94)
    3.5.6 宗教文化与旅游业的交互影响 ……………………………………… (97)

第4章 艺术景观旅游文化 ……………………………………………………………… (100)
  4.1 雕塑艺术与旅游 ………………………………………………………………… (100)
    4.1.1 雕塑的艺术特点与形式 ……………………………………………… (100)
    4.1.2 中国古代雕塑艺术成就 ……………………………………………… (101)
    4.1.3 中国雕塑的美学特征 ………………………………………………… (103)
    4.1.4 中西雕塑文化比较 …………………………………………………… (104)
    4.1.5 雕塑与旅游 …………………………………………………………… (105)
  4.2 中国书法艺术与旅游 …………………………………………………………… (108)
    4.2.1 主要书体的艺术特征及其发展演变 ………………………………… (109)
    4.2.2 历代著名的书法艺术 ………………………………………………… (113)
    4.2.3 中国书法艺术的审美体现 …………………………………………… (116)
    4.2.4 书法与旅游 …………………………………………………………… (117)
  4.3 音乐艺术与旅游 ………………………………………………………………… (120)
    4.3.1 中国传统文化中的音乐 ……………………………………………… (120)
    4.3.2 传统音乐艺术的审美欣赏 …………………………………………… (121)
    4.3.3 传统民歌的地域特征 ………………………………………………… (124)
    4.3.4 中西音乐审美比较 …………………………………………………… (126)
    4.3.5 音乐文化资源的旅游开发 …………………………………………… (127)

第5章 旅游企业文化 …………………………………………………………………… (133)
  5.1 旅游企业文化的内涵 …………………………………………………………… (134)
    5.1.1 旅游企业文化的定义 ………………………………………………… (134)
    5.1.2 旅游企业文化的内容 ………………………………………………… (134)
    5.1.3 旅游企业文化的一般特征 …………………………………………… (135)
    5.1.4 旅游企业文化的个性特征 …………………………………………… (135)
  5.2 旅游企业文化的功能 …………………………………………………………… (137)
    5.2.1 导向功能 ……………………………………………………………… (137)

5.2.2 激励功能 …………………………………………………………… (137)
5.2.3 凝聚功能 …………………………………………………………… (137)
5.2.4 规范功能（约束功能） …………………………………………… (137)
5.2.5 调节功能 …………………………………………………………… (137)
5.2.6 辐射功能 …………………………………………………………… (137)
5.2.7 创新功能 …………………………………………………………… (138)
5.2.8 效率功能 …………………………………………………………… (138)
5.2.9 阻抑功能 …………………………………………………………… (138)
5.3 世界主要旅游企业文化类型的跨文化分析 ……………………………… (138)
5.3.1 美国旅游企业文化的特点 ………………………………………… (138)
5.3.2 日本旅游企业文化的特点 ………………………………………… (140)
5.3.3 中国旅游企业文化的特点 ………………………………………… (141)
5.4 旅游企业文化发展趋势 …………………………………………………… (142)
5.4.1 注意学习氛围的培养 ……………………………………………… (142)
5.4.2 与生态文化有机的结合 …………………………………………… (142)
5.4.3 更加注重树立良好的企业形象 …………………………………… (143)
5.4.4 更加注重企业精神与企业价值观的人格化 ……………………… (143)
5.4.5 更加重视"人本管理" …………………………………………… (143)
5.5 旅游企业文化的建设 ……………………………………………………… (143)
5.5.1 旅游企业文化建设的内涵 ………………………………………… (143)
5.5.2 旅游企业文化的评价标准 ………………………………………… (144)
5.5.3 旅游企业形象的塑造 ……………………………………………… (144)
5.5.4 旅游企业文化建设应遵循的原则 ………………………………… (145)
5.5.5 旅游企业文化建设的关键环节或主要方法 ……………………… (145)

第6章 旅游区域文化 ……………………………………………………… (150)
6.1 地域文化概念与特征 ……………………………………………………… (150)
6.1.1 地域文化的定义 …………………………………………………… (150)
6.1.2 地域文化的基本特征 ……………………………………………… (151)
6.1.3 地域文化对现代旅游的启示 ……………………………………… (153)
6.2 中国旅游文化区域 ………………………………………………………… (154)
6.2.1 燕赵旅游文化区 …………………………………………………… (155)
6.2.2 秦晋旅游文化区 …………………………………………………… (155)
6.2.3 中原旅游文化区 …………………………………………………… (156)
6.2.4 齐鲁旅游文化区 …………………………………………………… (156)
6.2.5 荆楚旅游文化区 …………………………………………………… (156)
6.2.6 巴蜀旅游文化区 …………………………………………………… (157)
6.2.7 皖赣旅游文化区 …………………………………………………… (157)

       6.2.8 吴越旅游文化区 …………………………………………… (158)
       6.2.9 闽台旅游文化区 …………………………………………… (159)
       6.2.10 岭南旅游文化区 ………………………………………… (159)
       6.2.11 云贵旅游文化区 ………………………………………… (160)
       6.2.12 关东旅游文化区 ………………………………………… (160)
       6.2.13 草原旅游文化区 ………………………………………… (160)
       6.2.14 西北旅游文化区 ………………………………………… (161)
       6.2.15 青藏旅游文化区 ………………………………………… (161)
   6.3 区域旅游的文化策划 …………………………………………… (161)
       6.3.1 把握好区域旅游地的文化导向 …………………………… (162)
       6.3.2 做好区域文化特色的发掘与主题定位 …………………… (162)
       6.3.3 注意文化资源转化的可行性识别 ………………………… (162)
       6.3.4 做好区域文化旅游产品的策划与开发 …………………… (163)
   6.4 旅游地域文化形象塑造 ………………………………………… (164)
       6.4.1 塑造一个好的旅游地形象 ………………………………… (164)
       6.4.2 抓好旅游地域文化建设 …………………………………… (164)

第 7 章 旅游跨文化研究 …………………………………………………… (171)
   7.1 旅游与跨文化交流 ……………………………………………… (171)
       7.1.1 跨文化交流概述 …………………………………………… (172)
       7.1.2 旅游的跨文化交流 ………………………………………… (172)
   7.2 中西方旅游文化差异比较 ……………………………………… (173)
       7.2.1 中西方旅游主体的文化差异 ……………………………… (174)
       7.2.2 中西方旅游客体的文化差异 ……………………………… (179)
       7.2.3 中西方旅游介体的文化差异 ……………………………… (179)
   7.3 中西方旅游文化差异的原因分析 ……………………………… (179)
       7.3.1 自然环境的原因 …………………………………………… (179)
       7.3.2 经济环境的原因 …………………………………………… (180)
       7.3.3 社会环境的原因 …………………………………………… (180)
       7.3.4 宗教文化的原因 …………………………………………… (180)
   7.4 旅游文化的冲突与整合 ………………………………………… (181)
       7.4.1 旅游文化的冲突 …………………………………………… (181)
       7.4.2 旅游文化的整合 …………………………………………… (182)
   7.5 跨文化与旅游活动及旅游经营 ………………………………… (183)

第 8 章 旅游接待地文化的变迁与调适 …………………………………… (187)
   8.1 旅游对接待地社会文化的影响 ………………………………… (187)
       8.1.1 旅游对接待地社会文化的积极影响 ……………………… (187)

8.1.2 旅游对接待地社会文化的消极影响 …………………………（189）
 8.2 旅游对接待地社会文化影响与作用的机理分析 ……………（193）
 8.3 旅游接待地可持续发展中的文化调适 ………………………（196）
  8.3.1 旅游接待地发展中的文化调适措施 ……………………（196）
  8.3.2 对旅游接待地文化变迁持正确态度 ……………………（199）
  8.3.3 树立科学的旅游发展观 …………………………………（199）

参考文献 ……………………………………………………………（205）

第1章 旅游文化学导论

【本章概要】

随着我国旅游业异军突起和迅猛发展，文化在旅游中的作用和地位越来越重要，得到了越来越多的人的关注，文化是旅游灵魂的观念已被人们广泛接受。文化不再是旅游活动中微不足道的一分子，不再是旅游附属物，而是旅游业发展成败兴衰的关键部分，它决定着旅游业未来的发展方向。因此，对旅游文化进行研究是十分必要的。本章从文化的概念、类型研究入手，探讨了旅游与文化的相互影响、相互促进的关系，分析说明了旅游文化的概念、特征和功能，阐述了旅游文化学研究的内容、方法、意义，指出了旅游文化学的研究现状与发展方向，并对旅游文化学的基本问题进行了讨论。

【学习目标】

1. 了解文化的概念、结构、类型、成因、特征及功能。
2. 掌握旅游文化的概念、功能、旅游与文化的关系。
3. 理解并掌握旅游文化的特征。
4. 了解旅游文化学的主要研究内容。

【关键性术语】

文化；旅游文化；文化旅游；旅游主体文化；旅游客体文化；旅游介体文化；旅游文化学。

无论是旅游资源开发，还是旅游服务，旅游产品的设计与营销，乃至旅游业的可持续发展，都必须以文化作为基础和指南。文化可以说是旅游的内涵与本质属性，是旅游业的灵魂。弄清旅游与文化的关系，全面加强旅游文化建设，提升旅游文化品位，对于提高旅游行业素质，增强市场生存能力和竞争力，促进旅游产业健康持续地发展，具有特殊意义。

旅游文化是旅游与文化相融合的产物。旅游文化学是旅游学和文化学相交叉的一门综合性学科，不但具有文化学的一般特征和属性，而且具有旅游学自身独有的特征和属性。所以我们在探讨"旅游文化"的含义之前，首先应该对"文化"一般性问题进行界定和梳理，这样有助于我们更好地理解和把握"旅游文化"的含义。

1.1 文化概述

1.1.1 文化的概念

"文"与"化"是在中国古代典籍中很早就已经出现的两个字。《论语·雍也》："质胜文则野，文胜质则史。文质彬彬，然后君子。"这里的"质"是质朴，指人的自然状态或自然本性，即人的自然生命。"文"指文采、华饰，实质上就是文德教化作用于人身而特有的光彩和气质。最早将"文"与"化"二字联系起来使用的是《周易》"贲"卦。《象传》："观乎天文，以察时变，观乎人文，以化成天下。"意思就是观察天象是为了掌握时令节气的变化，而观察人类行为是为了化育天下百姓。"文化"作为一个词语是在西汉以后才开始使用的，如刘向《说苑·指武》中就有"凡武之兴为不服也。文化不改，然后加诛"，其内涵即为"文治教化"或"人文以化成天下"。总的来说，古人对文化的理解，强调人的内在修养、教育、德行，以及与之相关的一些东西。中国古代的"文化"一词，与现代所说的"文化"一词，内涵有所相同。

英文、法文中的"文化"一词均为 culture，来源于拉丁文 culture，它最初始意思为种植、耕种、驯化。后来，"文化"一词逐渐由耕作转为对树木、禾苗等植物的培养，进而引申为对人类的心灵、肉体和精神的培养与化育。文化一词的中西两个来源，殊途同归，现在都用来指称人类社会的精神现象，抑或泛指人类所创造的一切物质产品和非物质(或精神)产品的总和。

文化是一个非常广泛的概念，其语意非常丰富。多年来，哲学家、社会学家、人类学家、历史学家、语言学家、文化学者、考古学家等试图从各自学科的角度来界定文化的概念。据美国学者克罗伯和克拉克洪在《文化：概念和定义的批判回顾》中统计，从1871—1951年欧美对文化的定义多达160多种。据法国学者摩尔的统计，世界文献中的文化定义多达250种以上。

在诸多的文化定义中，1871年英国文化人类学家爱德华·泰勒(E. B. Tylor, 1832—1917)对文化这一概念的界定影响最为深远。他率先把文化作为一个中心概念提出来，并将它的含义系统地表达为："文化是一种复杂体(或称之为'复合体')，它包括知识、信仰、艺术、道德、法律、风俗，以及其余从社会上学得的能力和习惯。"后来，一些美国的社会学家对这一定义进行了修正，将其修订为："文化是复合体，包括实物、知识、信仰、艺术、道德、法律、风俗，以及其余从社会上学得的能力与习惯。"之后，又有不少的社会学家、人类学家、民族学家、心理学家等又重新给文化下过定义，这些定义有历史性的、遗传性的，也有描述性的，但都没有超出泰勒把文化看成是一个复杂的整体的基本范畴。

虽然由于文化的内涵的不确定性和涵盖面太广导致人们很难给文化一个比较确切的定义，但是我们还是可以从广义与狭义这两个角度来界定文化这一概念的内涵和外延。

(1) 广义的文化

广义的文化，泛指人类在长期的历史进程中，不断创造、积累而逐步形成的物质和精神、制度与行为财富的总和。物质文化是指人类所创造的一切物质文明，包括生产工具、服饰、日常用品等，是一种可见的显性文化；精神文化分别指生活制度、家庭制度、社会制度以及思维方式、宗教信仰、审美情趣，它们属于不可见的隐性文化。广义的文化涵盖面非常广泛，所以又被称为"大文化"。

(2) 狭义的文化

狭义的文化是指人们普遍的社会习惯，是指在一定物质资料生产方式的基础上发生发展的社会精神生活形式的总和，大致相当于广义文化中的精神财富这一部分，意识形态、价值观念是狭义的文化核心，如衣食住行、风俗习惯、生活方式、行为规范等。狭义的文化又称"小文化"。

本教材涉及的文化，基本上属于广义的文化。

1.1.2 文化的结构和类型

对文化的结构解剖，有两分说，即分为物质文化和精神文化；有三层次说，即分为物质、制度、精神三层次；有四层次说，即分为物质、制度、风俗习惯、思想与价值观念；有六大子系统说，即物质、社会关系、精神、艺术、语言符号、风俗习惯等。目前比较通行的看法是，文化由三个不同的要素和层面构成，即物质、制度、精神三层次。

(1) 物质文化

文化的物质要素(物质文化层)即我们通常所说的物质文化，是指人类的物质生产活动方式和产品的总和，主要包括各种生产工具、生活用具以及其他各种物质产品，是可感知的、具有物质实体的文化事物。例如，我们穿的服饰，吃的食物，住的房屋，乘坐的交通工具，办公用的电脑等。

(2) 文化的行为要素(行为文化层或制度文化层)

文化的行为要素即我们通常所说的行为文化或制度文化。它是指人类在社会实践中组建的各种社会行为规范以及人际交往中约定俗成的以礼俗、民俗、风俗等形态表现出来的行为模式。

(3) 文化心理要素(精神文化层)

即我们通常所说的精神文化或观念文化，由人类社会实践和意识活动中经过长期孕育而形成的，其中包括思维方式、思想观点、价值观念、审美情趣、道德情操、宗教情感、民族性格等方面。因精神文化决定着社会中的人心所向、活动所趋，指导着人与人、人与社会、人与自然关系中的行为方式，所以精神文化是文化的核心部分。

1.1.3 文化的不同分类

按照不同的分类标准，可以把文化分成以下几类：

1.1.3.1 主文化与亚文化

根据各种文化在整个文化系统中所处的地位和作用来划分，可以把文化分为主文化、亚文化两类。主文化又叫主流文化，是在一个文化系统中起主导作用的文化。比如，儒家文化曾经是中国封建社会的主文化；在美国，西欧移民的文化是主文化。亚文化又叫副文化或次文化，是在一个文化系统中处在次要位置上的文化，一般指的是具有某一地区色彩或某一群体色彩的文化。

在一般情况下，主文化与亚文化是能够共存共荣的，两者并不一定是互相排斥的关系。如"儒、释、道"的"三教文化"在中国社会就可以共存，汉文化与少数民族文化也可以共存共荣。但在一定条件下，主文化与亚文化也有可能互相排斥并发生相互转化。

1.1.3.2 雅文化与俗文化

一般把存在于社会上层，文化水平较高的群体的文化称为（高）雅文化或精英文化。一般把存在于市民阶层，文化水平较低的群体的文化称为（通）俗文化或大众文化。

任何社会文化的雅与俗往往有一种向对方靠拢或融合的必然倾向。随着时间的推移，雅文化可以从俗文化中汲取营养，俗文化又以其质朴清新吸引社会上层，俗文化的有些部分逐渐被雅化。雅文化与俗文化之间没有不可逾越的鸿沟，二者相互依存、相互作用、相互转化。

1.1.3.3 文化和反文化

在一个群体、一个社会、一个国家、一个民族中形成的一种强大的、占统治地位主流文化的情况下，同时还会存在一种与其完全相反和对立的文化。前者称为文化，后者被称为反文化。

文化不一定是积极先进的，反文化不一定是消极落后的。文化与反文化在一定条件下也会相互转化。反文化在旅游活动中也时常有所表现，引起人们越来越多的重视。

1.1.4 文化的成因及基本特征

1.1.4.1 文化的成因

关于文化的成因，众说纷纭。先后出现过自然环境说、种族说、特殊本能说、心理因素说等理论观点，在这些说法中，影响最广的是自然环境说。

自然环境说的观点认为，人的身心特征、民族特征、社会组织、文化发展等人文现象受自然环境特别是气候条件的支配。早在公元前4世纪亚里士多德（Aristoteles）就已经提出地理位置、气候、土壤等影响个别民族特性与社会性质；法国启蒙哲学家孟德斯鸠（Mon-tesquieu）在《论法的精神》一书中将亚里士多德的理论进一步扩展，提出不同气候的特殊性对各民族生理、心理、气质、宗教信仰、政治制度起到决定性作用，认为"气候王国才是一切王国的第一位"，这种理论认为热带地区通常被专制主义笼罩，温带地区形成强盛与自由的民族的原因在于特定的自然环境。19世纪以来，欧美的一些学者（如黑格尔、拉采尔、森普尔等）进一步发展自然环境说，自然（地理）环境决定论成为社会学中的一个学派，主要代表人物是德国的拉采尔。他认为，地理因素，特别是气候和空间位置，是人们的体质和心理差异、意识和文化不同的直接原因，并决定着各个国家的社会组织、经济发展和历史命运。

这种思潮曾在反对宗教神学、探索社会发展的客观性方面起过一定的历史作用。

但它以自然规律代替社会规律，把自然(地理)环境对社会发展的影响和作用夸大为决定作用，并在一定程度上促成了文化上的种族中心主义(欧洲中心论)。我们认为自然(地理)环境是社会存在和发展的必要外部条件，对社会、文化发展具有重要影响作用，但它不是社会、文化发展的决定性因素。

1.1.4.2 文化的基本特征

(1) 文化的地域性特征

文化的地域性即文化的地区差异性。各地的地理环境无论是地质、地貌、水文、土壤、气候和生物等因素还是它们有机构成的自然综合体，都有着显著的地域差异。生活在一定地域的人们的生产生活方式受特定地域条件的影响与制约，经过漫长的演化，形成了独具特色的文化内涵。如世界上的东西方文化差异(东静西动)，我国南北文化差异(北雄南秀，北刚南柔)。即使是同一民族，由于居住在不同地域，其文化也会有一定的差异。文化差异形成主要是由于自然环境和社会环境(如民族、政治、宗教等)差异的影响。其形成机制是自然环境与社会环境差异导致生产、生活方式差异，进而导致文化差异。

因此，各地的文化带有各自鲜明的地域特征。这些文化对人类的各种行为包括旅游活动产生了深远的影响。随着人类改造大自然能力的日益增强和人类相互交流的日趋频繁，随着大众旅游的兴起与发展，文化的地域差异呈现逐渐缩小的趋势(如城乡差异等)，但这种差异并不会全部消失。即使原有的差异消失了，新的差异也会不断出现。

(2) 文化的民族性特征

世界上有许许多多的民族，每个民族都有自己的文化传统，每个民族都生活在特定的环境中，不同的环境造就了不同的生产、生活方式，形成了不同的语言、文字、艺术、道德、风俗习惯，正是这种独特的文化传统，使其与其他民族区别开来，这就是文化的民族性。民族文化是文化的深层结构，成为发展旅游的潜力之所在。

① **华夏民族旅游性格的原始特征**　以旅游文化中的民族性格而言，华夏民族旅游性格原生特征主要是以下几方面。

稳重　表现为中国古人"安土重迁"和喜静厌动，提倡适度旅游，即使出门远游，也常通过择吉祖道、折柳饯行等种种风俗来抚慰游子心灵。在旅游中注重优游、安全而排斥张扬、冒险。

内敛　表现为旅游者倾心于思乡恋家和性灵独抒，不太热衷于山水的科学考察和社会的客观观察，着意于中国大陆五岳山川的旅游而绝少海外旅游。

文化生态原因：半封闭的大河大陆性地理环境塑造了华夏民族稳健、内敛的原生旅游性格；农本自足经济环境使中国"游子"步履维艰并形成安稳、内敛的旅游性格，而满足于"三十亩地一头牛，老婆孩子热炕头"；宗法制度使中国旅游呈现"下静上动"的历史格局；伦理本位的意识形态塑造了求稳求静、观物修身的原生旅游性格特征。

② **西方民族旅游性格的原始特征**　西方民族旅游性格原生特征主要表现是冒险勇进，开放张扬。其具体表现为以下几方面：

一是从行为上看，冒险、主动、进取、勇敢是西方民族主要旅游性格。表现在旅游行为上比较张扬，喜欢表现自我，习惯于对自然和客观世界的探索。

二是从观念上看，西方社会与中国传统社会求生意志不同。正如中国近代旅游者第一次走向世界时所发现的那样："盖西俗，无论男女，皆得遨游外国。"哥伦布、达·伽马、麦哲伦等人的探险旅游和航海旅游都是如此。

三是探险旅游是西方旅游文学作品中永恒的主题，如《鲁滨孙漂流记》等文学作品。

文化生态原因：海洋环境培养了西方民族冒险勇进的原生旅游性格；经济基础（工商业）对西方民族早期旅游风尚及原生旅游性格的形成起到了重要作用；民主的政治制度与开放的意识形态形成了西方旅游"上下均动"的历史格局。总之，由于地理上濒临海洋，经济上商贸发达，政治上民主、开明，意识上民族精神的雄劲扬厉，导致早期西方人航海发达，流动频繁，塑造了他们独特的原生旅游性格——冒险勇进、开放张扬。

文化的民族性与文化的地域性互为表现，每个民族都生活在特定的环境之中，不同的环境造就了不同的生产、生活方式，形成了不同的语言、文字、艺术、道德、风俗习惯，从而构成了不同的民族文化。民族分布的地域性是文化地域性形成的主要原因之一。

（3）文化的时代性特征

文化是历史的创造物。任何文化都是在特定的时空条件中产生、发展起来的。任何一个民族的文化现象都是该民族千百年来文化的积淀。文化既有历史的传承性，又随着社会的发展而不断发展和变化，呈现出特定时代的文化风貌。

文化具有鲜明的时代性，可以划分出许多历史类型。如原始渔猎文化、农耕文化、工商文化、现代文化、后现代文化，它们分别代表着人类社会不同历史阶段的文化特征。人类文化进化的类型与层次的多样化是构成世界多样性的原因，也是旅游活动产生和发展的直接诱因。

知识链接：

林语堂笔下的老北京

在茶馆儿里，吃热腾腾的葱爆羊肉，喝白干儿酒，达官贵人、富商巨贾，与市井小民引车卖浆者，摩肩接踵；有令人惊叹不已的戏院，精美的饭馆子、市场、灯笼街、古玩街，有每月按期的庙会，有穷人每月交会钱到年节取月饼蜜供的饽饽铺。穷人有穷人的快乐，有露天的变戏法儿的，有什刹海的马戏团，有天桥儿的戏棚子；有街巷小贩各式各样唱歌般动听的叫卖声，串街串巷剃头理发匠的钢叉震动悦耳的响声，还有串街串巷到家收买旧货的清脆的打鼓声，卖冰镇酸汤的一双小铜盘子的敲击声，每一种声音都节奏美妙。可以看到婚丧大典半里长的行列，以及官轿及官人跟班的随从；可以看到旗装的满洲女人和来自塞外的骆驼队，以及雍和宫的喇嘛，佛教的和尚；变戏法儿中的吞剑的、叫街的、唱数来宝儿的、唱莲花落的乞丐，各安其业，各自遵守数百年不成文的传统规矩。

(4) 文化的承袭性特征

文化的承袭性或称为文化的继承性。人类为了生存繁衍，上一代总会把自己积累的生产、生活经验与技能传授给下一代，人们从前辈那里不仅继承了有形的物质遗产，还承袭了传统的价值观念、思维习惯、情感模式和行为规范。任何一种新的文化形态的出现和发展，都不可能凭空创造出来，而是要求借鉴吸收原有的文化成果中那些合理的部分，通过前辈传教、家庭抚育、学校教育、社会熏陶等途径，把它应用到自己的创造实践中。它使文化具有一定的稳定性和比较坚实的基础。文化正是吸收了这些学科的优秀成果，不断地给自己补充血液和营养，逐渐形成自己的特点，并使自己的机体更富于生命力。

知识链接：

活佛转世制度的创立

活佛一词最早出现在元代。元朝皇帝忽必烈封萨迦教主八思巴为"西天佛子，化身佛陀"，此后，元代人就开始称西藏高僧为"活佛"，它是指宗教修行中取得一定成就的僧人。到活佛转世制度创立后，它才成为寺庙领袖继承人的特称。

1252 年，忽必烈召见八思巴时，也邀请噶玛噶举高僧噶玛拔希。但噶玛拔希投向了当时的蒙古大汗蒙哥，被蒙哥封为国师，并赐给一顶金边黑帽及一颗金印。1283 年，噶玛拔希圆寂。为将本教派既得利益保持下来，他便以佛教意识不灭、生死轮回、"化身再现，乘愿而来"为依据，临终前要求弟子寻找一小孩继承黑帽。弟子秉承师命，找来一小孩为噶玛拔希的转世灵童，从此黑帽系活佛转世制度就这样建立起来。明朝的时候，被明永乐皇帝封为明三大法王之首的"大宝法王"。今天，这一活佛转世系统仍在传承。1992 年 9 月 27 日，在拉萨堆隆德庆县楚布寺举行盛大的十六世噶玛巴活佛转世灵童坐床典礼，揭开噶玛噶举黑帽系活佛转世的又一页。

(5) 文化的变异性特征

文化具有随时空条件的变化而改变的特性。一方面人类在继承前辈所创造的文化成果的同时，又在新的历史条件下创造新的文化；另一方面，文化的交流日趋频繁，以更快的速度推动着文化的变迁。在科技发达的现代社会里，文化交流的范围之广、频率之快是前所未有的，几乎每时每刻人类的观念、文化都在进行着分化和融合。例如，中国传统的婚俗饰物以红色为主，随着西方文化的进入，传统婚礼已不再那么传统了，加入了更多西方的元素。新郎新娘的结婚礼服完全西化了，新郎西服革履，新娘白裙白纱。不少情侣在教堂举行西方式的婚礼。

上述文化的几个基本特征，往往也是人类旅游活动产生的直接诱因。

1.1.5 文化的基本功能

文化作为人类社会的必不可少的有机组成部分，对人类和人类社会的生存与发展发挥着不可替代的重要作用。文化的功能主要表现在以下几个方面：

(1) 满足人类基本需求的功能

作为人类改造自然、改造社会创造的物质财富与精神财富的文化，无疑具有满足人类基本需求的功能。物质文化在满足人们某种实用需要的同时，具有供人们欣赏的审美价值，文化集实用与艺术于一体。旅游可以满足人们行、吃、住、游、购、娱诸多需求。旅游者通过旅游可以获得比日常生活更多的自由、休憩、运动、愉悦。旅游既是身心的释放和休息，也是精神的娱乐和消遣。在当今社会中，人们对高层次需求（审美、求知、身心自由、自我实现）和生活方式的追求，已经成为人们旅游行为的最基本、最核心的动力因素。

(2) 记录、储存和传播功能

文化形成伊始就发挥着记录、储存人类创造能力和创造成就的作用。作为文化载体的文字，使人类的发展进程出现了质的飞跃。文字的发明克服了语言交际在时间和空间上的限制，文字能将那些在转瞬即逝的时间里发生的一切事情记录下来，并打破空间的限制而大量地、系统地流传下来，传播出去。

任何一种文化现象都是社会现象，它在社会交往中产生和发展，自然就会在社会交往中得到传播。言语和文字既是文化现象，又是文化的载体，同时有巨大的传播功能。

(3) 认知和助知功能

人类借助于文化的记录、储存功能，不断积累经验，改进自己的思维方式，提高自己的认知能力，逐渐地认识自然、认识社会、认识自身、认识世界，从而使自己认知的能力不断扩大和深入，认知质量不断提高，认知速度不断加快。

(4) 教化和教育的功能

文化是"自然的人化"，文化被人们所创造以后，就成了人们生活环境中的有机组成部分，我们称之为文化环境。这种不同于自然界的人造环境，它一旦产生就反过来影响人、塑造人，发挥其教化功能。文化的教化功能，更多地表现为一种耳濡目染、潜移默化之中教化人，在不知不觉中使人们的思维方式、行为习惯、价值观念、审美趣味悄然发生变化。

(5) 凝聚或整合功能

在一个庞大的社会群体中，每个人的经历、性格、出身、职业可能是千差万别的，如何才能使人们不至于像一盘散沙，这离不开文化的凝聚功能与整合功能。因为文化可使一个社会群体中的人们在同一文化类型或模式中得到教化，从而产生相近的思维方式、价值观念、行为习惯，产生强大的趋同抗异力量，形成一种凝聚力或向心力。文化层次不同，文化的凝聚范围、层次、程度也不同。文化凝聚功能，在民族群体中表现得尤为明显。

文化凝聚功能有其积极一面，也有消极一面。文化的地域性与区域性，群体性与民族性，决定着文化发展过程中的差异性与不平衡性，造成了文化发展中的不断冲突与交融现象。历史上出现的许多宗教战争、民族冲突、地区冲突说到底其实就是文化的冲突。

(6) 调节和控制功能

为了共同的生存和发展，任何一个社会群体自然会要求其成员必须遵守某一行为准则、习俗规范、道德观念、法律制度，形成一些约定俗成的社会规范，确保社会在一定秩序中正常运行，这就是文化的调控功能。文化使得人们按照一定的轨道来生活，使社会关系得到调节，使社会冲突得到控制。事实上，也正是这种功能，才有可能使不同制度的社会、不同国情的国家之间和平共处。

综上所述，我们可以认为，文化是一个多层面并富有弹性的概念，不能对其作简单僵化的理解。

1.2 旅游与文化的关系及其相互作用

旅游既是一种经济现象，又是一种文化现象。一方面，现代旅游活动和旅游业的蓬勃发展，有效地促进了文化的继承、传播、交流和研究，旅游为文化的交流和传播提供了平台，为文化资源的开发提供了载体，为文化产业的发展注入了强大的动力，对旅游目的地的社会文化具有不可忽视的影响，所以说现代旅游活动已发展成为一种大规模的文化交流活动；另一方面，异地文化的差异催生旅游动机，旅游因为文化而变得丰富多彩。开发文化资源，可以使旅游富有品位，促进旅游业的快速发展。旅游与文化水乳交融、密不可分、相辅相成、共同发展。

1.2.1 旅游与文化的关系

旅游和文化的关系非常密切，旅游是文化交流的重要载体，文化是旅游资源的重要组成部分；旅游推动文化的交流融合，文化促进旅游的品位提升。从一定程度上说，没有文化的旅游是缺少灵魂的旅游，而离开了旅游的文化也是活力欠缺的文化。

我们分别从旅游主体(旅游者)、旅游客体(旅游资源)和旅游介体(旅游业)来分析这个问题。

谢贵安认为"旅游文化是以旅游主体的本质完善为主线的综合性的文化样式，是旅游主体为了追求人性的自由和解放，塑造完善的文化人格及民族旅游性格，实现对自然的超越和回归，以及对社会的推进和发展，在旅游客体和旅游介体的参与下，进行历史时段的永恒超越和文化空间的暂时跨越时所形成的各种文化事象及其本质。"沈祖祥认为"旅游文化是一种文明所形成的生活方式系统，是旅游者这一旅游主体借助旅游媒介等外部条件，通过对旅游客体的能动的活动，碰撞产生的各种旅游文化现象的总和。"可见，旅游文化是旅游主体、旅游客体、旅游介体三者相互作用所产生的物质和精神成果，旅游者在旅游活动中所显示出来的特殊的欣赏取向、审美情绪、心理状态等构成了旅游文化的主要内容。

(1) 文化是旅游主体——旅游者的出发点和归宿点

作为旅游的主体——旅游者外出旅游是出于一种较高层次的需求(出于"乐生"的需要，而不是"谋生"的需求)，出于寻求对异地景观、异质文化的憧憬和身心自由的体验。这种需求无疑超越了生理的或本能的欲望，上升到了社会文化层次，具有了社会文化意义。旅游主要属于精神享受和发展需要(如增知长智、审美怡情，有利于各国人民的交往和国际文化的交流与合作等），是文化制约和驱动的结果。据专家调查，美、英、日、德、法、澳等国的旅游者无一例外地把"与当地人交往，了解当地的文化和生活方式"当做出境旅游的主要动机之一。专家们认为，回归自然、放松身心、体验文化是当今旅游的三大潮流。从历史发展的观点看，旅游与其说是经济发展的产物，不如说是人类文化进步的结果，是文化观念变迁的结果（如国民关注的目标逐渐由物质转向精神，转向生活品质的全面提高，更加追求身心自由的生活，这在发达国家尤为突出，由此导致旅游活动的大众化、生活化与社会化）。总之，从旅游者的角度讲，旅游活动尽管带有经济色彩，但在本质上是一种文化活动。旅游者进行旅游，本质上也是购买文化、消费文化、享受文化。因此，文化是旅游主体的出发点和归宿点。

(2) 文化是旅游客体——旅游资源开发的灵魂

旅游资源是一种永久和无限的知识资源，它和文化有着密不可分的关系。旅游活动的产生和普及，一方面是由于人们追求身心自由（消遣、审美、怡情等）的内力的驱动；另一方面也受到旅游客体即旅游资源（或旅游产品）这一外力的吸引和激发。旅游客体所具有的魅力调动和激发了人们旅游的欲望和动机，并最终转化为实际行动。

旅游资源可以分为自然、人文两大类别。从自然旅游资源来看，大多与文化密切相连。大好河山孕育着文化，文化辉映着大好河山。如众多的名山胜水成了佛寺、道观的建造之地，孕育了丰富的宗教文化。而对自然景观的审美欣赏无疑是需要通过文化来反映和传播的。要将自然旅游资源转化成旅游产品，也必须要通过旅游开发这一文化手段。

从人文旅游资源来看，无论是以实物形态存在的文物古迹，还是无形的民族风情、社会风尚，都是人类生产、生活活动的产物，属于文化的范畴。许多文化产物都是人文旅游资源，略加开发就可以成为富有吸引力的旅游产品，大量的人文旅游资源都具有丰富的文化内涵。游人要欣赏、感悟它，就需要进行旅游开发，形成旅游景观。文化性应是旅游开发不可忽视的一个重要特性。文化在某种意义上可以说是旅游开发的灵魂。随着科技的迅速发展，人造主题公园得到大规模建设，科技、知识等对旅游的发展将起到越来越重要的推动作用。

(3) 文化是旅游媒介——旅游业可持续发展的支撑

旅游者千里迢迢出游的目的主要出于审美和求知等精神需求，从本质上讲也是购买文化、消费文化、享受文化。那么，旅游行为本身就不仅仅是停留在游山玩水的感官愉悦的观光旅游层次上，更是一种满足高层次的增知长智的需求。而旅游资源的开发和利用既是一种经济活动，更是一种文化创造活动，即"点子工程"。旅游资源开发、旅游产品的设计，如果缺乏文化品位，就不可能吸引游客，也难具有生命力。只有增强产品的文化内涵，注重产品的文化品味与文化形式，提高从业人员（如饭店服务员、导游等）的文化素质，加强企业文化建设，才能增强吸引力与竞争力，在市场竞争中立于不败之地，促进旅游业的可持续发展。

1.2.2 旅游与文化二者相互作用

1.2.2.1 旅游对文化发展的推动作用

（1）旅游是文化发展的重要载体

文化在没有与旅游融合之前，只是单纯的文化，不仅缺乏有力的经济支撑，而且也不容易让群众接受，如果没有旅游活动，宗教资源也好，民族资源也好，其他文化资源也好，都难以有效地大规模地进入市场，实现经济价值。而发展旅游将文化与旅游业有机结合，能够促进旅游文化的产业化。旅游在获得了经济收入的同时也传承了文明，提升了文化的价值，实现了文化在经济和社会方面的双重效益。而旅游正是文化尤其是地域文化开发的良好载体与依托。旅游可以通过音乐、歌舞、戏曲、演艺等多种群众喜闻乐见的文化艺术形式将文化理念表现出来，实现文化的雅俗共赏。

（2）旅游是文化交流与传播的有效形式

旅游活动是人们需求层次提高的一种表现，能满足人们求知的需要，因此发展旅游业的过程也就是人们不断挖掘传统文化、弘扬先进文化、传播先进文化的过程。如果没有旅游，无论是文化景点还是社会风情，都不会广泛被人们所了解。国与国之间、地区与地区之间的文化交流，都是通过旅游实现的。旅游是文化交流和传播的载体和形式。旅游者在接受不同的地域风光、名胜古迹、民间遗产、风俗习惯等历史文化熏陶的同时，将具有本地本民族个性的文化特征注入其中，使这一地区的文化传播到另一地区，实现了文化之间的融合，这种融合又使本地区文化发展摆脱了相对封闭的地域限制，增加新的文化内涵。以宗教旅游来说，通过旅游可以增长人们的宗教文化知识，陶冶性情、修心养性。到宗教名胜古迹的人一般具有较高的文化水平，不仅有一般游客，更有朝圣者、宗教信徒和专家学者。旅游就是一座沟通各种文化的桥梁。

（3）旅游促进了民族文化的保护与发展

民族文化是一个国家或地区重要的旅游资源。随着旅游的发展和接待外来旅游者的需要，当地一些原先几乎被人们遗忘了的传统习俗和文化活动重新得到开发和恢复，传统的手工艺品因市场需求的扩大而重新得到发展；传统的音乐、舞蹈、戏剧等文化艺术以及一些非物质文化遗产重新受到重视和发掘；长期濒临湮灭的历史建筑重新得到维护和管理。所有这些原先几乎被遗忘和抛弃的文化遗产不仅随着旅游的开展而获得了新生，而且成为其他旅游接待国或地区所没有的独特文化资源。例如，成立于1963年夏威夷的波利尼西亚文化中心，有7个村落，主要以展示当地人民的生活为主。旅游者进入村庄后，便处处可见歌舞的场面，最有名的是草裙舞，以大自然为舞台，男女都穿草裙、赤脚、戴头饰、脚饰、臂饰，配上粗犷的乐器和锣鼓。此外，还表演原始的钻木取火、用石头开椰子壳、爬树摘椰子，让旅游者充分体验了夏威夷当地的土著文化，从而也促进了当地的文化保护与发展。

1.2.2.2 文化对旅游发展的促进作用

（1）文化是旅游主体活动产生的动机和本质属性

现代旅游活动本身就是一种以不同地域、不同民族、不同文化之间的相互接触、相互融合为特征的活动，是消费文化与经营文化的统一。在具有可自由支配收入和足够的闲暇时间的前提下，个人要成为旅游者还必须有旅游动机，而旅游动机是一个人为了满足自己的某种需要而决定外出旅游的内在驱动力，旅游动力是为了满足旅游需要而产生的。旅游者出游主要是出于"探新求异"的需要，是为了增长知识和见识，了解异地的文化，旨在寻求一种"经历"、获得一种"体验"。旅游活动的本质是消遣和审美等身心自由的愉悦体验，仅仅限于感官刺激的旅游产品带给旅游者的是浅层次的审美体验，只有通过文化透视的旅游审美才能真正深入人心，满足人的心灵需要，得到深层次的享受。如峨眉山将宗教文化、山水文化与建筑文化结合，使游人得到极大的旅游审美体验。

同时，旅游本身是一种文化交流活动，是两种地域文化的际遇与整合。享受"文化"和消费"文化"是旅游者旅游活动的出发点与归宿。因此，我们可以说，文化是旅游活动的本质属性。

（2）文化能够提升旅游资源品位，增强吸引力和竞争力

旅游资源是旅游开展的基础，人们在评价一个旅游景点的品位时，往往注重其文化内涵，因为文化使景点充满鲜明的民族和地域特色，是旅游景点、旅游产品相互区别的本质内容。游人花费大量财力、精力外出旅游的原因，就是为了寻求异地身心自由的体验，丰富自己的精神生活。单纯的自然山水景观类同性很高，旅游吸引力比较有限，只有经过人为的开发、利用，将其加入文化的内涵，才能显示出资源自身的独特性，吸引旅游者的光临。

自然山水要转化成旅游产品，必须通过旅游开发来实现，而旅游开发中许多方面要用文化来包装、升华，从而提高其品位，增强其吸引力。文化在旅游开发中的作用犹如画龙点睛之笔，即使是普通的山水景观，有了文化的关照也会变得多姿多彩，光艳照人。例如，我国历代名家用诗词描述过的泰山、黄山、庐山、西湖等都引起无数游人对这些风景的向往。"欲把西湖比西子，淡妆浓抹总相宜。"苏轼的《饮湖上初晴后雨》，写出西湖的天生丽质和动人神韵，被推崇为前无古人、后无来者的西湖千古绝唱，使西湖不仅多了个"西子湖"的美名，更使其名扬天下，其具有的魅力是用单纯的景点所不能比拟的。

（3）文化是旅游企业盈利的依托和新的经济增长点

在市场经济时期，盈利是企业的主要经营目标，获取利润是企业经营的动力和生存的物质保障。旅游企业也不例外，它是依靠向旅游者提供旅游服务而获利的。只有旅游产品卖出去，旅游企业才能获得经济效益。而旅游企业要想卖出自己的产品，进而达到盈利的目的，必须使自己的产品优于其他产品，即有独特性，才能对旅游者产生巨大的吸引力。旅游产品的竞争力最终体现的是文化的竞争。旅游的各要素在一定程度上反映和体现着对文化的运用，因此，只有在旅游活动的文化内涵上多下工夫，把旅游与文化紧密结合起来，旅游产品才更具生命力。为了满足大众旅游者的需求，向旅游者提供具有文化内涵和文化品位的旅游产品，旅游产品的开发客观上需要挖掘旅游文化的内涵，以文化性作为生产和销售旅游产品的指导原则。

例如，山西省永济县本是一个小县，然而，位于该县境内的普济寺却很有些名

气。普济寺位于旧时长安通往北京的驿道旁，相传《西厢记》的动人故事就发生于此。于是，该地利用《西厢记》的影响大做文章，相继开辟了以青年游客为对象的"西厢新婚旅游活动"和以老人为对象的"重温西厢情"等专题活动，不断扩大客源市场，年接待游客高达 50 万人次以上。

由此可见，旅游与文化的关系非常密切。旅游是一种广义的特殊文化活动，文化是旅游的内涵和深层表述。文化是旅游者旅游活动的出发点与归宿，是旅游资源吸引力的源泉，是旅游开发与经营的灵魂。而旅游则是实现文化的教化与娱乐功能的良好载体与途径，是对优秀文化的挖掘、提炼与弘扬。任何忽视文化理念的旅游开发都难以取得成功，甚至会误入歧途。

因此，在区域社会经济发展和产业整合中，要把握旅游经济与地域文化的互融互动关系。发展旅游应与文化有机结合起来，做到以旅游兴文化，以旅游扬文化。旅游资源开发要以文化理念为指导，努力丰富旅游产品的文化内涵，提升旅游产业的文化价值，提高旅游产品的核心竞争力，实现利益双赢。

1.3 旅游文化的概念、特征和功能

1.3.1 旅游文化的概念

1977 年，美国学者罗伯特·麦金托什首次提出了"旅游文化"的概念，认为旅游文化实际上概括了旅游的各个方面，人们可以借助它来了解彼此之间的生活和思想，它是在吸引和接待游客与来访者的过程中，游客、旅游设施、东道国政府和接待团体的相互影响所产生的现象与关系的总和。

国内学者对旅游文化的研究始于 20 世纪 80 年代后期，到目前为止，国内对于"旅游文化"概念的界定有以下几种主要观点。马波认为，旅游文化是旅游者和旅游经营者在旅游消费或旅游经营服务过程中所反映、创造出来的观念形态及其外在表现的总和，是旅游客源地社会文化和旅游接待地社会文化通过旅游者这个特殊媒介相互碰撞作用的过程和结果。谢彦君认为，旅游文化是由旅游目的地居民、旅游者的旅游活动所营造的一种新型文化形态。张国洪认为，旅游文化是以旅游行为为核心，旅游产品为依托，旅游环境为背景的系统性的场景文化。邹本涛、谢春山认为，旅游文化是人们的旅游体验与介入过程及其精神产品的总和。曹诗图认为，对旅游文化的理解，不能偏重某一方面，应持综合的观点或"三位一体"（旅游主体文化、旅游客体文化、旅游介体文化的集合体）的系统观点。凡能为旅游所利用和由旅游业产生创造出的人类文明成果都可谓之为旅游文化，旅游文化是文化的一种特殊形态。旅游文化学是研究旅游与文化的关系和旅游文化构成体系（旅游主体文化、旅游客体文化、旅游介体文化）以及旅游文化形成与发展规律的学科。

虽然目前国内学者在对旅游文化概念的阐述上有不同的见解，但其实质都围绕着旅游的主体文化、旅游的客体文化和旅游的介体文化这三个方面进行论述的。可见，旅游文化实际上就是旅游主体文化、旅游客体文化、旅游介体文化的综合。

旅游主体文化，是指在旅游行为发生的全过程中，旅游者的文化观念、文化行为

的总和，研究旅游主体的旅游消费行为、文化特征、审美文化特点、精神世界等。旅游客体文化，是旅游资源、旅游设施及旅游产品的文化观念、文化内涵、审美价值的表现，其实质是一种文化载体，是旅游主体在旅游过程中进行文化欣赏与文化创造的客观基础。旅游介体文化，是指帮助旅游主体顺利圆满完成旅游活动的中介组织，对旅游解读的文化观念和行为，它包括旅游行业文化和旅游企业文化。旅游介体文化是连接旅游主体文化和客体文化的媒体，在旅游活动过程中起着重要的桥梁作用。

1.3.2 旅游文化的特征

旅游文化是一种从属于主文化的亚文化，是社会整体文化的一个分支，旅游文化既具有与主文化一样的地域性、民族性、审美性、时代性、传承性、多样性等共性特征，也具有旅游文化的独特性，旅游是食、住、行、游、娱、购的综合性活动，旅游文化也表现出综合性的特性，是传统性与现代性、功利性与非功利性、自我确认性与认同性、外向性与交融性的统一。

（1）旅游文化的传统性与现代性

作为具有悠久历史的传统文化，旅游文化有着丰厚的积淀，是人类的重要遗产；作为随时代演进的现代文化，旅游文化有其鲜明的时代性，吸引着广大游客。旅游目的地传统的本土文化是吸引旅游者的重要因素。新兴文化与传统文化在旅游中碰撞、交流和沟通，使旅游文化的内容、内涵不断得到充实和丰富，传统与现代并存，体现了旅游文化特有的性质，也是其魅力所在。

（2）旅游文化的功利性与非功利性

旅游文化是一种非功利性文化，具有很高的审美价值，它陶冶人们的情操，拓宽人们的审美空间，促进人的自由全面发展。旅游文化促进不同地区文化之间的交流，缩小文化差距，消除民族矛盾，使社会政治稳定、和谐发展。旅游文化的非功利性并不否定其功利性，随着旅游业广泛开展，旅游对经济增长的贡献越来越大，旅游促进经济递增也渐成共识，旅游文化具有很高的经济价值，其经济价值体现在对旅游客体内在价值的提升和增值上，北京的故宫、西安的兵马俑、云南的丽江古城等，这些文化符号往往代表了当地的旅游文化特色，成为最有经济价值的旅游吸引物。

（3）旅游文化的自我确认性与认同性

旅游者离开本地而到异地观光游览，很大程度上是想暂时摆脱日常生活环境的束缚，寻求一种自由、美好的生活和本真的自我。旅游文化常常带有自我确认性，地方的才是特色的，旅游目的地传统的本土文化是吸引旅游者的原动力，旅游文化是一种具有地方特色的、传统的、经典的、有意义的自我确认的文化形态。在旅游活动中，旅游者在旅游地寻找到不同于自身特点、优势、个性的新文化的同时，也在寻找差异文化的共同点，旅游文化也在积极吸纳其他文化，认同其他文化，旅游文化的认同性会淡化文化矛盾和冲突，弥合和缩小文化差异，使旅游者与旅游地居民能相互认同，和谐相处。

（4）旅游文化的外向性与交融性

旅游文化是一种个性张扬、外向开放、充满活力的文化。旅游文化具有向外传播的主动性，旅游文化是流动的文化，旅游主体总在不断的变换空间，旅游文化也随着旅游者的流动而向外传播、扩散。旅游文化除了具有外向性，还具有交融性，各种异域旅游文化在碰撞的过程中，实现着本土文化与外来文化的交流、融合，本土旅游文化不断地吸取外来文化的精华，吸收、吸纳、整合其他文化，使自身具有更强的生命力，促进地域文化发展。

1.3.3 旅游文化的功能

(1) 提高旅游主体的审美与发展能力，促进人的自由全面发展

随着旅游的大众化、休闲化，旅游日渐成为人们的另类生活方式和向真、追美、求善的重要途径，旅游者在旅游的过程中，能够舒展精神、放松心情、亲和自然，旅游使人感受到的是一种心性的自然"逍遥"，这有利于旅游者身心的牧放、性情的陶冶和精神世界的充盈。旅游者在游览中，对旅游地景观的文化解读也是一种对自身文化的再创造与再构建，从而提高了旅游者的审美能力与生活质量，促进人的自由全面发展。例如，茶在人们的生活中，起着解渴、治病的效用，但将茶纳入到旅游的视野内，如采茶活动，旅游者就能更深刻地感受到茶文化所蕴涵的深厚的文化底蕴，满足人们的审美需求。

(2) 激发地方传统文化的复兴与创新，加速目的地文化的演进

越来越多的人在旅游时，更青睐于具有浓郁地方文化特色的旅游地，这一旅游趋势，促进了地方传统旅游文化的复兴，促使当地人产生自豪感和自信心，增强民族凝聚力，这将加速目的地文化的演进。丽江泸沽湖畔的摩梭文化正是在旅游的推动下逐渐复兴，引起社会的关注。20世纪50年代之后，随着社会和政治制度的变迁，摩梭文化一度被人忽视。90年代以来，在旅游的带动下，摩梭文化逐渐走上自我恢复的道路，成为国内外学术界关注的焦点。

(3) 旅游文化规范、调节与制约着旅游活动

文化作为社会潜规则，规范、控制与制约着整个社会群体的意识和行为，协调着人与人、人与社会的关系，促进社会的和谐发展。作为文化分支的旅游文化，同样具有相同的功能，规范旅游活动，维持旅游业持续、快速的发展势头。旅游文化的调节和控制的功能主要表现在旅游介体方面，规范化、科学化的旅游制度和行业风尚，有利于维护旅游者的自主权和利益保障，使旅游服务最大限度满足旅游者的要求，促进旅游市场规范、有序的发展。例如，旅游法规就起着这方面的作用。

(4) 旅游文化促进旅游地经济的发展

文化与经济相互补充、相互渗透、相互作用。旅游地文化的释放，给当地带来了巨大的经济效益。以文化产业带动旅游业发展，繁荣地方经济的模式已成为一种必然，将文化与旅游融合，已成为旅游经济快速发展的重要方略。以漓江山水实景为背景，反映广西少数民族传统文化的《印象·刘三姐》就是一个典型的例子，自从投放市场以来，就受到了中外游客的好评，同时也为桂林带来了可观的旅游收入。由此表明，旅游文化也是一种经济资本，能给旅游业创造较大的收益。

1.4 旅游文化学研究

1.4.1 旅游文化学的研究对象与研究内容

旅游文化学的研究对象是旅游与文化的关系和旅游文化的构成体系(旅游主体文化、旅游客体文化、旅游介体文化、旅游区域文化)以及旅游文化形成与发展规律。旅游文化学可以认为是从文化视角研究旅游活动及其基本规律的旅游学分支学科。

旅游文化学研究的内容主要包括：一是对旅游主体文化的研究，内容包括旅游主体的文化属性、旅游动机的文化分析、旅游审美行为的文化分析、旅游消费行为的文化分析、旅游活动对旅游主体文化人格的塑造、旅游与人的精神世界等方面的研究；二是对旅游客体文化的研究，内容包括对自然旅游景观、人文旅游景观以及旅游活动对旅游接待地文化影响的研究。比如园林文化、传统建筑文化、民俗文化、饮食文化、宗教文化、雕塑艺术、书法艺术、绘画艺术、音乐艺术、地域文化与旅游的关系的研究等；三是对旅游介体文化的研究，内容包括旅游企业文化、旅游服务文化、旅游管理文化等；四是对跨文化交流的研究，内容包括旅游与文化交流、中西旅游文化比较(包括主体文化、客体文化、介体文化)、中西旅游文化差异原因分析、旅游文化的冲突与整合、跨文化与旅游活动及旅游经营等方面的研究。

这里需要说明的是，历史文化、人文景观文化、艺术景观文化、地域文化本身不能简单地等同于旅游文化，二者既有区别，但也有密切联系。对于这些文化如果持旅游的视角进行审视，有选择地开发利用，就自然成为旅游文化。旅游文化不是空穴来风或无本之木，必然是旅游客体作用于旅游主体的结果或产物。那种忽视甚至否定旅游客体文化并试图用旅游主体文化或所谓的"体验文化"代表旅游文化的观点是偏颇的。

1.4.2 旅游文化学的研究方法

旅游文化学的研究方法主要有实地调查法(包括观察法)、比较研究法、理论分析与实证研究法、跨文化研究法、文献考证法等。

1.4.2.1 实地调查法(包括观察法)

实地调查法是指研究者为了达到深入了解旅游文化的目的，通过发放问卷、访问、观察等方式直接地、系统地收集整理有关旅游文化现象的资料，通过对资料进行科学的分析研究，得出结论并说明问题的过程方法。有目的、有意识，更系统、更全面的实地考察、实物认识是旅游文化学习与研究必不可少的方法。一般把实地调查的过程分为三个阶段：调查选题准备阶段—调查实施阶段—调查总结阶段。

1.4.2.2 比较研究方法

(1) 历史比较法

历史比较法是指在较长时期的不同时段收集旅游文化资料来解释同一社会内部的旅游文化现象或不同社会中的旅游文化现象或事物的相似性和差异性的一种研究方法，并对旅游文化进行纵贯的分析比较研究。历史比较法研究旅游文化的优点在于，它能够了解旅游文化过程，能够对旅游文化现象进行动态分析，并通过这种分析发现旅游文化现象之间的联系。

(2) 类型比较法

类型比较法是一种横向比较方法，是对各种类型的旅游文化进行比较来确定它们的共同点和相异点，并揭示他们相互区别的本质特征，进而认识或揭示旅游文化产生、发展和演变的规律。类型比较法的具体作用表现在：由点到面，由个别到一般，逐步建立旅游文化的类型，由此上升到对旅游文化整体的一般性认识，抽出事物的本质特征，以便全面而深入地认识旅游文化现象。

1.4.2.3 理论分析与实证研究法

旅游文化学的研究除了需要旅游学理论的指导外，还需要根据其独特性结合实践中的案例进行研究，运用文化学、人类学、社会学、哲学、美学、心理学等相关成熟理论将实践中的新现象、新情况、新问题、新关系、新变化进行概括、总结，并用以指导更广泛的实际工作。理论分析与实证研究法中对个案与共性的研究则为从理论到实践，从实践上升到理论提供了一个很好的转换平台，充分体现了旅游作为应用性学科的特点，避免了理论空泛以及实践的盲目性、短视性。

1.4.3 旅游文化学研究的意义

(1) 揭示旅游活动发展的机理

旅游文化学研究有助于帮助人们正确认识和了解人类的旅游行为。揭示旅游活动发展的机理、旅游业发展的规律，有助于探讨旅游行为运动变化的发展趋势，按照一定的理论方法对未来的情况进行预测，有助于旅游活动的健康持续发展。

(2) 有助于提高旅游产品的质量

研究旅游文化有助于人们充实旅游产品的文化内涵，提高旅游产品与旅游服务的文化品味，正确地认识和了解旅游业发展规律，优化组合旅游产品，打造旅游文化品牌，促进旅游产品质量与旅游经济效益的提高。

(3) 促进旅游服务质量的提高

研究旅游文化有助于了解不同民族和不同地区的文化差异，为游客提供有针对性的高质量的服务，避免文化误解和文化冲突。

(4) 促进旅游者及旅游从业人员素质的提高

旅游从业人员要求具备较高的综合素质，如得体的着装仪态，洒脱的风度，优雅的举止，较强的语言表达能力和沟通能力，良好的职业道德，娴熟的服务技巧，丰富的专业理论知识，较强的处理人际关系能力、处理突发事件的应变能力等。随着人们物质生活水平的提高，对旅游的需求日益增加，同时对旅游从业人员的素质也提出了更高的要求。旅游文化研究有助于促进旅游者及旅游从业人员素质的培养和提高。

(5) 促进旅游可持续发展

旅游业的生存和发展依赖于资源环境，因为它是个资源环境型产业，它是依靠大自然赋予的独特自然景观和体现民族历史文化的人文景观来吸引游客的。旅游业的生存和发展既依赖于环境，同时又有可能损害甚至破坏环境。研究旅游文化有助于人们正确认识和理解旅游对环境、经济产生的影响,加强人们的生态意识,保护人类赖以存在的环境质量,建立现代化的旅游经营管理模式,促进旅游可持续发展。

1.4.4 旅游文化学的研究现状和发展方向

20世纪80年代初我国旅游业恢复发展不久,就有学者指出了旅游与文化的密切关系。例如,著名学者、理论家于光远先生就讲过一句十分经典的话:"旅游是经济性很强的文化事业,又是文化性很强的经济事业。"此后,有关旅游文化的论述屡屡出现在各类报刊上,为数不多的文化学的论著也涉及旅游文化问题,但总体上说,这些研究还是不成系统的研究。旅游理论界和旅游实业界对旅游文化并没有给予足够的重视。进入90年代以后,我国的旅游文化研究逐步得到重视,情况发生了明显的改观。令人欣喜的是,当前无论旅游学界还是旅游业界都已意识到了旅游文化研究的意义,旅游文化学逐步开始构建自己的理论体系,我国旅游文化研究已经走上了从最初自发的、零散的研究状态向自觉的、有组织的研究状态转化的道路。概括地说,我国旅游文化研究的现状如下。

第一,我国不少学者对旅游文化学的研究主要集中在旅游文化这一概念的界定以及旅游文化特征等基本理论问题的探讨方面。但是对旅游文化学的研究对象、研究内容与学科体系还未形成统一的认识与定论,对旅游文化学的概念体系、研究内容与学科体系缺乏准确、科学的把握。

第二,对旅游文化资源以及旅游文化具体内容的研究探讨日益重视。诸如建筑、园林、宗教、民俗等人文旅游资源文化内涵的分析与旅游开发已经引起越来越多学者的关注,文化旅游地景观及其形象研究,文化旅游者及市场研究,文化旅游资源及开发研究,文化旅游环境与保护研究,文化旅游管理研究,旅游跨文化研究,文化旅游资源的可持续发展问题,文化旅游理论与方法研究引起越来越多人的关注,但理论滞后于实践,对旅游主体文化、区域旅游文化、旅游景观开发中的文化规律、近现代旅游文化特征及其发展趋势的研究缺乏比较深入的研究与论述。

第三,我国对弘扬旅游文化的相关旅游产品的研究不够。多数以发展旅游文化为名开展的旅游项目主要的形式就是举办各种文化旅游节,反映了文化旅游发展模式的单一和不成熟。除了旅游节庆外,各地对本土文化的挖掘和旅游文化的提炼缺少深度,对旅游文化产品的开发也不够精致。

第四,目前国内外关于旅游文化的研究方法比较单一,研究多以描述为主,缺乏哲学层次上的提升,定量分析也很少。

随着经济全球化、文化多元化的冲击,旅游文化呈现出冲突与整合相交织的发展趋势。无论是旅游学界还是旅游业界,都已深刻意识到了旅游文化研究的紧迫性和重要性。旅游文化学研究将朝着应用化、拓展化、科学化的方向发展。

首先是应用化。旅游文化学从形式上看是一门旅游学与文化学交叉且理论色彩浓的基础学科。从其研究目的、特点和作用上看,它又是一门应用性和实践性极强的专业学科。旅游文化的研究从一开始就确立了促进旅游业可持续发展的根本目的,因此,它必然具有很强的实践性和应用性,而且这一特点将会得到进一步的加强。

其次是拓展化。一方面，旅游文化学将迅速拓展自己的研究范围，把触角伸向旅游活动中的广大领域，形成自己的分支，如旅游消费文化、旅游审美文化、旅游企业文化等；另一方面，旅游文化学将不断汲取各学科的研究成果，充实和完善自己的理论系统，然后再用自己的理论方法深入认识旅游经济、旅游心理、旅游管理活动中的现象和规律，发掘出其中深层的内容，促使其向纵深方向发展。

最后是科学化。随着现代科学技术的进步，旅游文化学研究将逐渐大量采用现代信息技术，把它们直接应用于旅游文化的调查研究之中，快速简捷地处理各种复杂的文化现象，使过去只能做定性分析的问题定量化，解决过去无法解决的复杂问题。

【思考题】

1. 什么是文化？并从要素和结构上予以说明。
2. 简析"非礼勿动""父母在，不远游，游必有方""君子不履险境""孝子不登高不临危""美不美，故乡水""谁不说俺家乡好"等民族性文化特征形成的原因。
3. 以迪士尼游乐园为例，分析文化对旅游的作用。
4. 简述旅游与文化的关系。
5. 说明旅游文化的内涵。
6. 旅游文化具有哪些特点与功能？
7. 简述旅游文化学的研究内容和研究意义。

【案例分析】

"印象·刘三姐"

由桂林广维文华旅游文化产业有限公司投资建设、我国著名导演张艺谋出任总导演，历时三年半努力制作而成的"印象·刘三姐"是世界上最大的山水实景剧场，她集漓江山水风情、广西少数民族文化及中国精英艺术家创作之大成，是全世界第一部全新概念的"山水实景演出"。演出集唯一性、艺术性、震撼性、民族性、视觉性于一体，是一次演出的革命、一次视觉的革命。演出以"印象·刘三姐"为主题，特意地将刘三姐留给人们印象中的经典山歌、民族风情、漓江渔火等元素创新组合，不着痕迹地融入于山水，还原于自然，成功诠释了人与自然的和谐关系，创造出天人合一的境界，被称为"与上帝合作之杰作"。"印象·刘三姐"带来了桂林文化、旅游、餐饮等产业链的兴旺，促进了当地经济的发展。特别是"印象·刘三姐"每晚的演出有200多固定演员是当地的农民，每一个农民的演出年收入可达6000元，多的上万元，由此带来的"农民增收"效应是明显的，一个文化品牌拓宽一条农民致富路。

案例分析思考题：

1. 结合案例，说明文化在旅游中的重要作用。
2. 结合案例，谈谈旅游文化功能在"印象·刘三姐"中的体现。

第 2 章 旅游主体的文化分析

【本章概要】
　　旅游者是旅游的主体，落实科学的旅游发展观，应坚持"以人为本"，重视对旅游主体的研究。对旅游主体进行文化分析是旅游文化研究的逻辑起点与重点。本章分析了旅游主体的文化属性，并对旅游动机、旅游审美行为、旅游消费行为进行了文化分析，论述了旅游主体文化人格的塑造、旅游与人的精神世界。

【学习目标】
　　1. 认识旅游主体的文化属性和人的异化问题，理解人性的超越与回归。
　　2. 学会对旅游者的旅游动机、旅游审美行为、旅游消费行为进行文化分析。
　　3. 了解旅游主体文化人格塑造在旅游中的重要意义。
　　4. 认识旅游在人的精神世界中的地位与作用。

【关键性术语】
　　旅游主体；旅游动机；旅游审美行为；旅游消费行为；文化分析；文化人格塑造。

2.1 旅游主体的文化属性

　　旅游主体，即旅游者。旅游者是人，人是有文化的动物，具有自身的文化属性。旅游主体的文化属性，指的就是"作为旅游的人"的文化属性。
　　谈人的文化属性，首先需要来认识人的本质。

2.1.1 人的本质属性

　　自古以来，人类就在思考自己的本质。人是什么？人是自然界长期发展的产物，《中国大百科全书》上说"人是地球上生命有机体发展的最高形式"。中国古代哲人认为"惟人为万物之灵"。历史唯物主义者虽然科学地指出了认识人的本质的基本原则，即从一定的历史条件和社会关系来考察人的本质，但也并不是给出了一个结论性的定义。

与动物相比，人最大的特征是劳动。动物只是被动地适应自然，人则通过自己的劳动来制造工具，改造自然。正是通过劳动，人创造了文化，可以说文化是人类对自然的适应，或者说人通过文化来适应自然。

人的本质是人的能动性或人的精神性，它的指向是"自由"。"自由"可以说是人的本质所在。

旅游作为一种跨时空的消费活动，它的广泛出现是经济发展驱动的结果，是人类的劳动创造了文化和文明之后的结果。但一个人能否成为旅游者，更需要内在的动因，正如先秦思想家墨子所讲的"食必常饱，然后求美；衣必常暖，然后求丽；居必常安，然后求乐"。人类在基本生存需求满足之后，随着收入的增长，必然追求更高的物质享受和精神享受，特别是身心的自由。但另一方面，旅游活动更是文化驱使的结果。从历史发展的观点看，经济发展固然为社会进步提供了物质基础，但是社会发展最根本的是社会文化与观念的革命。二战以后世界范围内旅游活动的兴盛，从客观条件看，是全球经济恢复、繁荣的结果，从深层次看，它是文化观念转变的结果，也是人追求自己的文化属性或本真的自我的结果。

2.1.2 人在时代变化中的异化

近代以来，铺天盖地而来的工业化，给人的本质以巨大的冲击，使人的存在状况发生了重大变化。这些变化给人类生活造成的窘迫境况，使人的全面生活被分解成某种碎片状的存在。处在"经济至上""消费主义至上"的时代，人几乎把全部的精力都付于赚钱的生活，这样一来，人自己本身的生命就成了赚钱的生活，人已经沦为挣钱的工具。就像一句话所说的，"你追求什么，你的价值就是什么"。在日趋金钱化的社会生活体系中，人的丰富个性被压榨成单薄无情的分工角色。形势所迫，每个人都在为自己筑起一道篱笆，把自己束缚在里面，人们很难看到生活的意义，理想、真理、社会责任感、身心自由感越来越缺乏。人们从心底泛起的是对做人的冷漠。当今时代，如何把人的广阔性本质与深层性本质两相结合，成为自由全面发展的人或拓展出一个全新的人，无疑成为当代人的使命。因为我们不仅要体验富裕、豪华生活所带来的体面，我们还想要体味那些使人崇高、有尊严和享受自由的感觉。人，就该按照人的样子来做人。

按照人的样子来做人，其中一个重要方面人就需要经常走出日常的生活世界，进入一个旅游的世界。旅游世界中的人，就成了旅游的主体，这个旅游的主体，也就自然带有他自身的文化属性。

在中国当代的旅游研究中，关注更多的是旅游资源的开发和旅游企业经营，关注一个又一个地域的旅游收入，关注这项收入在地区国民经济中的比重和地位，关注旅游所带来的经济效益，旅游带来的地区知名度的提高。但旅游除了社会经济层面的意义之外，是否还有思想性的人生意义的价值？人为什么不约而同地都要去旅游呢？人处在压抑、闭塞的环境中时，旅游可提供人超越现状的解放感。人主要是因为需要获得身心自由，才外出旅游。旅游给人一种解放、冲出密封生活的意向，表现了超越的特征。人通过旅游可以得到精神上的救赎与解放。旅游中，旅游者离开世俗界，进入异界，或者说离开生活世界，进入旅游世界，目的就是为了获得身心自由的体验，探寻生命的意义与真谛。

2.1.3 人性的超越与回归

人本来是群居的社会性动物，是生活在现世的。但人既在此世，就被此世的烦恼所界定，日常生活中的状态，削减了人生的种种可能。而一旦出游，就离开了"此在"，到达一个不是日常生活的世界——旅游世界，成为一个"游客"。游客在外地，就具有一种在而不在的性质，新的一切在眼前展现，人仿佛获得了新生，眼前的一切都不必成为自己的负担，因为自己不必介入这个世界之中，他只是一个匆匆过客。李白诗说："人生在世不称意，明朝散发弄扁舟。"这里的"散发"就意味着抛弃了旧有的生活规则。离开了自己原有的社会地位，摆脱了日常生活与工作的一切社会关系，成为另一个人。这种假扮"神游"的生活，就使游人获得了生命转化的意义，体现了人类深层的文化属性。

旅游者文化属性的研究，在中外旅游学界和旅游业界，都既有理论意义，又有实践功用。例如，作为旅游经营者，必须了解旅游消费者的文化需求和文化精神特征。外国旅游者来中国，除了欣赏我国秀美的山川名胜、灿烂的历史文化和品尝中国的美味佳肴外，更希望能够了解中国的社会经济文化发展状况，了解中华民族的生产、生活、信仰、娱乐等方面的习俗。所以，任何一处旅游景点和景区，都要研究不同的旅游消费群体，把握消费者的文化消费心理。当今世界，一部分人常年生活在拥挤喧嚣的城市中，过着节奏紧张、竞争激烈的生活，许多人想放松情绪，希望返璞归真，回归自然，因而生态旅游、森林旅游、探险旅游、自驾游、骑行游、农业观光游、乡村休闲游等应运而生，并逐步成为时尚。作为旅游规划设计人员，在规划设计过程中，也要充分考虑自己所研究的景区今后将要面向的市场人群，考虑这些人群的共通的和特殊的文化属性，有针对性地给出相关的创意和项目来。一般而言，旅游者的文化消费心理，不外乎审美、求新、求异、求知、求乐、怀旧、偏爱、共鸣、从众等，要针对旅游者的这些文化属性（心理需求），开发出有特色的旅游项目。

2.2 旅游动机的文化分析

一个人为什么会出外旅游？这里就牵涉到人的旅游动机问题。为了深刻认识旅游主体，旅游文化学应该对旅游动机进行文化分析。

2.2.1 旅游动机类型的文化分析

旅游动机是个既简单又复杂的问题，它产生于人的种种需要，是文化的驱动。有的人出游主要是出于审美、消遣，有的人出游主要是为了求知求异，有的人出游主要是想体验异国他乡的风情，有的人出游是为了游山玩水，有人出游是为了祛病健身，有人出游是为了摆脱一时的烦恼，有人出游是为了求神拜佛……旅游是万众的权利，每人都有自己心中的梦想，都可以选择适合自己的方式，但是，不同的文化程度和各自的人生基调，会使同样的旅途迈出不一样的脚步。

那么，究竟是哪些类别的需要促成了旅游的动机呢？储九志、马波认为主要是这样四种：①探新求异；②谋求知识和发展；③逃避紧张现实；④寻求尊重和自我实现。对现代人来讲，这是很有道理的。就前两类需要来说，旅游对个体生命无疑是一种文化经验，通过旅游时的时空转换，旅游者可以增长见闻，增加自己的知识，或改变自己的知识结构，这一点早已人所共知。至于第三类的逃避紧张现实，则是我们这个时代的共同特征。

这些年来，学界关于旅游动机的研究日渐增多，为了梳理众多的旅游动机，不少学者归纳总结了旅游动机的多种类型。如美国学者麦金托什把人的基本旅游动机分为四种类型。

健康动机 参与体力的调整，体育运动，海滨娱乐，参与一些自然疗法，总之试图通过体育运动来达到健身和放松情绪的作用。

文化动机 通过旅游地的民俗、音乐、舞蹈、绘画、建筑、宗教等，了解异国他乡的民俗风情。

社会关系动机 希望结交新的伙伴，探亲访友，借此来逃避日常生活中的琐事和家居的邻人等。

地位或声望动机 这类动机有如马斯洛人类需要层次论中的受人尊重的需要和自我发展的需要。希望通过旅游受到赏识，引起他人对自己的注意，得到生活小圈子之外的人的称许，游程中常常关心的是个人的声望和追求。

应该说这个旅游动机模型是不全面的，因为里面没有包括审美、消遣的动机（审美与消遣应是旅游的主要动机）或自然观光的动机。但它的好处是给了我们一个模型，一个有用的思路。日本学者田中喜一的分类与麦金托什近似但也比较笼统，他分为精神动机、身体动机和经济动机。

我们认为，无论何种旅游动机，无一例外的都是追求异地身心自由的体验，以欣然之态行意愿之事。

2.2.2 旅游动机的历史观照

为了深刻地认识人类旅游的动机，我们有必要将视野伸展到人类历史的长河中来进行考察。

在西方的现代旅游开始之前，中国古人早就有了久远的旅游传统。夏商时期，含有游乐成分的田猎已从生产中脱离出来。夏启的儿子太康之所以失国，《尚书·王子之歌》说是因为他"盘游无度"。到了周代，在周初的政治经典中，许多篇章都已贯穿着一种戒止过度游乐的思想。周文王周武王的游乐，已是纯粹的游山玩水了，民间游乐也日渐普遍起来，帝王巡守和游乐已经有了"省方观民"和与民同乐的名义。春秋时期，人们对观光的解释是"视他人之所为外在己者"，已然看成了是对异国、异地不同天地和人文之美的赞赏。而汉代的《吕氏春秋》中，已经以很大的篇幅集中讨论了游览的实践特征与规范。此后，士大夫的漫游传统在中国长期的封建社会中就从来没有停止过，今天流传的"读万卷书，行万里路"的说法，可以说就是过去千千万万个士大夫对成就一个有价值的人生的实践总结。就连古罗马的智者圣·奥古斯丁也说，世界是一本书，待在家里的人只读了它的一页。

我们看到，中国古代士大夫的旅游多属于"漫游"，大多绝无功利的目的，只求得回归自然，"放浪形骸"，以"超脱俗务"。即便在今天看来，这样一种旅游动机，从某种意义上说，也最能体现旅游活动的底蕴，是中国古代文化生活中最具有个性色彩的现象。德国的海塞也认为，对于无拘无束四处漂泊的向往，其实是一种恋情，一种爱。我们在漂泊中从不刻意追求目的地，而只是享受那到处漂泊的本身，永远在旅途中，每条道路都是回家的路。其实，"游"的原始意义正是这种天真、自由、自然状态的游走活动。但是人类进入近现代社会以来，这种体现最原始意义的旅游动机变得越来越少，而带有某种功利目的的旅游却随处可见。究其根本，乃是现代文明发展的结果，导致人类越来越远离自然，远离生命的本真状态，忙于追求更多的满足自己各种世俗欲望的东西，而把鲜活的自由的生命精神置诸脑后，人的生命在走向异化。

2.2.3 彰显旅游的非功利精神

章海荣教授设问，"人类的内心是否存在着一个永恒漂泊的、居无定所的情结？定居生活是否出于无奈而为之？"我们认为应该是这样的。台湾的龚鹏程教授在其《旅游的精神文化史》一书中就涉及这一问题，他经过研究发现，中国古人并不是以定居为常态的。事实上，当一部分人已无须游走或迁居，居家生活已一切就绪之时，旅游，或者就是深藏于他们无意识中迁徙、游走情结的必要补充。

所以，旅游从本质上说是一种无直接功利的活动，具有一般审美活动的非功利性。比如，面对一片蔚然生秀的山岭，勘探者和采掘者会认为是一个直接的功利对象。而对于旅游者来说，则仅仅是一个审美的对象。这种非功利性形成了游览中审美主体和客体的自由性和无限性特征。非功利的，因此是自由的和无限的。谢灵运在其《游名山志序》中说："夫衣食，人生之所资；山水，性分之所适。"他把游赏山水的志趣与衣食的必需并提，认为山水是满足天赋的精神上的志趣和需求的。有这样一种动机在心中，谢灵运当然成为我国魏晋时期山水诗的一代宗师。

仔细考量，现代人旅游的功利性也是情有可原。在这个科技迅猛发展，生活日新月异的时代，人被潮流所裹挟，没有一定的定力和足够坚强的信念，很难在观念上有所超越。在都市生活的人几乎完全被人自己所创造的产品所包围，被现代生活的紧张所包围，他们和自然界隔得远远的，甚至当他们决定回到自然去享受"治疗"时，都市人的概念仍然在控制着他们，使他们不能与自然作真实的相遇。于是，许多人便想借旅游来逃避都市生活。但逃避的结果往往是使旅游经常沦为肤浅的、只求感官上满足的活动。即便面对绝世美景，许多人也根本没有时间和兴趣做深入了解，做有意义的人生反省。

2.3 旅游审美行为的文化分析

旅游，从本质上讲，是人类的一种审美等异地身心自由的体验活动，离开了审美，就谈不上什么旅游。无论是风光欣赏还是休闲娱乐，几乎每一种旅游都是在寻求美的享受，以愉悦身心，陶冶性情，增添生活的乐趣。对于旅游审美活动，既需要从审美心理学的角度进行分析，也需要从审美文化学的角度予以探讨。

2.3.1 旅游审美的要素及特征

2.3.1.1 旅游审美主体

旅游审美主体是指旅游审美行为的实践者。具体地讲，是指有着内在审美需要，并与旅游资源（或旅游产品）结成一定审美关系的旅游者。

与其他审美主体相比，旅游审美主体有他自身的特点。

首先，旅游审美主体是精神活动的主体。即在具体的旅游审美活动中，旅游者追求的是精神享受，物质享受是次要的。

其次，旅游审美主体是情感活动的主体。即旅游者在旅游审美活动中主要是处于一种情感需求状态，否则就不可能进入审美境界，获得旅游真正的乐趣。

再者，旅游审美主体是自由的生命，活动的主体。旅游审美同其他审美活动一样，是摆脱了生理需要支配的活动，是脱离了对"物"的绝对依赖性的活动。对于缺衣少食、忧心忡忡的穷人来说，再美的景色也毫无意义。旅游审美主体不是粗陋的物质需要者，也不是低级的实用主义者，而是能对审美对象凝神观照，不旁及日常功利，不为物欲所纠缠的享有高度生命自由的人。

旅游审美主体还有他自身的审美尺度，这个尺度（亦即审美标准）有两类：一是形式韵律尺度，通常称为形式美尺度，根源于人的心理结构和作为自然生命体的活动规律，如均衡、对称、比例、韵律等；二是形式意蕴尺度，根源于人的社会文化心理和活动规律，与社会的理性观念相联系。如东方人偏爱静美，偏爱伦理美、理想美，西方人偏爱动美，偏爱科学美、现实美；我国北方人偏爱阳刚之美，南方人偏爱阴柔之美。

2.3.1.2 旅游审美客体

旅游审美客体是指旅游审美行为所及的客体，是具有审美价值的与主体结成一定审美关系的自然和人文景观资源和旅游产品。其特点主要表现在以下几个方面：

空间包容性 指旅游审美客体具有空间包容性，旅游审美主体可置身于景物空间进行欣赏，达到景随步移、步移景换的审美体验，这与欣赏一件艺术品不一样（艺术品只能从外部观赏）。旅游审美主体置身旅游审美客体，可通过多种感觉器官与旅游景观沟通、融合，达到"通感体验"效果。

广泛性 指旅游审美客体的丰富多样性，其熔自然、社会、艺术、生活于一炉，包罗万象。

协调性 特指风景体现了人与自然之间的协调关系（即自然景观美与人文景观美的有机融合）。

变化性 即时间的流逝性。指风景在一定程度上受季节变换的支配，随着时间的流逝而变化（如"春山艳冶而如笑，夏山苍翠而如滴，秋山明净而如妆，冬山惨淡而如睡"）。

2.3.1.3 人类旅游审美活动的基本特性

（1）综合性的审美实践

这是由于旅游的审美对象的丰富多样特点决定的，旅游审美活动集自然美、艺术美、技术美于一体，熔山川、古迹、建筑、园林、雕塑、书法、绘画、音乐、舞蹈、戏剧、服饰、烹饪、民俗风情于一炉，涉及阳刚、阴柔、崇高、秀丽、雄伟、悲壮等多种审美形态，可以满足人们不同层次的审美需求。

(2) 特殊的审美场值

就像物理学中有"场"一样，旅游审美活动也有一种场的效应。审美场值作为特定的审美行为、经验或感受结果，通常在不同的时空与审美关系中表现出较大的差异性。旅游审美与山水文学审美就有着许多不同。就像欣赏一幅黄山风景画获得的体验，与亲自游览黄山是无法比拟的一样。

(3) 循环效应

由于内外两类原因的共同作用，往往促成部分旅游者成为某些旅游地的"回头客"。其内因主要有人类的社会文化心理需求及认知的循环与提高过程；外因主要是旅游景观的丰富性、变异性及旅游服务的艺术性、发展变化性。

(4) 巨大的反馈作用

旅游审美活动可以起到促进旅游者的自由全面发展(心灵得到净化，情操受到陶冶，精神得以升华)和社会文明进步(按美的规律行事)的巨大反馈作用。

2.3.2 旅游审美文化的类型特征

旅游审美领域可分为自然领域、社会活动领域和艺术领域，在展开的过程中历史地形成了自然审美文化、社会审美文化和艺术审美文化三种类型。

2.3.2.1 自然审美文化

自然审美文化是以大自然为载体的审美文化，亦可谓之物态审美文化。人类审美在自然领域的展开相对较晚，因受人与自然关系的制约，远古时代人类与自然之间存在敌对、疏远的关系。随着社会生产力的进步，人类心智的开化，人类逐渐将自然由实用对象转化为审美对象。这种转变在中国大体始于先秦(如《诗经》中对山水风景的描写、庄子的"天地有大美"的观点)，成于魏晋南北朝时期(此时期人的精神世界自由解放，因而便有谢灵运、陶渊明一类"倾耳听波澜""性本爱丘山"的文人涌现以及山水诗文的勃兴)。而在西方，对自然的审美要比东方晚一些。到当今时代，自然界在现代旅游审美活动中的地位日渐提高，在工业化、城市化的进程中，越来越多的人"久在樊笼里"，渴望"复得返自然"。

2.3.2.2 社会审美文化

国家旅游局曾对一批美国游客的旅华目的做过调查，结果显示，美国游客对中国人民生活方式、习俗和伦理道德感兴趣的占一半多，远远超过以游山玩水为主要目的的人数比例。这让我们颇感意外，因为我们有那么多的名山大川，我们有那么丰厚的文物古迹，外国游客为什么偏偏喜爱我们的民俗风情呢？可见旅游不仅仅是欣赏自然美景，人类的社会交往、社会活动过程，也是美的创造过程，也都值得欣赏。这些美普遍地存在于人类的道德伦理、习俗礼仪、婚姻家庭、宗教信仰以及社会劳动和社会产品之中，是旅游者所愿意欣赏的社会之美。

有鉴于此，作为旅游接待地，就需要注意这样几个问题：一是有意识地拓宽社会审美的领域，有目的地开发一些具有典型性的社会劳动、生活场景的旅游产品（如一些地方的农家博物馆）；二是要意识到接待地的良好社会风尚的养成，特别是人们亲切、热情待人态度的培养，这是增强旅游吸引力的重要途径，热情好客的民风也是重要的旅游资源；三是要加强旅游服务人员的职业道德教育，因为旅游服务人员良好的职业道德，无形中会强化旅游者的审美感受和道德体验。

2.3.2.3 艺术审美文化

旅游活动中的艺术审美，是指旅游者与作为旅游审美客体的各种艺术作品发生"同构"关系而产生的文化形态。

艺术作品具有鲜明的主体性特点，它决定了旅游活动中艺术审美文化的特点：一是这种审美文化具有主导性、强制性，从而使得导游人员介入旅游者审美过程具有重要意义（如雕塑的鉴赏）。二是艺术品的审美价值主要在于它的内在意蕴。这种内在意蕴是：社会文化的历史积淀。欣赏艺术作品必须具备一定的艺术修养（如中国古典园林、宗教建筑等审美欣赏）。三是艺术审美对旅游者的反馈影响独特而深刻。艺术审美不仅具有娱乐作用，还具有审美认识和审美教育作用，使人受到真善美的熏陶，思想上受到启迪，引导人们树立积极向上的人生观和世界观。

对于旅游审美主体来讲，上述三类旅游审美文化常常是水乳交融，合于一体的。在实际工作中，应当综合分析和灵活运用。

2.3.3 旅游审美层次

在审美过程中，由于主体各自的审美感受在程度上不尽相同，往往显现出多层次性，这主要是因为审美感受一方面受制于审美对象；另一方面还受制于审美个性以及历史文化等因素。我国著名美学家李泽厚先生对这一问题进行过深入探讨，他把美感分为悦耳悦目、悦心悦意、悦志悦神三个层次。我们认为，旅游审美同样可以分为这样三个层次。

（1）悦耳悦目

悦耳悦目，是指以悦耳、悦目为主的全部审美感官为体验的愉快感受。这种美感形态，通常以直觉为特征，以生理快适为基础。这是广大旅游者普遍的审美感受形态。因此，旅游活动的安排应当尽量丰富多彩，给游客悦耳悦目的审美感受，避免雷同单调。

（2）悦心悦意

悦心悦意，是指透过眼前或耳边具有审美价值的感性形象，领悟到审美对象某些较为深刻的意蕴，获得审美感受和情感升华。这种美感效果是一种意会，在许多情况下很难用语言来充分而准确地表述，即所谓"只可意会，不可言传"。例如登临云雾缥缈的黄山时，产生的高度身心愉悦体验和飘然若仙之感、超然出世之情。

悦心悦意是比悦耳悦目更高层次的审美感受。如果说悦耳悦目以感性或直觉为主要特征，那么悦心悦意则以知性或理解为主要特征。悦心悦意的精神愉悦与悦耳悦目的感性快适相比，具有相对的持续性和稳定性。

（3）悦志悦神

悦志悦神，是指主体在观赏审美对象时，经由感知、想象、情感，尤其是理解等心理功能的交互作用，从而唤起的那种精神意志上的愉悦状态和伦理道德上的超越。它是审美感受的最高层次。这种美感形态之所以高级而深刻，是因为它体现了主体大彻大悟、从小我进入大我的超越感，体现了审美主体与审美对象的高度和谐统一。如乘船游长江、黄河，信步登临长城，会唤起我们怀古之情，给我们以民族自豪感和崇高的使命感。这种美感，不是一般感性基础上的感官快适，也不是一般理解基础上的心思意向的享受，而是一种在崇高感的基础上寻求超越与无限的审美境界。这种审美特质无疑有益于人性的完善。

2.3.4 旅游审美文化的时空差异

由于文化具有地域性、民族性、时代性、变异性等特点，旅游审美也就具有时空上的差异，从而形成旅游审美文化的时空类型。

2.3.4.1 旅游审美文化的时间差异

审美文化的形成必然受制于时代的社会经济状况，必须与该时代人们普遍的价值观念、生活方式、思维方式相适应。随着社会时代的发展变化，人的审美意识、审美文化也在不断地演进。旅游审美文化也是一样，具有时间差异。

审美文化的时间差异首先体现在环境取向方面。不同时代，人们对于风景所作的美学判断有很大区别。如在城市化时代，过去不屑一顾的荒野的自然美慢慢进入到人们的视野之中，这就是像神农架、张家界、九寨沟、青藏高原等旅游地为游客所向往的原因。这就是旅游审美的嬗变与演进。旅游审美嬗变表征主要是旅游审美标准变化、旅游审美视野拓展、旅游审美情趣转变等。如前些年《中国国家地理》杂志社先后两次发起的"中国最美的地方"的评选活动结果就说明了此问题。

不同文化和不同历史时期的人对自然大致有三种取向：①人屈从于自然。这主要是在生产力低下的社会，与旅游审美文化关系不大。②人凌驾于自然之上。原因有西方社会的犹太教、基督教传统和过去两百年的科学与工业革命，在这种价值取向指引下，人们更倾向于在征服自然、改造自然的过程中发现美，工业化城市等大规模的人造环境受到人们的青睐。③人努力与自然和谐相处。它以"天人合一"为最高目标，如在工业化高度发达的今天，人们越来越渴望摆脱城市的喧嚣和功利困扰，投身大自然的怀抱，体验人与自然的和谐统一。

当代旅游审美文化的变迁，还表现在多样化、世界化、世俗化与功利化等方面，这些变化同样应当引起旅游界的高度重视。面对上述变化与挑战，旅游开发者不能不进行深层次的思考。

2.3.4.2 旅游审美文化的空间差异（中西差异）

旅游审美文化不仅存在着时间差异，还存在空间上的差异。"杏花春雨江南，骏马西风塞北"；南秀北雄，南柔北刚；南方人崇尚阴柔秀雅之美，北方人崇尚阳刚雄壮之美。这都是中国南北不同空间旅游审美文化的差异。

中西方旅游审美文化也存在较大的差异，从总体上概略地讲，表现为"重人"和"重物"美学思想的差异：中国人偏于抒情，重在意境的创构；西方人偏于写实，重在形式的塑造；中国人偏于理想美的寄托，西方人偏于现实美的享受。当然，随着中西文化的不断交流和融合，这种差异有可能逐渐缩小或者发生某些变化，但那必将是一个相当漫长的过程。而且，旧的地域差异缩小或消失了，新的地域差异又会产生和出现，世界永远是丰富多彩的。

不同文化中的人对同一个对象的情感体验可能大不相同，如笛卡儿所说："同一件事情可以使这批人高兴得要跳舞，却使另一批人伤心得要流泪。"经验丰富的旅游从业人员大都有一种切身的体会：不同地区的旅游者在审美意识、审美行为等方面存在明显的差异（如世界上的东西方之间，我国的南北之间）。准确地把握这种差异，有益于组织适销对路的旅游产品，提供恰如其分的服务，满足不同地区旅游者的审美偏好。

旅游是一种跨越文化空间并联结异质文化圈的活动，因此，旅游常常伴随着文化接触、冲撞、互渗和交融的发生，将不同的文化进行比较分析是十分有益的。比较旅游文化能开拓人们的视野，使人们对旅游文化有更深刻的理解，并有利于提高旅游服务质量。

2.4 旅游消费行为的文化分析

旅游消费行为既是旅游主体的一种经济行为，同时又是旅游主体的一种文化行为，而且主要是一种文化行为。旅游主体在其消费过程中，通过不同的消费方式以实现自己的旅游消费行为，从而达到陶冶情操、增长知识、休养身心的目的。因此对旅游主体的消费行为进行文化分析，对于我们认识旅游主体文化的另一方面是必要的，也是有意义的。

2.4.1 旅游消费行为的概念及其文化属性

2.4.1.1 旅游消费行为的概念

所谓旅游消费行为，一般是指旅游者选择、购买、使用、享受旅游产品和旅游服务及旅游经历，以满足其需要的过程。它有广义和狭义之分。广义的旅游消费行为包括从需要的产生、消费计划的制订到实际消费以及其后产生的感受（满意程度）的全过程，其大部分环节都与文化有密切的关系。而狭义的旅游消费行为，它强调行为是一种外在的表现，仅指旅游者的购买行为以及对旅游产品的实际消费。

2.4.1.2 旅游消费行为的文化属性

（1）从旅游消费与一般日常消费的比较看，旅游消费是一种符号消费

旅游消费不同于一般的日常消费。一般的日常消费主要是对物的消费，因而特别注重物的功能性。而旅游作为人们对另类生活方式的追求，对物的消费性质发生了变化。旅游者不再从使用的角度来对日常生活的物进行判断和消费，而是从物品所蕴含的文化意义进行价值的认定，并进而从这样的文化消费中获得身心的满足。可见，旅游中所消费物品的符号性超过了其本身的功能性。因此，旅游供给的物品，必须成为符号，必须表达出某种文化内涵与象征意义，才能被旅游消费者所接受。从这个意义上讲，旅游消费是一种符号消费，符号价值是旅游消费行为的文化核心。

（2）从旅游消费的心理动因上看，旅游消费主要是为满足旅游者精神文化的需要

游客的旅游需求、动机往往外显为一定的旅游消费行为，旅游消费需求与动机，

是直接推动一个人进行旅游消费活动的内部动因或心理能源。根据美国著名心理学家马斯洛的人的需要层次学说，人的需要可概括为由低到高的 7 个层次，即生理需要、安全的需要、归属感与爱的需要、受尊重的需要、认知的需要、审美的需要和自我实现的需要。根据马斯洛的观点，生理和安全的需要是人的低层次需要，其他需要为高层次需要，只有低层次需要得到满足后，高层次需要才会得以产生。旅游需要正是人们在满足基本的生理和安全需要的基础上，向更高层次需要(特别是认知的需要、审美的需要、自我实现的需要)的一种追求，即主要表现为一种追求精神享受和发展需要的文化需求，而这种文化需求正是文化性旅游消费动机和行为产生的直接原因，并最终通过消费结果来满足旅游消费动机的需要。表 2-1 为旅游市场群体常见的消费行为所投射的三类消费心理趋向。从中可看出，不论旅游消费者的生活基础如何，其旅游消费心理和消费行为都无一例外地"蕴涵"有文化的趋向，只不过程度不同而已。

表 2-1　三类典型的旅游消费心理及行为趋向

消费类型	生活基础(物质/精神)	消费心理与行为趋向	旅游产品偏好
补偿型	基本生活水准有保障，精神文化生活较缺乏	强烈追求对现实生活不足的某种补偿，希望通过旅游拓宽视野、消遣、审美	观光型、休闲型旅游产品
平衡型	一般处于小康生活水准，精神文化生活有一定保障	将旅游仅作为生活方式中多元化享受的一种平衡	多类别、大众化的旅游产品
超越型	生活水准较高，精神生活丰富	自我实现意愿强烈，追求对现实生活(优越/平凡)方式的一种突破	全方位参与型旅游项目，专题探索型旅游产品

(3) 从旅游消费的主体内容上看，旅游消费主要是一种文化性消费

首先，从旅游消费的客体，即旅游消费中的吃、住、行、游、购、娱六大环节所指向的对象看，大多是一定文化的载体和反映，具有深厚的文化内涵。如"吃"的酒文化、茶文化、烹饪艺术等，"住"的酒店环境景观艺术和室内装潢艺术等，"行"的"路上文化"，"游"的旅游景观所承载和折射的文化，"购"的商品文化等。其次，从旅游消费的主体旅游者看，他们大多是一国或地区、民族或种族特定文化的表征。在消费过程中，消费主体不断解读、破译蕴藏在消费客体中的文化"密码"。面对不同的消费客体，不同的消费主体会因自身不同的文化背景而产生不同的文化反映，即使同一消费主体也会产生由自己多层面文化背景所支持的不同的文化反映。可见，旅游消费是旅游消费主体、客体等相互作用所表现出来的一种综合的文化性消费。

(4) 从旅游消费的过程看，无不渗透着文化的传播、交流和发展

旅游活动作为一种文化性活动，其重要特征之一就是旅游者带着在自身文化氛围中形成的审美习惯、思维方式和旅游消费行为模式，进入另一个文化的空间进行文化的接触和交流，并将自身的文化属性造就的消费模式带入旅游目的地。旅游者在和旅游地居民交流的过程中，即以自身的文化特性对他人产生潜移默化的影响，进而使旅游地的文化特质产生一定程度的改变，同时使自己对目的地的文化和社会有了更深入而客观的了解。这种所谓"异质文化"的部分因素可能会自觉不自觉地被旅游者接纳，

并可能逐渐成为其自身文化特质的一部分。当然，不同类型的旅游者对目的地的文化影响是不同的。根据瓦莱纳·施密斯对旅游者的分类，越是大众化旅游，旅游者对目的地文化的不适应程度就越差，影响也就越大，见表2-2。

表2-2 不同类型欧美旅游者对发展中国家旅游目的地社会文化的适应与影响情况

旅游者类型	旅游者数量	对地方社会文化的适应情况	影响程度
探险者	极为有限	完全接受	无影响
精英分子	很少见	很适应	基本无影响
不因循守旧者	并不普遍，但能见到	较适应	基本无影响
偶尔到访的散客	偶然可见	有时适应	影响较小
新出现的游客群体	形成批量	寻求西方模式	影响较大
大众旅游者	持续的批量到达	期待西方模式	影响非常大
包机旅游者	大量到达	寻求西方模式	影响非常大

总之，旅游消费行为的基本出发点、整个过程和最终效应都是以获得精神享受为指向的。人们借助旅游来放松身心、释放压力、颐身养性、调整情绪。虽然旅游消费水平要受制于经济发展水平，但旅游者一般都不是把经济活动看成旅游消费的目的，而是追求一种梦想、一种经历和一种体验。而且随着社会的发展和人们生活水平的提高，越来越多的旅游消费者追求旅游产品所蕴涵的时尚，从旅游的精神价值中寻求认同，以期达到对平凡生活的补偿，满足情感需求。同时，从旅游消费行为本身看，也反映了当时人们的文化生活方式，他们对旅游产品和服务的消费与购买，总是夹杂着某种情感色彩。可见，从本质上说，旅游消费是一种满足人们精神文化需要的感性消费或体验性消费，它具有突出的文化属性。

2.4.2 旅游消费行为与文化的关系

旅游者在实现其旅游行为的过程中，一直伴随着消费行为，而这种消费行为的本质是一种精神文化活动，因此，文化对旅游消费行为的影响显而易见，它从根本上确立了旅游消费行为的方式和性质。反过来，由于人们的旅游消费行为受特定文化和传统的支配，因而旅游者在其旅游消费活动中往往又有意无意地扮演了文化载体的角色，即旅游者在感知和体验目的地文化的同时本身成为文化的传播者。

2.4.2.1 旅游消费行为对文化的影响

旅游消费行为与文化有着不可分割的关系。旅游消费行为不仅受旅游者原有文化的制约，而且反过来会影响文化的发展，尤其对目的地的文化产生深远而深刻的影响。

(1) 对目的地居民思想和行为的影响

一般来说，当发达国家(地区)的旅游者在前往欠发达国家(地区)旅游的过程中，由于前者的经济发展水平和旅游消费能力普遍高于后者，因此，来自发达国家(地区)的旅游者的消费观念、消费意识和消费方式往往会对目的地居民产生某种"示范效应"，尤其当高势能文化区的旅游者流入低势能文化区而引发的接待地社会文化变迁的现象值得重视。通常,当一个社会与另一个在经济文化上都比较强大的社会接触时,这个较弱势的社会常要被迫接受强势社会的许多文化要素,这种由于两个社会的强弱关系而产生的广泛的文化假借过程,即称为"文化涵化"。这种"文化涵化"或"文化扩散"带给东道主最直接的影响就是,当地人逐渐远离自己的传统文化,转而模仿和学习旅游主体文化,从而改变目的地居民的思想意识、行为举止和价值观念。这种"示范效应"一方面有助于激发当地居民奋发向上的精神,促进他们改变传统观念,增强现代意识;另一方面,又对目的地居民产生诸多不良影响,如盲目攀比、从众消费,为追求更高的生活质量而迁居异地,传统家庭关系解体等。

(2)对目的地社会生活的影响

随着旅游者的大量涌入,旅游者的消费偏好和行为会改变当地的就业结构、基础设施条件和社会文化活动内容。如由于日本休闲旅游者是澳大利亚昆士兰黄金海岸的重要客源,因此,为了迎合日本旅游者的口味,在昆士兰地区出现了越来越多的日式基础设施、日式餐馆和符合日本游客居住习惯的宾馆。再以我国川滇交界的泸沽湖为例,旅游者的纷至沓来,对当地人特别是青年一代的生活方式造成了难以估量的影响。他们首先在穿着打扮上模仿旅游者,有的只是在表演时才会套上民族服装;在对待民族特色文化方面(如走婚制),很多人觉得无所谓,而且,越来越多的摩梭青年疏离传统生活与民族文化,融入外部世界和现代商业文化。

(3)对目的地传统文化习俗的影响

近年来,为使游客能体验到当地文化,许多旅游区都推出了文化旅游产品,这些文化产品的推出,一方面成为保护当地传统文化的有效方式之一;另一方面,不合时宜的"文化商品"又造成了真正传统文化的失真甚至丧失。如许多传统节日和风俗习惯经过人为的预先安排,以娱乐的形式被搬到舞台上进行商业化表演,俨然失去了原有的意义。此外,大众旅游者对文化纪念品的需求,一方面增强了当地居民的自豪感,使一些民间工艺和艺术得以延续和发展;另一方面也改变了旅游地工艺品的艺术风格和形式,使一些原本富有宗教和礼仪意义的工艺品变成了纯粹的商品。

2.4.2.2 文化对旅游消费行为的影响

文化作为一个复合体,它是人类欲望和行为最基本的决定因素。它通过影响一个人的心理状态、生活方式、价值观念等个体的各个方面,进而影响到消费者的消费行为。市场营销学权威菲利普·科特勒在其与加里·阿姆斯特朗合著的《市场营销原理》(第9版)一书中将影响消费者行为的因素归为四大类,即文化因素、社会因素、个人因素和心理因素,并认为"文化是引发人类愿望和行为的最根本原因""文化因素对消费者的行为有着最为广泛而深远的影响"。

旅游消费行为与其他消费行为一样,一方面作为个体行为,受心理等个人因素的影响;另一方面,个人旅游消费行为又是社会整体旅游消费行为的一个重要组成部分,受到社会文化因素的影响。

（1）文化因素制约旅游者的某些心理欲求，禁止和限制那些本民族和社会不允许或不赞同的旅游消费行为

每个人都生活在一定的文化环境中，从小受到周围文化环境的熏陶，并建立起与该文化相一致的价值观念和行为准则。因此，不同国家、不同地域和不同民族的旅游者都有本国、本地区、本民族及其他文化上的追求和禁忌，并由此引导、约束和限制自身旅游活动中的行为。如信奉伊斯兰教的穆斯林旅游者，在旅游目的地的选择上，往往把伊斯兰圣地麦加作为首选，在饮食上也严格遵守伊斯兰教的饮食习惯及相关规定。

（2）文化因素决定旅游主体的旅游消费观念和行为标准

不同地区的旅游者由于受各自文化因素的影响，旅游消费观念和行为方式有明显差别。例如，在日本旅游团队中，日本旅游者会按照本民族文化上的标准，如年龄、社会地位等排列次序，并以此来约束自己相应的旅游消费行为。而西方旅游者由于价值观念不同，则具有很强的自主意识，喜欢直率地表达自己的意愿和要求。即使相同文化背景下的旅游者，其消费行为也会呈现出一定的差异，见表2-3。

表2-3 访问澳大利亚的中国(大陆)、日本、韩国、中国台湾地区旅游者的特征

国家(地区)	中国(大陆)	日本	韩国	中国台湾地区
语言	汉语普通话及多种方言	日语	韩语	汉语普通话及闽南话
旅游发展周期	开始阶段	成熟期	发展期	发展期
对旅游地的形象、感知	蓝天白云、代表西方生活方式的洁净大海；获取学位	有吸引力和安全的旅游地	天堂一般的胜地	一个对下一代教育和移民有吸引力的地方
团队旅游或独立旅游	全包价旅游是最主要的形式	70%为包价旅游	86%为包价旅游	70%为包价旅游
最愿意旅游的月份	没有明显倾向	8月	无倾向	2月
旅游目的	度假23%；公务41%；探亲访友20%	度假89%；公务5%；探亲访友1.7%	度假77%；公务9%；探亲访友5.7%	度假80.5%；公务6%；探亲访友5.2%
第一次访问	很可能是第一次访问	78%第一次，包价为83%	70%第一次，包价为78%	70%第一次，包价为81%
食宿	60%使用有设施的饭店；但92%的商务旅游者倾向于使用高档酒店	93%使用有设施的饭店	83%使用有设施的饭店	81%使用有设施的饭店
人口统计数字	16%大于60岁，80%为男性，73%是有职业的	平均年龄为29岁，56%是女性	平均年龄为44岁，56%是女性	平均年龄为36岁，58%是女性

(续)

国家(地区)	中国(大陆)	日本	韩国	中国台湾地区
最喜欢的项目	海滩56%；国家/州级公园、遗址、洞穴38%；植物园37%；历史建筑31%	游泳、潜水、冲浪、运动项目	游泳、潜水、冲浪、运动项目	无特殊偏好
购物满意率	—	94%满意	66%满意	66%满意
餐饮类型	中餐	亚洲餐饮	强烈倾向本国餐饮	亚洲餐饮

(3) 文化因素影响旅游者的消费习惯和具体的消费行为

由于人们在文化上的差异，不同阶层在价值观、消费观、道德观和生活方式上存在明显差异，进而构成了不同类型的旅游消费群体。这里对受文化因素直接影响的价值观与消费行为的关系作一简要分析，从中透视文化因素对消费行为的影响。事实上，美国密执安大学的研究者建立的"价值表"在价值观念和消费行为之间建立的密切关系对此已做了很好的说明。他们的研究结果表明，在被调查者中，价值观影响其日常生活的人占有很高的比例，而且发现在价值观不同的消费者之间确实存在着差别。如归属感很强的人非常喜欢和他人或群体一起参加娱乐活动，也就是说，他们寻求那些能够满足他们价值观或需要的活动；而那些赞同生活中应充满乐趣和刺激的消费者则更多的是参加兴奋性的活动，如滑雪运动等。相反，重视安全的消费者似乎更喜欢被动性的活动，如观看比赛、休闲度假等。此外，在旅游中追求自我实现的人(如青年大学生)，在旅游消费习惯和行为上则表现为探新求异，勇于冒险。

(4) 文化因素通过社会风气、参照群体影响旅游消费行为的发展方向

文化因素对一定时代和地域的社会风气起着关键性作用，而任何一个相关群体的旅游消费趋向和潮流都与当时的文化背景有密切关系。

社会风气在现实生活中往往表现为时尚和流行，时尚是流行的重要原因，而流行是时尚形成的重要手段。旅游消费与时尚有天然的密切联系，这是因为：旅游消费活动本身就是一种时尚行为；旅游消费的活动场所是传播时尚的重要场所和媒介；旅游企业是引导、培育消费时尚的一个重要因素；经营时尚的商品、提供时尚的服务，是旅游企业提高经济效益的强有力手段。如生态旅游的兴起，与可持续发展观念逐渐为人们所接受不无关系。曾经出现的古镇与古村落旅游热、三国旅游热、民俗旅游热，都可从文化上找到根本原因。

参照群体，或称参考群体，就是对个人的评价、期望或行为具有重大相关性的事实上的或想象中的个人或群体。参照群体对消费者的影响主要有信息影响、比较影响和规范影响三种类型。而实际上，参照群体的价值观和消费观正是特定社会文化和价值取向的衍生物和具体表现。如乡村旅游最初在部分知识分子群体中兴起，他们作为参照群体对相关群体起到了潜移默化的感染作用。

显然，社会流行现象的形成，以及参照群体对旅游消费行为的影响，都是同一定的社会文化背景相联系的，或者说都是以特定的文化作为发生器和推进器的。

2.4.3 中西旅游主体消费行为的文化差异

由前所述，文化是旅游消费的决定因素，它从根本上制约着旅游者的活动和行为。中西方传统文化差异较大，由此在中西方人们的旅游消费行为中处处体现出来。

(1) 在旅游目标选择上的差异

大多数中国旅游者都恪守"游必有方"的信条，深受"社会取向"和"重名"观念的影响，每次出游都有一个固定的目标和日程。体现在对旅游目标的选择上，中国旅游者往往不自觉地继承了中国传统的审美观念，延续着以儒家学说为中心的旅游观，因而在旅游中偏重于选择社会知名的历史文化古迹和风景名胜区及建设发展较成熟的景区。在人文景观的选择上，缘于寻根访祖的文化情结，对中华民族始祖的发源地及故乡比较热衷；在自然景观的选择上，受审美观的影响，大多喜欢优美和谐的景物；在旅游景点游览上较注重数量，较满足于"到此一游"的浅表体验。

而西方旅游者在旅游目标的选择上，较少从众思想，也不易受他人影响，极富冒险精神；重视在互联网上收集旅游地的信息资料，自主确定旅游目标；喜欢独特、新奇、刺激、不同寻常的旅游目的地；喜欢自身智力和体力得到充分展示的旅游项目；喜欢接触他们不熟悉的异质文化和民族；在经受考验和获得发现中享受成功的喜悦；他们在对自然景观的选择上，大多喜欢原始古朴的景物；对历史文化景观的选择上，注重选择那些保持原始风貌的景观；在旅游景点游览上较注重质量与深度体验。

(2) 在旅游方式选择上的差异

中国旅游者受儒家文化的影响，在思想意识、思维模式上追求群体取向。这种群体意识，表现在行动上就是倾向于集体行动，强调相互依赖、相互合作，每个团队成员都为不被排除在"圈外"而努力。而西方人受西方宗教文化的影响，则重视独立性、逻辑性、差异性，崇拜个人主义，"求变""求动"，勇于创新和冲破传统观念，追求个性自由和自我实现的个体取向。因此，受不同文化传统的影响，中国人在长距离和出国旅游中，多选择团队形式，以便在旅游过程中相互帮助和照顾；在近程旅游和假日旅游中则往往全家同游或亲友偕行，较少个人单独出游。而西方人在旅游方式上则充分显示了西方文化"个人取向"的特点，故单独出游的情况比较普遍，也有选择组合旅游方式的，喜欢"基本结构（订房、机票）+自然选择"的模式。自助型的旅游方式已成为许多西方青年旅游者所推崇的时尚。

(3) 在旅游消费支出上的差异

旅游消费支出既受个人和家庭收入水平的影响，也受消费观念的影响。由于传统文化背景的不同，中国人的消费观与西方人相比，具有节制现时消费、重视物质产品消费和重视饮食的特点。中国人的基本消费观在旅游消费领域主要表现为：第一，因有节俭传统，在交通和住宿的选择上偏重经济型。第二，重有形物品的消费，轻劳务性消费。如不情愿光顾提供有偿服务的旅游中介机构，不情愿花钱聘用导游。但在购物上，由于受"面子文化"和中国传统文化中"穷家富路"思想的影响，旅游中的购物倾向相当明显且绝对数额较大，有时表现出夸富、攀比、追求奢靡等失控的消费行为。第三，重纯娱乐性消费，轻发展性消费。具体表现在，中国人花在旅游中的向导、求知、考察、探险、健身等方面(发展性消费)的开支较少,较少光顾博物馆、艺术馆一类场所,而偏重于纯娱乐、享受性的开支。这与西方旅游者注重劳务性消费(服务质量)形成了鲜明的对比。

(4)在旅游消费习俗上的差异

传统文化的积淀影响着人们的价值观、审美观,尽管时代发展变迁了,但各民族沿袭已久的文化中的习俗、道德、价值等仍然在影响着人们的行为。这实质是中西方各自独特的文化规约和风俗习惯在旅游各个环节上的体现。诸如较传统的中国人喜欢选择带6、8、9这些数字的日子出游,也喜欢住带这些数字的楼层和房间,但不喜欢带4的数字。西方人则忌讳"13",在出游时会有意回避带这个数字的日子,进住饭店时回避这个数字的楼层和房间。在宴席上,中国人讲究劝酒,甚至灌酒,而这在西方人看来是无礼之举。在斋戒日和星期五,英国人正餐一律吃炸鱼,不吃肉,以纪念耶稣受难,中国人则无此习俗。这样的差异可谓不胜枚举。

总的说来,中西方旅游者在旅游消费行为上的各种差异,反映了各种因素对旅游主体消费行为的不同影响,其中文化因素显得特别重要。而且,旅游消费行为中的文化倾向越明显,文化特征也越突出。对此,陕西师范大学课题组于2004年7~8月通过对我国6大旅游热点城市(北京、上海、西安、广州、桂林和昆明)入境游客的市场调查,从东西方不同的文化背景入手,对处于"文化边际域"(cultural marginal region)(注:旅游目的地处在不同文化交汇与撞击的区域)中不同文化体系的群体在旅游消费行为方面的差异和相似模式进行了很好的概括与总结(表2-4、表2-5)。

表2-4 东西方旅游者价值、行为取向差异比较

项目	东方旅游者(以中、日、韩为代表)	西方旅游者(以欧美为代表)
价值取向	集体主义,保守的,团体出游	个人主义,积极的,喜爱散客旅游
与当地居民交往	不太渴望,交往较少	非常渴望,交往很多
旅游者特征	旗子+队伍+相机+遮阳帽	自由+休闲+牛仔服
旅游影响因素	旅游价格,景点和文化吸引	目的地居民好客程度,景点,距离
旅游逗留时间	较短,7~12天	较长,10~20天
出境旅游目的	观光游览,增加见识	休闲度假,追求新奇
获得咨询渠道	旅游商,亲友介绍,广告	导游书籍,亲友介绍,互联网
旅游景点偏爱	人工景点,自然景点	自然景点,历史文物
目的地饮食	倾向母国风味	喜欢品尝具有当地特色食品
购物、摄影	兴趣大,留影多,留作纪念	兴趣较小,留影较少

表2-5 英、荷、韩等国导游对东西方旅游者行为的认知

内容	特征异同状况	东方旅游者	西方旅游者
与他国游客互动	差异明显	少	多
与他国游客社交	差异明显	少	多
了解目的地且有准备	差异不明显	了解,有准备	了解,有准备

(续)

内容	特征异同状况	东方旅游者	西方旅游者
新奇与熟悉的事物	差异明显	喜欢熟悉事物	喜欢新奇事物
按计划或自由旅游	差异明显	严格按计划	喜爱自由
购物时讨价还价	差异明显	喜欢讨价还价	不太喜欢讨价还价
给亲友购买礼物	差异明显	一定要买	不一定买
旅途时间	差异明显	喜欢短途	喜欢长途
冒险与安全	差异明显	喜欢安全	喜欢冒险
当地饮食偏好	差异明显	不太喜欢当地饮食	喜欢当地饮食
真实景物与表演活动	差异明显	喜欢表演活动	喜欢真实景物

2.4.4 旅游消费行为的文化走向

文化是制约和决定旅游主体消费行为的根本性因素，文化的发展变化促使旅游主体消费行为方式发生变化，从而使旅游主体的消费行为也表现出全新的文化走向。

(1) 散客旅游、组合旅游等多种旅游形式日益兴起

散客旅游和组合旅游的兴起，是当今世界现代旅游发展的趋势。特别是散客旅游能够适合各个旅游者的个性，能最大限度地满足不同旅游者的文化需求。它反映了旅游者追求身心自由、自我实现、体现自身价值的文化需要，已经成为现阶段世界旅游消费行为发展中的文化倾向。

(2) 旅游主体消费需求多样化、细分化，旅游者参与意识不断增强

随着旅游主体消费需求的多样化，旅游产品和旅游方式越来越多样化，相应地，旅游市场细分已不再是一个理论上的词汇，类型众多的较小规模的专门市场正在分割、取代原有的大众市场。每一个细分市场都有其自身特点和与众不同的需求，从而构成总体需求的多样性和每个小市场的特殊化，如对大众旅游市场的细分(包括观光旅游、文化旅游、度假旅游、探险旅游、蜜月旅游、家庭旅游等多种市场类型)就是明证。

现阶段旅游主体旅游消费需求发展的另一个明显特征是，旅游者的参与意识日益增强。当前，旅游者对越来越多的旅游项目都愿意去亲身体验，从中分享胜利的喜悦和成功的乐趣。从文化的角度来理解，这也是旅游者追求自我完善，体现自身价值的重要表现。

(3) 旅游主体消费行为的文化动机和回归自然的动机不断强化

尽管现代旅游者的需求趋于多样化，但文化旅游动机正得到明显强化，其不断强化的标志反映在两个方面：第一，希望学习、探索异域文化、异质文化的旅游者日益增多；第二，文化旅游已成为新兴的旅游方式，如"修学旅游""科普旅游""音乐旅游"等旨在提高旅游者文化素质和高尚情操的专项文化旅游产品受到普遍欢迎。

当今社会，由于环境污染的加重和工作生活节奏的加快，人们对于日常生活和工作表现出强烈的烦躁不安，因此，回归自然的旅游动机得到不断强化，具体也表现在

两个方面：第一，人们追求返璞归真，崇尚自然成为社会时尚；第二，"回归自然"的生态旅游、森林旅游、海洋旅游、乡村旅游、探险旅游方式成为世界旅游发展的潮流。

总之，体验文化、回归自然已经成为当代旅游消费者的主要动机，旅游开发与旅游服务应该努力满足旅游者的消费需求与动机，抓住旅游消费行为的文化走向。

2.4.5　旅游消费行为的异化与引导

异化一词最初源于德国古典哲学的范畴，指在一定的历史条件下，事物在发展过程中产生变异，把自己的素质或力量转化为跟自己对立、支配自己的素质或力量，它既表示转化的过程又表示转化的结果。旅游消费行为的异化是指人们在通过旅游消费活动实现自己真正价值的过程中，旅游消费反而以一种异己的力量或负价值作用，给人们自身和社会带来危害。在旅游业发展过程中，旅游消费行为的异化现象比较普遍。

旅游本应是一种潇洒的、飘逸的、诗意的生活方式，然而由于种种的社会局限和人生局限，许多人出游时带有很强的功利心，习惯于用实利的心态来看待自然，看待人文景观。许多游客追求畸形的纵欲享乐。每到一地，要么疯狂购物、频繁照相，要么大肆消费，以奢侈、享乐为荣，而对美丽的自然风景和蕴含深厚文化的人文景观却淡然视之，缺乏深刻的心灵关照、精神体验以及与自然融为一体的天地情怀。仍然不忘自己作为实利人的角色，没有从日常俗务中跳出，和大自然作真实的相遇与对话，没有像中国古代士人漫游那样体现出旅游活动的洒脱和人文情怀。追本溯源，一方面是功利社会对人的异化的恶果；另一方面，也是人对自觉的精神境界的超越缺乏清醒的意识，忽视了在旅游中充盈自己精神世界的价值和意义，甘愿在名缰利锁中打滚。人们在这个物质的世界上流浪，离精神的家园越来越远了。应该看到，物质生活的进步与精神文明的提升并不是成正比的，常见的情况是，物质生活丰富了，人们的精神追求却反而倒退；物质世界一天比一天丰富，精神世界却一天比一天荒凉。这种境况是十分可悲的。究其原因，不在物质生活本身，而在于人的精神生活的导向。如果人在自己的精神世界中不确立一种较高的境界，其精神生活只会停留在较低层次上。于是，盲目追求肉体享乐的"消费主义"现象也就与旅游相伴生了。旅游不再是对远方的向往，不再是与自然交流的期盼，不再是与历史人文对话的渴求，而是蜕化成了一场对他乡景观和物质尽情消费的盛宴，或是一种炫耀性消费。对于时下的旅游者来讲，旅游的文化功能、教育功能、精神消费功能正在日益淡薄和丧失，经济消费、物质消费功能正在日益膨胀和强化。

从旅游者来看，旅游消费行为的异化主要表现在以下几个方面：

（1）旅游审美、求知意识的缺乏，旅游变成为炫耀性消费与肤浅的享乐行为

由于缺乏对旅游目的（如审美、求知等）的必要了解和全面认识，即使是基本的观光旅游也很难形成满意的旅游经历。同时，目前一些旅游的享乐主义也大行其道，旅游活动已不是对外部世界的探索，对异域文化的追求，而演化成一种贵族似的享受。在很多人的观念中，气不喘、汗不出就欣赏到最美的风景是最理想的。也有人认为，

到此一游就行了，不讲求方式和过程，忽视精神的收获，认为乘电梯比爬上山潇洒和舒服得多，游客贪图舒适不愿步行和爬山的大有人在，登山文化已经遭到冷落，这使得景区景点建索道也蔚然成风。更有甚者，认为登山旅游是"笨伯""傻蛋"行为和"乡巴佬的路线"，已经不合现代旅游的时尚。旅游本应该是审美、求知的活动，在今天却被相当多数的人当成是一种炫耀性消费的从众行为和肤浅的享乐行为。现在的"旅游"对许多游客来讲是"上车睡觉、下车拍照"，满足于到此一游的世俗目的。旅游在这些人身上已经完全异化。

(2) 旅游中的不文明行为比比皆是

旅游业具有异地性、流动性、舒适性的特点，在旅游过程中，一些不重视个人修养的游客脱离了原有的社会环境的约束，在异地流动性消费，以宾客的身份休闲地享受各种服务。各种主、客观因素易于构成一张温床，使游客放松自律意识，从而产生种种违反旅游真谛的异化现象。旅游本身应该是一种审美、消遣活动，是现代人们的一种文明健康的行为方式，但我们却随处可以看到一些游客缺乏起码的社会公德，到处乱扔垃圾、乱刻乱划，有的甚至追求吃喝嫖赌、声色犬马的感官满足。这些旅游中的不文明行为，与旅游所提倡的文明、舒适、有益于身心健康的基本准则是完全相悖的。

(3) 奢侈性消费倾向

现在的旅游、休闲活动中，奢侈性消费现象日益增长，拜金主义、享乐主义、铺张浪费大行其道，不符合我国的国情和社会可持续发展的方向。在西方国家特别是美国，20世纪中叶以来，随着经济的发展，出现了高消费、享乐主义，这在旅游和休闲领域比较明显，人们已经开始反思。

在旅游和休闲消费中，也要树立良好的风尚，树立正确的价值导向，正确处理好物质消费与精神消费的关系，提倡健康消费。

2.5 旅游主体文化人格的塑造

旅游主体的文化人格，既是一个相对抽象的概念，又是一个充满现实意义的问题。它关乎一国一民族的文明素质，关乎整个旅游业的兴衰成败，故是一个值得深入讨论的大问题。

2.5.1 旅游是最具有文化意味的行为

哲学和心理学的研究告诉我们，在人的内部起决定作用的要素是人格结构。是人格结构决定着人将要做什么以及如何做、为什么做。而这正是人的文化特质之所在。旅游，作为一种有别于动物生活的人类活动，最能表现出人的根本特质。

旅游是一种完全反动物本能、反世俗原则的行为，最具有文化的意味。动物的本能是趋利避害，随气候而迁徙，逐水草而居。简单而直接地满足温饱、生育等本能的需要。而人类的旅游则是放弃安逸，甘冒危险，本来有稳妥的衣食住行保障，却弃置不顾，偏要去过一种食不惯、住不安的生活，风吹日晒，奔波劳累，不以为苦，反以为乐。这与动物本能完全相反。同样，世俗原则的根本在于功利计较，计算投入产出的比例，以尽可能少的付出，换取尽可能多的回报。而旅游则根本就无账可算，旅游中付出的代价是有形的，而得到的精神享受却是无形的。本来有了安稳的生活秩序与舒适的生活环境，旅游却与之背道而驰，对世俗的功利毫无增益，因而同样是反世俗的。这种与动物所不同的行径，正是旅游的价值意义所在。

2.5.2 文化人格塑造的空间领域

旅游主体文化人格的塑造，应该表现在两个空间领域：一个在旅行途中，一个在日常的生活世界里。

旅游的意义在于借助空间的力量舒展自由的生命。因为日常的俗世生活往往是我们生命的历时展开，这仅只是生命的一个维度，只能让我们发现生命的一部分潜质，实现生命的部分可能。而只有在旅游途中，在一种不断变化的、不确定的时空中，才能映照、激活我们多方面的人格品质，开拓我们的心灵视野，放宽我们的情智世界，使我们对人生价值、生命意义有所品味，有所体验，有所享受，这也是旅游最根本的魅力。人旅游的距离越长，空间越宽广，这种舒展生命的力量也就越大，这种游历带给我们的精神满足也就越丰富。这种自我直觉、自我确认虽然没有带来世俗的功名利禄，但却使我们的视听敏锐了，灵性活跃了，感情丰富了，心胸开阔了，身心自由了，人的文化人格在旅行途中渐趋丰满。

日常生活世界是一个狭窄、封闭、固定的天然共同体，从日常时间的特征来看，日常生活领域是一个凝固、恒常的世界。这种窒息人类生命自由的日常生活世界，韦伯将其称之为"理性铁笼"，它对人格具有异化作用。工业革命以来，人类借助先进的科学技术，似乎可以很容易地走出了动物本能的束缚，却不提防又跌进了机器附庸的陷阱。另一方面商业魔力的无孔不入，更彻底地变世俗生活为简单的商业生活。人也面临着作为一个潜在的旅游者的人格塑造问题。旅游让人们走出日常生活世界的"理性铁笼"，体验生命的自由，这对旅游者文化人格的塑造具有重要作用。

当代社会急剧变迁，这使生活世界中人格的自我塑造面临巨大的挑战。社会的变迁表现在诸多方面，如人口结构和移动的变迁，家庭功能与结构的变迁，家庭关系婚姻关系的变化，社会阶层的变迁，政治结构的变迁，经济体制的变革，思想文化的变迁，社会心理的变迁，生活方式的变迁，以及社会转型期的环境、贫困、医疗、犯罪等问题，凡此种种，无不影响着旅游主体文化人格的塑造，影响着人对旅游方向的选择，影响着旅游业的走向。

2.5.3 旅游主体的理想文化人格塑造

西方很早就有学者提出文化的相对主义，得到多数学者的赞同。同理，文化人格的理想与否，也是一个相对的概念。因此，这里我们只想大致勾勒一个中国文化传统中旅游主体理想人格的塑造模型。

2.5.3.1 古代文人的潇洒身影

对古代文人士大夫而言，自然山水是一座精神家园。

中国文人自古就有"读万卷书，行万里路"的人格塑造传统，他们早就知道一个完满的人生应该怎样度过。于是，除了人生的功业，除了满纸的锦绣，他们最不能忘怀的，便是自然的山水了。"江山风月，本无常主，闲者便是主人。"在这座精神家园中，他们行其所行，得其所得，乐其所乐，可以登山临水，游览观赏，席芳草而镜清流，览卉木而观鱼鸟，在与自然山水亲和的过程中获得精神的陶冶与升华。当他们放志山水，纵意游肆，与自然的一丘一壑、一草一木亲和交流时，既是在进行一种心灵的汲取与补偿，更是在从事一种精神的洗礼与创造。这种心灵的创造活动是文化的、哲学的、审美的、宗教的，而其结果就是一种充满哲学智慧的生命情调和生活美学意趣的诞生和成熟。从魏晋南北朝开始，到以后的唐、宋、元、明、清，一代又一代的中国传统士大夫再难割断自然山水与自身精神生活联系的纽带，自然山水最终与他们的生命情调和生活意趣结下不解之缘，形成一种"集体无意识"的文化心理积淀。他们也就是通过这种人生方式，创造出了古代灿烂的文化，塑造了自己的主体人格。

2.5.3.2 现代旅游的精神追求

现代旅游者的文化人格该是怎样的？林语堂的旅游观具有一定的代表意义。林氏认为社会上流行着各种"虚假的旅行"。即有人认为旅行（即现在人们所说的旅游）是"以求心胸的改进"，这一点林语堂很不以为然。正是在这种不正确的观念引导下，才出现了近代的导游组织。林语堂很可怜一些虚荣心极重的人，说他们的旅行是为了谈话的资料，以便日后向人夸说。他在杭州的虎跑寺见过专门将自己持杯饮茶时的姿势拍成照片的人，"所怕的就是他重视照片，而忘了茶味"，这种事情容易使人的心胸受到束缚，"他们的时间和精力完全消耗于拍摄照片之中，以致反而无暇去细看各种景物了。这种寻求学问的动机，使人在旅行时不能不于一日中求能看到最可能多数的名胜地"。由于有了这样的旅行观念，也就产生了预定行程的旅行家。他们事先已计划好在某地停留多长时间，在启程之前，先预定好游览程序，到时候就像上课一样按部就班。

林语堂认为真正的旅行应该完全相反。旅行者出门的动机应该是"以求忘其身之所在""旅行的真正理由实是在于变换所处的社会，使他人拿他当一个寻常人看待"。他设想的一种美妙的旅行方式，是由一个童子领着，到深山丛林里去自由地游览。所以"一个真正的旅行家必是一个流浪者，经历着流浪者的快乐、诱惑和探险意念。""旅行的要点在无责任，无定时，无来往信札，无喋喋好问的邻人，无来客和无目的地。""一个好的旅行家决不知道他往哪里去，更好的甚至不知道从何处而来，他甚至忘却了自己的姓名。"流浪的精神使人能在旅行中和大自然更加接近。

林语堂是时代智者，他把世界当成一席人生的盛宴，等着我们去享受。要点是"胸中要有一副别才，眉下要有一副别眼"。要有一颗敏感的易觉的心和善于发现美的能见之眼。如果没有这两种能力，旅行便失却了意义。

我们认为，林语堂先生的这种旅游观在现代社会可能已不合时宜，但却道出了旅游的真谛和旅游者的理想文化人格。旅游是变换日常生活环境，旨在获得身心自由的体验。我们认为，"异地身心自由的体验"是旅游的本质，"自由"是从古至今人的共同追求，无论在任何时代都不会过时。

2.5.3.3 旅游与人生及理想文化人格塑造

旅游与人生的关系，是个值得深入研究的课题。在现代人看来，人首先要有钱才能旅游，中国自古以来的浪漫主义者都具有敏锐的感觉和爱好漂泊的天性，许多人虽然物质生活比较困苦，但情感却很丰富。所以他们觉得，人不一定非要有钱才可以出游，旅游不一定是富家的奢侈生活，没有充足的金钱也能享受悠闲的旅游生活。而在现代社会，现实主义者越来越多了，浪漫主义在远离我们的时代。经济的发达，交通的便利，使得更多的人成为"旅游者"，但并不是每一个人都有理想的修养与情怀。当然，在现代社会，对于尚不具备丰富知识的大众而言，出行时没有旅行社的指引简直千难万难，从方向的易于迷失，到交通购票的紧张，还有住宿的预定、旅行线路的选择等，让人甚费心力。旅行社的确为出游的人们提供了大量的便利。另一方面，现代社会又使人日趋繁忙，旅行几乎得有预定的行程，甚至还有费用的算计。因为在今天，像样的旅游地都有高昂的门票，"浪漫的旅行家"已经不切实际。工作的竞争，生存的压力，使人们在旅行途中心里也不轻松。没有谁会把手机留在家中，有人甚至还带着笔记本电脑随时办公。这些，早已失去了昔日旅游者的潇洒与飘逸，而带有浓重的功利色彩，对现代人似乎也是极其无奈的事。

　　但是，对于现代旅游者来说，首先应明白旅游的真谛，努力充实自己，完善自我，提高自身的文化修养。谁都知道，在旅行途中，面对同一片山水，同一座园林，不同素养的人所得是完全不同的，几乎有天壤之别。那么，既然我们花了同样的钱，同样的时间，收获的差异为何会有如此之大呢？这就是旅游者自身的问题了。比如在对文学艺术作品的鉴赏上，素来有深者见深、浅者得浅的说法，旅游亦同此理。因此，作为一个旅游者，要想在旅游中有大的收益，充实自我、完善自我就是极其要紧的事情。这种事情是金钱买不来，权力换不来的。可以设想，一个学贯中西，兼通文理，对传统文化有很深造诣的人，在旅游中的收获肯定会大大多于一个只会在旅游点上忙于拍照的游客。

　　旅游者还应抛弃庸俗的虚荣心，方能在旅游中进入大境界。虚荣之心害人，害旅游者尤甚。人是自然的婴孩，旅游在大自然中，人应该忘却功名利禄。不为谈话资料，不为向人夸说，尽可能地不预定行程。"夫游者，所以开耳目，舒神气，穷九州，览八荒，采真访道，庶几至人……"倘非如此，而一直以虚荣之心来旅游，哪怕天天旅游，到老了也和从未出门的人一样。

　　总之，旅游是人性超越与回归、文化人格塑造和促进人的自由全面发展的重要领域，旅游与人生关系密切，旅游者应正确认识旅游的本质与真谛，自觉地在旅游活动中实现旅游的价值并塑造自己的理想人格。

2.6　旅游意义与本质的文化哲学分析

　　旅游，作为一种生活方式，已经成为现代社会的时尚，成为社会普遍关注的话题。遗憾的是，人们往往更多地将目光投注在有关旅游经济的维度上，有意或无意间忽略了旅游所具有的精神价值。其实，旅游的本质乃是人的异地身心自由体验或精神生活，没有人的精神世界对外部世界的投射与向往，就不会有人的旅游。

　　人为什么不约而同地都要去旅游呢？而且，为了旅游，他们放弃了安逸的生活，花大量金钱，奔波劳顿，赶火车，挤汽车，背大拎小，忍受餐饮不调、起居无节的不适。如此营营扰扰，所为何来？心理学家荣格认为，这是一种人类共同的且无法反抗的心理因素使然。也就是说，这是一种人类的"集体潜意识"（collective unconscious），又称集体无意识。这种要素，因不断重复而被镂刻在我们的心理结构中。只要碰上相对应的典型情境，集体潜意识的内容，就会被激发并显现出来，犹如本能的冲动，可以冲破一切理智和意志。"人的集体潜意识非常复杂，荣格在其中找到了一些'原型'，或称原始意象（primordial images）。旅游即其一也"（龚鹏程，2001）。凡是人处在压抑、闭塞之环境中，旅游则可提供给人超越现状的解放感。人是因为身心自由之需要和获得解放，才出外旅游的。诚如陶渊明所言："久在樊笼里，复得返自然。"荣格说："如果人们长期生活在他们的社会模式里，那他或许就需要有一个具有解放性的改变。而此需要，可以通过赴世界各地旅游以得到暂时的解决"（龚鹏程，2001）。

用海德格尔的"基本本体论"或"基础存在论"的理论观点也可以很好地解释旅游的原因。人们为什么乐于远游呢？因为游人在外是一种"在而不在的存在"，旅游使人能得到环境上的逃避和精神上的解脱，并获得身心上的某些补偿。人在社会生活中，要受到生产过程、经济关系、社会制度、秩序、义务、身份与阶层系统乃至于习俗、习惯和环境氛围的种种局限。处于各种局限之中，人会受到无穷的压抑，不能自由自在地生活。一旦出游在外，情况就不同了。作为真正的旅游者，虽仍然是在此世的，但他不限定在某处，不显现自身，也不规定自己，不在具体的此在中显其本质，此在仿若不存在，所以具有游戏、消遣的性质。原有的一切束缚、羁绊都远去了，生命获得了超越性的解脱或自由。人存在的最大目的在于追求身心或生命的自由，而以消遣、审美为主要属性的旅游（旅游中的"游"具有无拘无束、优哉游哉的含义）则是突破日常生活的束缚、追求身心或生命自由的最佳方式之一。旅游的真正意义在于借助空间的力量舒展生命和充盈精神世界，异地身心自由的体验是其本质。

"自由"是旅游者的精神本质和最大价值所在，是旅游须臾不可缺少的灵魂，无论是旅游的目的（消遣、审美的身心自由体验）、前提条件（自由支配的收入——闲钱、自由支配的时间——闲暇、体验自由的动机——闲趣）还是旅游的过程（异地身心自由体验的系列活动）、结果（愉悦、超越有限时空、体验非惯常环境等身心自由满足），都离不开用"自由"解释。"自由"是旅游本质的"始基"或"逻辑原点"。"自由"是旅游这一事物赖以存在的根本原因，是旅游这一事物产生的初始根源，也是旅游这一事物的终极归属，即旅游的本源。从文化哲学分析，旅游是自由生命的哲学。

【思考题】
1. 旅游消费行为的文化属性表现在哪几个方面？
2. 结合实际，谈谈文化因素对旅游消费行为的影响主要表现在哪些方面？
3. 中西旅游主体消费行为的文化差异主要表现在哪些方面？
4. 旅游消费行为异化有哪些表现？如何进行正确引导？
5. 说明旅游主体的文化属性和人的异化问题。
6. 试对旅游者的旅游动机进行文化分析。
7. 旅游审美文化有哪些类型？

8. 举例说明旅游审美感受的三个层次。
9. 说明旅游主体文化人格塑造在旅游中的重要意义。
10. 谈谈你对旅游本质的认识并简要说明旅游在人的精神世界中的作用。

【案例分析】

形形色色的旅游行为

当今时代存在着形形色色的旅游者与旅游行为，旅游市场细分日趋复杂。传统的有观光旅游者对风景名胜的向往，有休闲度假者对身心的牧放，有文化旅游者对异域文化的体验，有探险旅游者对刺激的追求，有深度旅游者对审美的体验，还有特殊的新奇的黑色旅游、监狱旅游、驴友游、流浪游、自虐游、减肥游、暴走游等。有的地方甚至开发"当一天和尚撞一天钟"、"蹲一天监狱受一天罪"的旅游体验项目，形形色色的新奇旅游行为让人越来越不可思议和捉摸。

这里仅对新奇的监狱游和自虐游进行简要介绍。

监狱游在有的地方被纳入旅游景区规划，规划者策划"监狱文化之旅"产品旨在让人感到有"另类游"味道。"监狱文化之旅"的项目包括"监狱生活一日体验"（包括吃牢饭的监狱餐饮文化体验、睡牢床的监狱旅馆体验等）、"监狱管理员体验""观览监狱历史展馆""介绍国内外著名监狱展馆""犯人才艺演出""犯人现身说法""犯人改造的心路历程""参观犯人劳动现场、生活现场"等。监狱旅馆在国外受到不少游客的青睐。

自虐游是非正常情况下的旅游行为，或是故意降低旅游生活条件野宿在荒郊野外（虽然条件艰苦但可以亲近大自然），或是因为某种狂热的追求所进行的艰苦旅行。这些都是一种近乎自虐的旅游行为，因而被称之为自虐游。旅游本是一项放松心情的行为，是一种愉悦身心的享受之旅，但这些旅游者却有另类的想法与做法，他们用徒步的方式到野外旅行，或登山、涉水、溯溪、攀岩以及其他户外活动。这种与平时乘车、住旅馆的旅游方式完全不同的自虐游，也不是真的自我虐待，而是因为整个行程极其辛苦，除了睡觉、吃饭，几乎一直行走在路上，因此人们也称其为自虐游。自虐游中往往充满刺激惊险，但却能充分激发个人的潜能，那种精心设计的痛苦旅程，让人体验身心自由的愉悦，达到一种挑战自我、超越自我的乐趣。自虐游能给都市人提供的是一种清新、原始、充满智慧的自我空间。

值得一提的是，目前兴起的后现代主义思潮对旅游行为影响深刻。在旅游消费决策过程中，后现代主义思潮影响下的旅游者有他们特有的行为方式。他们更喜欢在网站上了解旅游目的地信息，不喜欢与旅行社绑定在一起，喜欢随性的、自由自在的方式。对于收入较低的游客，他们喜欢选择去亲戚朋友所在的城市，坐着硬座、背着背包出游，也就是所谓的"乞丐游"。而对于经济基础较好的游客，则喜欢配备各种登山器材、携带单反相机，喜欢住在帐篷里面感受野外的夜晚。他们的目的地选择比较宽泛，那些无人区或荒野对他们更有吸引力，而那些人挤人的景区他们则不屑一顾。在旅游过程中餐风饮露甚至冒着生命危险。在旅游过程中，旅游者更加重视参与，他们不喜欢旁观，喜欢自己参与其中，在参与中体验文化、体验生活。同时，他们也是环保主义者，他知道只有自然或环境得到了保护，旅游才能得以实现，因此他们强调自然与人的和谐统一。后现代主义思潮对旅游也会产生一些负面影响或异化现象。例如，某些"后现代旅游主义者"在旅游活动中极力张扬个人的感性欲求，表现出十足的"反叛"精神和浓厚的世俗乃至粗俗气息，甚至崇尚为主流文化所不齿的某些行为（如被视为西方后现代旅游宣言书的《在路上》所描述的异化现象），以各种已被传统认定为粗俗、混乱、颠倒、不知所措、矫揉造作或者无厘头的方式进行旅游。

案例分析思考题：
1. 请对案例中旅游者的旅游动机进行概括性分析。
2. 结合案例材料，分析说明旅游的本质是什么？

第 3 章　人文景观旅游文化

【本章概要】

本章介绍了园林文化、传统建筑文化、民俗文化、饮食文化、宗教文化的基本知识与审美鉴赏；对中国与西方的园林文化、传统建筑文化、饮食文化进行了系统的对比分析；阐述了园林文化、传统建筑文化、民俗文化、饮食文化、宗教文化与现代旅游的密切关系，研究并指出了园林文化、传统建筑文化、民俗文化、饮食文化、宗教文化作为文化旅游资源的开发思路与途径。

【学习目标】

1. 掌握园林文化、传统建筑文化、民俗文化、饮食文化、宗教文化基本知识和审美鉴赏方法。
2. 了解园林文化、传统建筑文化、饮食文化的中西差别。
3. 了解园林文化、传统建筑文化、民俗文化、饮食文化、宗教文化与旅游的关系及旅游开发途径。

【关键性术语】

人文景观；园林文化；传统建筑文化；民俗文化；饮食文化；宗教文化；鉴赏；旅游开发。

3.1　园林文化与旅游

园林是指在一定的地域运用工程技术和艺术手段通过改变地形（筑山、叠石、理水）、种植花草、营造建筑和布置园径等途径创作而成的休闲与游憩境域。

中国园林历史悠久、风格独特、分布广泛，园林文化源远流长、博大精深，在世界园林史上负有盛名，被誉为"世界园林之母"。中国古典园林不仅荟萃了自然美，而且集人工美、艺术美于一体，堪称综合艺术类型的典范。同时，古典园林是中国重要的旅游吸引物，以苏州园林为代表的中国园林吸引了数以万计的中外旅游者，园林文化在中国文化中占有很高的地位，与京剧、烹饪、山水画并称为中国的"文化四绝"，是我国旅游文化资源中的瑰宝。

3.1.1 中国古典园林文化概述

3.1.1.1 中国园林文化的发展演变

中国古典园林究竟起源于何时,是一个见仁见智的问题,但园林的出现至少不晚于商周时期,这个时期天子的苑囿已经具备了起居、游憩和娱乐的功能,可以看做中国古典园林的滥觞。从商周时期园林的雏形出现到近代公园的出现,中国园林历经几千年的发展演变,大致可以划分为以下几个阶段:

(1) 萌芽期:先秦两汉

先秦时期真正意义上的园林还没有出现,而典籍中记载的"囿"可以看做中国古典园林的前身,囿的主要构筑物是用土堆成的"台",可以用来观天象、通神明、登高望远、观赏风景。历史上最早的有史可证的园林是商朝末代国君殷纣王所建的"沙丘苑台"和周朝开国君主周文王所建的"灵囿""灵台""灵沼"等。秦汉帝国的统一促进了皇家园林的发展,最具有代表性的就是秦始皇始修、汉武帝扩建的上林苑,它的范围已经扩展到了渭河的南岸。除此之外,大型的皇家园林层出不穷,例如未央宫、建章宫、甘泉宫等,这些园林都采用了"一池三山"的模式,这种模式不仅体现了秦汉统治者的求仙思想,而且对后世园林的布局影响深远,被称为"秦汉典范"。总而言之,先秦至两汉,中国古典园林以皇家园林为主流,风格比较庄严、粗犷,虽然人工雕琢的痕迹不断加强,但是景色以原生态取胜。

(2) 转折期:魏晋南北朝

魏晋南北朝时期社会动荡、政治腐败,却是一个思想激荡、艺术繁荣的时代,也是中国园林史上的重大转折期。首先是风格的转变。文人士大夫阶层将自己的审美理念与园林建筑结合起来,推崇山水自然的园林,摒弃了秦汉时代以宫室建筑为中心的建筑原则,山水成为园林的主体,初步确立了中国文人园林的美学理想。而且由于文人雅士巨大的文化影响力,文人园林的审美原则对皇家园林也产生了深刻影响,由此,中国古典园林的风格大变,山水园林成为主流。其次是数量和类型方面也有很大进展。不仅皇家园林和私家园林如雨后春笋般涌现,同时另外一种园林类型——寺庙园林也出现了。尤其是南北朝时期,佛寺、道观林立,寺庙园林也应运而生,它并不表现多少宗教的意味和特点,而是更多地追求人间的赏心悦目、畅情抒怀。群众参加宗教活动,同时也游览寺观园林。在当时的洛阳,著名的报恩寺、龙华寺、追圣寺都拥有大型的园林,这些园林定期或经常开放,游园活动盛极一时。

(3) 成熟期:唐宋时期

唐宋时期中国造园艺术也由兴盛到成熟,展现出了前所未有的活力。在唐代,豪华绮丽的皇家园林如华清宫遍布于两京的城郊,规模之大、数量之多,映射了泱泱大国的气概;清新雅致的私家园林如辋川别业洒遍名山大川,布局之优美、意境之清幽,体现了"城市山林"的美学概念;寺庙园林更是借唐代宗教兴盛发达的东风,以势不可挡的趋势出现在中国的大地上,大型寺观多已成为包括殿堂、寝膳、客房、园林四部分的庞大建筑。宋代造园艺术中模山范水的艺术达到了成熟水平,古典园林的风格基本定型。文人画家参与到园林建筑中来,园林与诗歌、绘画、音乐等艺术形式结合得更加紧密，无论是私家园林还是皇家和寺庙园林，都自觉的熔铸诗画意趣，重视园林意境的创造。这一时期著名的写意山水园以汴京（今开封）西北角的皇家园林"寿山艮岳"为代表。园林的设计者就是以书画著称的宋徽宗赵佶。苏州园林的造园艺术已经十分精湛，叠石艺术已经达到了神似的地步，布局与造景更具诗情画意，著名的苏州园林沧浪亭就是宋代私家园林的杰作。

（4）顶峰期：明清时期

明清时期中国造园艺术总结几千年造园的经验，达到了光辉灿烂的顶峰。皇家园林、私家园林、寺庙园林均出现了精品珍品，同时还出现了园林艺术专著《园冶》。现存的皇家园林北京颐和园和承德避暑山庄都是古典园林艺术集大成之作。现存的私家园林以江南园林为代表。江南地区河湖密布，盛产湖石，造园条件得天独厚。江南园林以扬州、无锡、苏州、湖州、上海、常熟、南京等城市为主，其中又以苏州、扬州最为著名。《园冶》由明末著名造园家计成撰写，全面论述了园林建筑的原理和具体手法，反映了中国古代造园的成就，总结了造园经验，是研究中国古代园林的重要著作。

（5）延展期：鸦片战争以后

以公园的出现为明显标志，1840年为界线，我国造园史完成了由古代到近代的转折。人们把1840年以前的园林称为古典园林，而1840年以后，则称为近代园林。公园首先出现在上海，是西方文化影响的产物，它改变了中国古代园林的性质，由供帝王、封建文人、士大夫等避暑、听政、居住、休憩、游乐等场所转变为向大众开放。1868年建造的"公花园"（今黄浦公园），是最早的一个公园。之后，1905年建"虹口公园"。1906年，无锡、金匮两县乡绅俞仲等筹资建"锡金公花园"，这是我国最早的公园之一。该公园具有中西合璧的特点，与上海早期的公园有着明显的不同。1949年以后，我国园林在城市建设中蓬勃发展，分布广泛，但近些年西方园林文化对我国园林建设影响较大，具有欧式风格和中西合璧风格的园林广场在城市中分布广泛。

3.1.1.2 中国造园艺术

（1）我国造园艺术的美学思想

中国古典园林景色富有诗情画意，追求生境、画境、意境，追求含蓄，追求自然，追求小中见大，追求集多种艺术于一体（如诗歌、书法、绘画、雕塑、建筑等），讲究情景交融。造园艺术是儒家"中和"为美、道家"自然"为美、禅宗"空灵"为美三种古典美学思想的综合体现。

园林艺术并不以建造房屋为其目的，而是将大自然的风景素材，通过概括与提炼，使之再现，供人观赏，它虽然为人工建造，但力求具有真山真水之妙，以达到身居闹市而享受山水风景的自然美与天然野趣之目的，它刻意创造一种小中见大的空灵玄远的精神空间，供人们游乐观赏，养性颐情。中国园林寄托着人们对祖国大好河山的眷恋之情，并表达了中国传统文化中的经典美学思想。

（2）园林艺术创作手法

①因地制宜　自由灵活布局，追求自然美。

②空间分隔　多用假山、花墙作为隔景与屏障，以达到含蓄、曲折之目的。中国

园林有"园必隔，水必曲，隔则深，畅则浅"之说。

③空间对比　注意大小、开合、抑扬等，以引人入胜。

④空间的渗透与构图的层次体现。

⑤广泛采用对景、借景、引景、点景、框景、漏景、障景、藏景、断景、特写景等构景手法，进行空间组织与空间变幻。

(3) 园林造景艺术的特点

①在有限的空间里，要再现自然山水的美，寓意曲折含蓄，引人探求、回味。避免全盘托出，一览无余。

②造山挖池，要巧夺天工，避免矫揉造作。

③建筑物的设置，要与周围环境有机结合，避免画蛇添足或争奇斗胜。

④景物的安排，要有构图层次，突出重点，避免喧宾夺主。

⑤景物的组织，要统一，有连续性，避免杂乱无章，断径绝路。

(4) 园林风格与意境

①风格　世界上有两种园林风格最典型也最引人注目，一种是西方，以法国古典主义园林为代表的几何形园林，其强调人工美。中国古典园林与之相反，它是再现自然山水式园林。它本于自然而高于自然，把人工美与自然美巧妙地结合起来，从而达到"虽由人作，宛自天开"的艺术境界。它所抒发的情趣可以用"诗情画意"来概括，而这些原则、特征却并不见于其他类型的建筑。

②意境　追求意境，是中国古典园林造园的一贯命题。品味中国古典园林的意境主要可以从以下两个方面入手。

天人合一　天人合一的概念反映了中国古人对于大自然的强烈感情，追求人与自然的和谐统一。而中国古典园林作为"第二自然"，是人工写意山水的自然再现，是人与自然相互依存，相互作用的最好例证。与天对话，构成了中国园林艺术的深层文化意境。

诗情画意　中国古典园林被称为"凝固的诗，立体的画"，它与中国传统的诗歌绘画艺术关系极为密切。造园者有极高的文化修养，将诗画艺术的很多理念灌注园林意境的创造，追求神似与韵味，将其特有的恬静淡雅的趣味，浪漫飘逸的风格，朴实无华的气质赋予古典园林，形成了特有的自然和谐与朦胧含蓄之美。造园艺术早已超越了赏心悦目的境界，具有追求诗情画意的艺术境界。

中国古典园林艺术是中国旅游文化中不可或缺的一部分，它具有极高的艺术价值和观赏价值，是重要的旅游吸引物。到中国旅游不能不游玩中国园林，要了解中国文化和旅游文化不能不了解中国园林文化，因为它体现了中国文化的精致之美，反映了中国人的生活情趣。

3.1.1.3　中国园林的分类

中国园林按归属分类，可以分为皇家园林、私家园林、宗教园林三大类别。

(1) 皇家园林

皇家园林属于皇帝和皇室所私有，古籍里称为苑、苑囿、宫苑、御苑、御园等。主要集中分布在我国北方的古都北京和黄河中下游的西安、洛阳、开封等地。皇家园林中的典型代表有北京颐和园（图3-1）、河北承德避暑山庄等。其突出特点是规模较大、气势恢弘、宏伟壮观、豪华富贵、富丽堂皇。布局比较严整、分区明确、园中有园。建筑物的色彩浓重，比较富丽，色调以红、黄为主。造园受儒家文化影响较大。建筑体量相对较大，主体建筑物高大显赫，以此象征封建皇权的至高无上。局部平面布局中轴对称，空间序列比较规整，以此体现封建王朝强烈的等级制度。同时，还具有风格粗犷，各种人工建筑厚重有余，轻灵、委婉不足的特点。如果用一个字来概括，即"雄"。

图 3-1　北京颐和园

（选自《中国国家地理百科全书》，北方妇女儿童出版社，2002）

（2）私家园林

私家园林，又称第宅园林，属于民间的贵族、官僚、缙绅所私有，古籍里称为园、园墅、池馆、山庄、别业等。主要分布在江南的苏州、无锡、南京、扬州、杭州、湖州等地。选址多在城市，功能上居住、休憩、游赏三者合一。其主要特点是规模较小，布局灵活，营造精巧，建筑体量相对较小，多假山奇水，玲珑秀雅，韵味隽永。第宅园林的主人多是文人士大夫，或由文人、画家参与设计营造，因此表现出士大夫阶层的清高淡泊、寓意深远的思想意识。第宅园林风格富有文意与书卷气，清雅质朴，个性鲜明。多以写意式的山水为主体，将大自然的山水景观浓缩提炼到诗情画意的境界，并致力于创造和表现"小中见大"的空灵玄远的精神空间。私家园林的造园艺术受禅宗文化影响较大。江南园林建筑物色彩与北方园林明显不同，其色彩处理朴素淡雅，色调以黑、白、棕（或栗）为主。黑色的小青瓦屋顶与水磨砖窗框，

图 3-2　苏州网师园

（选自《中国古建筑二十讲》，生活·读书·新知三联书店，2004）

栗色或棕色的木梁架和装修、白粉墙等，既与青山、秀水、绿树的环境十分协调，也迎合园林主人追求闲适宁静的心理需要，整个园林显得十分秀丽、雅致、幽静。如果用一个字来概括，即"秀"。私家园林的典型代表有苏州网师园（图3-2）。

(3) 宗教园林(寺观园林)

宗教园林是以佛寺、道观为主的庭园或佛寺、道观的附属园林，其总体布局常反映"旷达放荡、纯任自然"的老庄思想的追求，通常选取环境优美或险要之地，用以象征仙境。刻意体现宗教宣扬的"天国"的感应气氛，并致力追求肃穆、庄严、神秘色彩，以达到对人产生强烈的宗教感应目的。佛教、道教多在深山名川建造寺观，以自然景观为主，形成山林型的寺观园林。地处山巅的寺观，其地理特色是高山峻岭，地势险要，寺观居高临下，视野开阔，寺观建筑巧妙利用地形，朴实无华，与周围自然环境融为一体。地处山坳山麓的寺观地理特色是山深林静，环境幽邃，寺观布局取宁静清雅之利，层叠曲折之巧，具有"曲径通幽处，禅房花木深"的意境，与自然环境很融洽。总的特点是幽深恬静、自然和谐。寺观园林与皇家园林和私家园林相比，带有一定的开放性，它定期或常年向公众开放，是我国古代的"公园"。

此外，园林分类还可以按地理分类，如北方园林、江南园林、岭南园林、巴蜀园林、西域园林以及风景园林、城市园林等。北方园林以皇家园林为主，江南园林以私家园林为主。其中岭南园林主要分布在珠江三角洲的广州、番禺、佛山、顺德、东莞。岭南园林发展历史较晚，曾师法北方园林与江南园林，风格介于北方的皇家园林与江南的私家园林之间，近代又受到西方构园方法的影响，吸收了一些西方的造园手法。岭南园林因受地理环境因素的影响，具有浓郁的热带风光特色。建筑物洗练简洁，轻盈秀雅。

3.1.2 中国古典园林构成要素

古人云：山是园林的骨骼，水是园林的血液，建筑是园林的眉目，花草树木是园林的毛发。一座优美不俗的园林，必定是山水相映、建筑点睛，花木繁盛。山、石、建筑、花木是构成园林的基本要素。

3.1.2.1 叠山

山是园林的骨骼，它不仅可以分割空间，供游人登高远眺，而且山本身也是游人审美的对象。古典园林中的假山按照材质可以分为石山、土山和土石并用的山；按其大小，则又可分为园山、院山和单峰三类；按位置又可分为庭山、壁山、楼山和池山等类型。

常见的假山主要由石头构成，主要的石材有湖石、黄石、房山石、青石、英德石、黄蜡石等，其中以湖石和黄石为上。古人对于石料的选择颇有讲究，宋代书法家米芾提出了"瘦、漏、透、皱"的标准，苏东坡又提出了"石文而丑"的标准，而计成在《园冶》中总结前人经验，提出了不同规模的假山应该选择不同的石材，例如选择石峰形体，要注意凹与凸、透与实、皱与平、高与低的变化，而单峰石材大多采用玲珑剔透、完整一块的太湖石，并需具备瘦、透、漏、皱、清、丑、顽、拙等特点。

现存园林中以假山闻名的有苏州狮子林、环秀山庄等，著名的单峰有苏州留园的冠云峰(图3-3)和上海豫园的玉玲珑。

3.1.2.2 理水

水是园林的血液，它给园林带来活力与灵气，如图3-4所示谐趣园的水。水通过不同手法的处理，可以产生不同的美学效果，宁静的池塘、潺潺的小溪、飞溅的瀑布都给人以美感。此外，水还可以养鱼植莲，浇花灌木，洒扫庭院，清凉消暑。而且，山与水的有机组合可以形成静与动、刚与柔、实与虚的对比，产生美的张力。可见，水是园林中必不可少的要素。

图3-3　苏州留园冠云峰(张振光摄)　　**图3-4　谐趣园的水**(选自百度图片网)

理水要根据水源和园内地势的具体情况，顺乎自然地进行安排。水体要活，分聚处理要得当，小则聚，大则分，岸曲水洄，似分似连。这样可增加借景机会和画面层次，密切水面同其他园林要素之间的相互联系和相互映衬，使整个园林脉络相通，气氛协调。

在苏州园林中，拙政园的水域面积占全园的3/5，景观以水取胜。

3.1.2.3 建筑

建筑是园林的眉目，要做到眉清目秀就要在建筑上巧妙构思，多则乱，少则野，因此建筑的安排通常是造园者煞费苦心的地方。概而言之，建筑的功能不外宴饮、吟诗作画、娱乐、赏景、休息，种类不外宫殿、楼、阁、厅、堂、轩、馆、斋、亭、台、榭、舫、廊、桥等。

中国园林建筑主要有四个特点：①多曲，由于自然景物很少呈笔直方向的形状，园林建筑也要与之呼应，尽量多"曲"，以保持其与环境的和谐，如曲径、曲桥、曲廊、飞檐翘角、卷棚屋顶等。②多变，适应山水地形变化，因地制宜，灵活布局。③雅朴，不用繁缛艳丽的装饰，追求宁静自然、简洁淡泊、朴实无华、风韵清新的风格。④空透，便于人们自由自在地环顾四周，尽情赏景，以达"纳千顷之汪洋，收四时之烂漫"的观赏效果。

3.1.2.4 花草树木

花草树木是园林的毛发，从造景的角度来看，植物可以围合空间，反映时间，点缀山池，修饰建筑，组织道路，陪衬主景，丰富层次，美化环境。从另外一个角度来说，植物的自然属性还往往给人以某种象征意义和精神寄托。基于后一种考虑，很多园林的主人喜欢在园林中种植松、竹、梅、莲、兰、菊等植物，以寄托自身的道德理想。

同时，造园者已经意识到四时景物轮换，应该种植不同的植物，使园林景色四时可赏。而且不同地域的园林在植物种植方面有很大的区别，北方的园林落叶乔木比较多，而江南园林中常绿植物占主要地位，岭南园林中就会出现榕树等本区域特有的植物。

与西方园林相比，中国古典园林的花草树木主要以自然的姿态出现，带给人们自然的美感。同时植物的存在又引来了飞禽走兽，形成了鸟语花香的自然景观。但需要注意的是，园林中的花木栽植要与其他要素协调，才能淡化人工造景的痕迹，使园林显现出自然情趣。

除了上述四大要素外，园林的构成还需要楹联匾额、动物、道路等要素。中国古典园林主要是由山石、水、花木、建筑等基本要素组合而成的综合艺术品。

3.1.3 中西古典园林艺术特征之比较

中西古典园林艺术风格有以下许多不同之处：

(1) 造园艺术

中国古典园林以山水画、山水诗为美学原则，设计者多为画家、诗人，刻意体现诗情画意，追求生境、画境、意境，追求自然美、含蓄美、静美，属于自然山水园。布局呈生态型自由式，追求自由灵活，讲究迂回曲折、曲径通幽、移步换景，故中国园林有"步行者的园林"之说。西方古典园林以几何、建筑为美学原则，设计者多为建筑师，追求人工美、图案美、动态美，强调主从关系、理性与秩序，属于几何型园林。园林构景要素按一定的几何规则加以组织，保持中轴对称布局并突出中心建筑物，主体建筑物前面多有一个面积较大的广场，大面积的草坪，配以笔直的林荫路、修剪整齐的树木花圃、几何形状的水池与人工喷泉、大理石雕塑。园林讲究规整、直观、开朗、明白、一览无遗，以俯视观赏的审美效果最佳，故西方园林有"骑马者的园林"之说。

(2) 园林规模

由于功能有别，中国古典园林相对较小(如具有代表性的江南园林)，西方园林规模相对较大。

(3) 园林与建筑的关系

中国古典园林是园林统率建筑，西方古典园林则是建筑统率园林。

(4) 植物处理

中国古典园林的树木以自然形孤植、散植为主，花卉重姿态，以盆栽花坛为主，西方古典园林的树木以整形对植、列植为主，花卉重色彩，以图案花坛为主。

(5) 表现形式

中国古典园林主要是借助于叠石、书法、绘画、文学等手段，西方古典园林则主要是借助于雕塑、工艺等手段。

(6) 文化艺术渊源

中国古典园林艺术受人文、幻想（如皇家园林中象征神仙世界的"一池三山"）和传统文化中的儒、释、道古典美学思想以及"天人合一"的哲学思想影响较大。西方古典园林艺术受科学、理念（如建筑原则、几何规则、图案美观念）和"天人相分"的哲学思想影响较大，如图 3-5 所示。

如果把西方园林比作是一部明朗欢快的交响曲，中国古典园林则是一首委婉细腻的抒情诗，二者各有千秋，但从旅游审美的角度上讲，中国古典园林可能略胜一筹。近现代以来，中国园林艺术与西方园林艺术有日趋融合和日臻完善的趋势。如18世纪以后的欧洲便开创了以自然乡村风光为风格特点的自由式园林景观，现代更是注意吸收中国古典园林的自由式构园手法。而我国近年的城市建设，在广场、绿地的营建中，受西方园林文化的影响较为普遍和深刻。

图 3-5　西方园林（法国凡尔赛宫后花园）（曹诗图摄）

3.1.4　园林文化与旅游

园林文化与旅游关系十分密切。园林是重要的旅游资源之一。古典园林在我国旅游资源中占有重要地位，如中国十大风景名胜中就有两大风景名胜属于古典园林，即苏州园林与承德避暑山庄。苏州园林、承德避暑山庄已成为当地旅游经济快速增长的重要支撑，是苏州、承德旅游发展的核心品牌。下面从旅游观赏和旅游开发两个方面进行论述。

3.1.4.1　园林游览与鉴赏方法

园林的游览与鉴赏除把握园林外观结构的轮廓美、形态美、色彩美、声景美和内在意蕴的画意美、诗情美、景名美、意境美外，还有以下几点值得注意。

第一，做好必要的游览准备。游览前应认真查找有关资料，熟悉该园的历史文化背景及园内具体情况，了解该园的特色，做到心中有数。

第二，以路为导。古典园林的路径具有实用和观赏的双重价值，它像一位高明的"导游"引领游人走上一条巧妙的观景路线。因此，游人入园后应沿着一定的游览路线进行游览。游览路线一般由廊、路、桥连接而成，其中主路用以连接景区，支路用以连接景点。

第三，选择好观赏位置。园林游览观赏要善于选择观赏角度。视角不同，观赏感受就不同。变换观赏位置，移步换景，往往能够达到"横看成岭侧成峰，远近高低各不同"的效果。因此，选择最佳的观赏位置，是获得最佳美感的重要方法。造园艺术家在园林设计时已经充分考虑了这一点，其建设的亭、台、楼、阁、轩、榭等基本上是游人最佳的观赏位置。但这还不够，许多美景的观赏位置或视角还要靠游人根据自己的审美情趣来选择。

第四，解决好"游"与"停"的问题。游览园林必有"动观""静观"之分，一般来说，大园以动观为主，小园以静观为主。所谓动观，即在游览路线上(廊、路)漫步游览赏景，由于廊和路都是曲折的，所以在漫步游览时往往具有步移景异的特色，因而走时不宜太快，而以走走看看、看看走走漫步赏景为宜，特别是在转弯时，更应注意景色的变化。凡是动观，意在领略变化中的景色。所谓静观，即在游览过程中，遇到亭、台、楼、榭、桥等建筑时，应停下来静观四周的美景。凡是静观，意在观赏景色的精华处，包括各个对景、借景、框景、藏景等观赏对象。园林的欣赏，贵在"动观"与"静观"的结合。

第五，掌握观赏的主要内容。园林观赏的主要内容有：①观赏园之胜景。如上海豫园大假山之雨景、玉玲珑。②欣赏造园艺术。如上海豫园鱼乐榭花墙下的水流、玉玲珑的组景，无锡寄畅园的八音涧，扬州个园的四季假山艺术。③推敲园之意境。古典园林最讲究意境，作为导游在介绍园林时应该把园林的意境交代清楚。④了解园林常用的构景手法。如主景、配景、借景、对景、框景、障景、构图层次等。

第六，静观漫游，静心品评。园林游览的速度要慢，游览的环境要静。中国古典园林的特色在于宁静，在于含蓄。游览园林不可性急，不可心绪浮躁，应细细玩味。游园的不二法门是慢、是静，来去匆匆、人山人海是没有效果的。中国古典园林应该是静的，宁静更具魅力。遗憾的是现在游览有些园林时像个乱哄哄的集贸市场，使人心绪不宁，与园林游览的宗旨相去甚远。

第七，多次游赏，深入领悟。古典园林的欣赏，贵在深化。尤其是那种"庭院深深深几许"的艺术殿堂，单凭一次漫游是很难窥其奥妙的，常常需要2次，以至3次、4次……才能深入领悟到意境、妙境之所在。

3.1.4.2 古典园林文化旅游资源开发

(1)中国古典园林旅游开发中存在的问题

中国古典园林是历史给我们留下的宝贵遗产和珍贵财富，在旅游业高速发展的今天，它有着不可估量的价值。然而由于人们对发展旅游认识的肤浅、理解上的偏差，使中国古典园林一直处于粗放式开发和经营状态。有些景区甚至还存在着破坏性开发利用。这些不仅没有充分挖掘其内涵价值，反而使其丧失价值。目前我国古典园林旅游开发中存在的主要问题表现在以下两个方面。

一是粗放式开发。中国古典园林的旅游开发价值不仅得到旅游界、园林界人士的重视，也得到游客的认可，在开发初期曾呈现蓬勃发展的势头，但经历一段时间后，吸引力则有所下降。一方面在于人们虽然能认识到古典园林的旅游开发价值，但是对其蕴含的文化历史，除了一部分专业人士，大部分游客并不能够真正了解和欣赏。他们到此旅游，在很大程度上是冲着古典园林的名气而来，是抱着到此一游的心态来游玩的，是观光型的旅游活动，因此他们的重游率相对较低。所以一段时间后，园林旅游就会呈现下降趋势。而另一方面，旅游开发商或园林管理部门对于园林的旅游开发还主要是处于粗放式开发阶段，仅仅是把园林当做游客活动的场所，为游客提供的是园林的外在形象，而没有挖掘园林内在的文化内涵。没有文化内涵的旅游是较低层次的旅游，其吸引力是不能持久的，也是难于持续发展的。

二是破坏性开发利用。某些地区对古典园林的旅游甚至还存在着一些破坏性开发和利用的情况，这较之于粗放式开发更加危险。破坏性开发一方面表现在开发商过度开发，导致园林价值的丧失。如在旅游旺季，游客过多（如颐和园最高峰一天接待游客高达30多万人），严重影响园林环境氛围，降低游览质量，并导致对园林生态环境的破坏。

(2) 中国古典园林文化的旅游开发方向与途径

①加强旅游宣传，倡导园林文化旅游　可借助媒体宣传，使旅游者认识到我国古典园林的历史文化及其现实价值，倡导园林文化旅游，使旅游者认识到古典园林旅游是一种体验旅游，是一种较高层次的文化旅游。园林旅游不是简单地看风景，而是在看风景的过程中，慢慢地品味古典园林的内在文化。

②加强古典园林旅游环境氛围的营造　中国古典园林的设计建造讲究自然、淡泊、含蓄、幽雅，体现园林主人的情趣与爱好。然而在我国古典园林的旅游开发利用中，很少注重营造这种旅游文化氛围。为了追逐最大的经济效益，景区常常是人满为患，尤其是旅游旺季，游客很难有机会静心欣赏园林，更难有机会体味其深层次的文化内涵。加强古典园林旅游环境氛围的营造，首先，要控制游客数量，这不仅有利于旅游者的个人旅游质量的提高，也有利于景区的生态环境改善，有利于景区的可持续发展。其次，对于旅游开发商来说，要尽可能在园林旅游开发过程中表达出这种意境，要利用各种途径突出园林的文脉，体现园林场地的气质、场所的精神，营造一种特定的氛围，使游客产生一种认同感和愉悦体验。

③完善古典园林旅游解说系统　完善的解说系统不仅能够为游客提供愉快的经历和教育的机会，同时能引导游客的再次到访。要想挖掘古典园林的文化内涵，并使旅游者体验到这一点，建立完善的旅游解说系统是一种很好的方式。对于不同类型的游客，应该采取不同的解说方式。对于外国游客来说，口头解说可能效果更好，因为文化差异和语言问题，他们对于我国古典园林的历史文化、艺术特色等很难理解和欣赏，因此导游的解说对其至关重要。而对于大部分国内游客来说，他们在欣赏古典园林时，可能更希望能独自品味，不希望有人在旁边打扰。然而由于对于园林文化的一知半解，他们在欣赏过程中也不可避免会遇到困难。如匾额楹联是我国古典园林的一大特色，具有深厚的历史文化内涵。然而很多人由于书法知识的欠缺，对于篆书、草书等不能欣赏，有时根本就不能认识其中的文字，因而就更不能体会其中的文化内涵。这时，若旁边有标识系统能对之加以解释说明，会对游客的鉴赏起到极大的帮助

作用，激发他们对园林文化的探究兴趣。

④提高导游人员文化素质　中国古典园林蕴含着丰富的历史文化知识和美学知识，要想引导游客充分认识到这一点，首先导游人员本身必须对我国古典园林具有一定的专业知识和欣赏水平。而我国目前导游人员的文化素质尚不能达到这种要求。因此，提高导游人员的文化素质是挖掘古典园林文化内涵的一个重要措施。

3.2　传统建筑文化与旅游

建筑作为四维艺术，其以物质实体和多样的造型风格承载了不同时期不同地域不同民族的社会生活内容、历史沿革、审美取向、艺术追求、生命观、自然观诸多方面的信息，被称为无言的史诗。从审美艺术的角度上讲，建筑是通过立体和平面构图，运用线、面、体在时间、空间上展开运动的过程中给人们以视觉上的影响，从而获得美的感受。在审美上，建筑与音乐之间有着密切关系，以致歌德曾经说过这样一句名言："建筑是凝固的音乐，音乐是流动的建筑。"建筑有着音乐所具有的节奏、韵律、对比、和谐之美，如建筑群的高低起伏、逶迤错落、虚实结合、疏密交织、对应幻变，均可产生节奏、韵律、对比、和谐的美感。建筑是人类文化的结晶，是我们旅游赏景中的最重要的人文景观之一。尤其是中国古建筑具有丰富的文化内涵、鲜明的文化性格和很高的审美价值和旅游价值。

3.2.1　中国古建筑的主要形式

中国古建筑的种类繁多，形式多样。我们这里介绍的古建筑主要是指在历史上具有一定的纪念意义，并且现在仍具有一定观赏价值的建筑物。

3.2.1.1　古城建筑

中国古城的主要特点：一般都筑有高大雄伟的城墙，城墙外有护城河，有的城内还有皇城、宫城、内城等，可谓"城中有城""固若金汤"。城市建筑布局封闭、严谨，强调中轴对称，如北京古城的中轴线从永定门经前门过紫禁城（故宫）直至安定门、最后到德胜门，长达8 km，这条中轴线如同人的神经中枢，统率着整座北京城变化起伏和左右对称的空间分配，使北京城具有独特的壮美的秩序。都城的布局为前朝后市，左祖右社，城市轮廓多呈正方形或矩形，城内街道房屋呈棋盘状分布，秩序井然（如西安、北京等）。这与西方古城所具有的活泼、开放、自由的风格（同心圆、放射状）形成鲜明的对比。其根源在于不同传统文化的影响（中国是

图3-6　荆州古城

（选自《民俗风情》，湖北教育出版社，1999）

封建礼制文化,具有封闭、严谨的特质,西方是推崇自由与民主的开放文化,具有开朗、活泼的特质)。

我国的古都古城包括民居的选址布局比较讲究风水,一般追求背山面水、左右护围、坐北朝南的地理环境。祈求平安顺利,渴求人居环境与自然环境的和谐是人们的共同愿望,或许是这样一种心理,使风水文化在人居建筑中至今仍具有一定的生命力。

在我国,古都古城风貌目前仍保存得较好的历史文化名城有西安、北京、南京、曲阜、平遥、荆州(图3-6)、襄樊等(其中现存规模最大的古城是南京城),这些古城的古城墙、护城河吸引着众多的游人。

3.2.1.2 宫廷建筑

宫廷建筑是皇帝为了巩固自己的统治、突出皇权的威严、满足生活享受而建造的规模巨大、气势磅礴的建筑群。其最主要的特征是:规模宏大、结构规整、气势非凡、装饰华丽、多姿多彩。宫廷建筑具有等级森严的大屋顶,金黄色的琉璃瓦铺顶,硕大的斗拱,绚丽的彩画,高大的盘龙金柱,雕镂细腻的天花藻井,汉白玉台基以及众多的建筑小品,以显示宫殿的豪华富贵。建筑物的布局上强调中轴对称(前朝后寝、左祖右社、三朝五门),装饰多具吉祥含义。在旅游审美上以其巍峨、崇高、雄伟、辉煌、森严、肃穆为特色。

我国宫廷建筑较著名的有北京故宫、沈阳故宫等。其中北京故宫(紫禁城)是我国古代宫廷建筑保留最完好的一处,占地面积72万 m^2,建筑面积15万 m^2,有大小房屋上万间。主要建筑有太和殿、中和殿、保和殿及御花园等。故宫周围是10m高的红墙,周长逾3400m,城墙外是护城河。故宫是一处豪华壮丽的殿宇之海,这处宏伟的古建筑群充分显示了我国宫殿建筑艺术的高超水平(图3-7)。曲阜孔庙孔府也具有宫廷式建筑风格。

图 3-7 北京故宫
(选自《中国世界遗产》,哈尔滨地图出版社,2003)

3.2.1.3 陵园建筑

我国古代陵园建筑特点：陵墓选址在山环水抱、背风向阳的"风水宝地"，多利用自然地形，靠山建墓；陵园周围筑有陵墙，四面开门，四角建有角楼，陵前建有神道，神道上建有门阙以及众多的石人、石兽雕塑(石象生)，给人以庄严、肃穆、宁静之感。

我国现保存的古代陵墓较多(如第一批公布的180处全国重点文物中就有19处是属于陵墓建筑)，规模壮观，保存较为完好，这与我国古人崇拜祖先、"厚葬以明孝"、"来世转生"的文化意识有关。西安及其附近是我国帝王将相陵墓最为集中的地方。帝王陵墓除了骊山秦始皇陵墓以外，还有西汉11个皇帝的陵墓，唐代18个皇帝的陵墓等，其中著名的帝王陵墓有昭陵(唐太宗李世民之墓)、乾陵(武则天与唐高宗李治的合葬墓)(图3-8)、茂陵(汉武帝刘彻之墓)等。北京明十三陵，辽宁、河北的清陵等也是帝王陵寝集中之地。除帝王陵寝外，我国还有许多名人陵墓如孔子墓、关陵(头葬洛阳，身葬当阳)、岳坟、昭君墓，以及近现代的中山陵、毛主席纪念堂等都是重要的陵寝旅游资源。

图3-8　武则天乾陵
(选自《游遍中国》三，吉林摄影出版社，2002)

中国陵墓建筑是建筑、雕塑、绘画、自然环境融为一体的综合艺术，古代中国陵寝除了追求强烈的礼制色彩和大规模建筑组群的空间组织处理方面的精湛造诣外，还刻意追求山川自然形势的完美，细心探究自然景观美与人文景观美的有机结合，力图使整体环境给予人很强的艺术感染，营造神圣、永恒、崇高、庄严、肃穆而又充满生气的感应氛围。

陵墓景观的鉴赏，主要应从建筑的艺术形式、雕塑的艺术形式、祭品的艺术形式等方面把握，并注意从外观结构(地面建筑部分的祭祀建筑、神道，地下建筑部分的地宫建筑)和内在意蕴(风水观、礼制观)两个方面去鉴赏。

3.2.1.4 寺庙建筑

寺庙是我国佛教建筑之一，数量众多、分布广泛。寺庙建筑起源于印度，我国在南北朝时代大兴寺庙建筑的土木之风，杜牧曾在《江南春》一诗中说"南朝四百八十寺，多少楼台烟雨中"，可见当时寺庙之多。

由于最早的佛寺是在官府的基础上建的，因此与封建社会时期的其他建筑在形式上没有什么区别。中国的宗教建筑或是采用官式建筑的尺度模式,或是采用民间建筑的特点,"神化""出世"特点不突出。中国佛塔形制是世俗楼阁的仿造。因此,有人说:"寺庙是世间衙署的翻版""红尘世界的倒影"。中国宗教建筑体现了"以人为中心的文化观念"与"实践理性精神",西方宗教建筑则刻意体现"宗教神灵精神"和"出世"思想。寺庙建筑与布局的主要特点是:中轴对称,正中路前为山门,山门内左右为钟楼、鼓楼,正面为天王殿(殿内供有四大金刚塑像和弥勒佛),后面是寺庙的中心——大雄宝殿(供奉"大雄"——佛教始祖"释迦牟尼"的地方),再后是藏经楼(阁)。正中路左右布置有僧房、斋房等建筑。这种布局旨在以雄浑规整的气势和庄严肃穆的感觉,以及神秘阴森的宗教气氛来震慑信徒。寺庙建筑往往结合园林构景手段创造出"仙山琼阁"的天国境界,以调节神秘阴森的宗教环境气氛,并满足僧众、信徒、游客的审美需要和增强宗教的教化效果。我国多数宗教寺庙建筑在山水风光优美之处,体现了"天人合一"的传统美学思想。

我国著名的寺庙建筑有:天下第一名刹"少林寺"、拉萨的布达拉宫、山西恒山的悬空寺、河北承德避暑山庄的"外八庙"(图3-9)、北京的雍和宫、天津的独乐寺、山西的显通寺、浙江的普济寺、安徽的化成寺、河南的白马寺、四川的报国寺、西藏的大昭寺、甘肃的拉卜楞寺、青海的塔尔寺等。我国寺庙建筑比比皆是,其中不少寺庙建筑规模与建筑艺术为广大中外游客所称绝。

图 3-9　外八庙之一——普陀宗乘之庙
(选自《游遍中国》四,吉林摄影出版社,2002)

3.2.1.5　石窟建筑

石窟原是印度的一种佛教建筑,多是僧侣们开凿的,是教徒们集会、诵经、修行的地方。我国的石窟是仿造印度开凿的,主要是用来供奉神像和菩萨。我国最著名的石窟有甘肃敦煌的莫高窟(千佛洞)(图3-10)、山西大同的云冈石窟、河南洛阳的龙门石窟,甘肃天水的麦积山石窟(我国最大的泥塑艺术博物馆)、重庆大足石刻等。这些石窟对于研究我国古代建筑艺术、雕塑、绘画、佛教文化以及发展旅游事业都具有重要价值。中国石窟具有自己独特的民族性,这不仅表现在石窟建制由印度单一的塔庙式礼拜窟发展为具有中国殿堂特色的佛殿窟、大像窟、佛坛窟等,更表现在雕塑、绘画由取法印度发展为具有中华民族审美理想和现实精神、艺术特点的新风格。中国佛教石窟在地域分布上有着自身的规律性，由于传入时间的序列不同，使中国石窟大体上呈西先东后、北早南晚之势；在地域上又因地区文化的差异和石窟艺术盛衰的时间不同而形成若干个大的石窟艺术发展区，每一个地区的石窟艺术既具有一个时期全国共有的艺术风貌，又具有自己独特的艺术个性，从而使中国佛教石窟艺术呈现百花齐放、气象万千、南北分流的局面。

3.2.1.6 古塔建筑

我国的古塔绝大部分是属于宗教建筑，一般称为佛塔。我国古塔种类繁多，丰富多彩，其大体可以分为楼阁式塔、密檐式塔、覆钵式塔、金刚宝座式塔、亭阁式塔、花塔、过街塔及塔门等七大类。各种塔的结构基本相同，分别由地宫、塔基、塔身、塔刹等部分组成。我国的古塔中，有些属于风水塔，风水塔多立于水系入村处或出村处，以镇风水。塔的基座具有敦厚、稳重的美感，塔身层层相叠，形成有规律有比例地重复，具有韵律之美。目前，我国拥有3000多座佛塔，它们是我国古建筑的重要组成部分。最著名的有西安的大雁塔（图3-11）、小雁塔，山西应县木塔，南京的灵谷寺塔，嵩山的少林寺塔林，宁夏青铜峡的108塔，当阳玉泉寺的棱金铁塔等。我国古塔比例合度，结构精密，宏伟壮观，肃穆安闲，给人以崇高的美感和浓厚的神秘感。它们以自身的挺拔英姿，对风景区起着重要的装点、协调以及"引景"的作用。古塔对环境还具有特殊的美化效果，对山水景观起着弥补不足或锦上添花的作用，甚至起到"化平凡为神奇"的巨大审美功效，故称之为"装点山河的神笔"。

图 3-10　甘肃敦煌莫高窟
（选自《中国旅游名胜全书》，中国画报出版社，2002）

图 3-11　西安大雁塔
（选自《游遍中国》三，吉林摄影出版社，2002）

3.2.1.7 桥梁建筑

我国桥梁建筑的历史悠久，至少已有3000多年的历史，不少桥梁建筑经历了千百年的风雨考验，至今仍然坚固完好。我国地理环境上多山多水，为交通便利，遇山则开路，遇水则架桥，故桥梁遍布祖国山河。有的桥长若垂虹；有的桥环如半月；有的如玉带浮水；有的雄伟壮观、气贯长虹；有的小巧玲珑、柔美纤巧，可谓千姿百态。很多古桥已成为游览、观赏的重要对象，吸引着众多的游客。

图 3-12　河北赵县的赵州桥（张振光摄）

桥梁大致可以分为梁桥、拱桥、索桥、浮桥几种基本类型。其具有交通运输、遮风避雨（如风雨桥）、点缀河山、观景赏景等功能和用途。我国著名的古代桥梁有所谓的"古代三大名桥"——河北赵县的赵州桥（又名安济桥，系隋代李春设计建造）（图3-12）、福建的泉州与惠安交界洛阳河上的洛阳桥（万安桥）、北京永定河上的卢沟桥。非常驰名的古代桥梁还有西安附近的灞桥（我国最古老的桥梁，系汉代建造），苏州的宝带桥、枫桥，广东潮州的广济桥，福建的安平桥（又名"五里桥"）等。江南水乡更是"小桥流水人家"，如诗如画。历朝历代，古代桥梁比比皆是，浙江绍兴有"古代桥梁博物馆"之美称。三峡地区则是现代桥梁的博物馆，已建成十多座长江大桥和数百座现代大中型桥梁。

3.2.1.8　民间建筑

传统民间建筑主要包括民居和村落。它有着悠久的历史传统，在建筑的群体组合、院落布局、空间处理、外观造型、地形利用等方面，人们都积累了丰富的经验。不同地区、不同民族的民居和村落都有着自己独特的艺术风格和特色，这些风格和特色的形成与当地的地理环境、民风民俗和生活方式有密切关系，可谓"地域环境的一面镜子"。传统民居的外观虽然种类繁多，但大致可以归纳为合院式（如四合院、三合院）、干栏式（用竹、木等构成的底层架空的楼居）、碉房（青藏高原的住宅形式，用土、石砌筑形似碉堡的房屋）、毡帐（如蒙古族的蒙古包、哈萨克族的毡房、藏族的帐房）、阿以旺（新疆维吾尔民居，房屋连成一片，平面布局灵活，庭院在四周）等。我国传统民居建

图 3-13　陕西窑洞（张振光摄）

筑很有特色的有北京的四合院、黄土高原的窑洞(图 3-13)、西南地区的吊脚楼、福建的土楼(图 3-14)、安徽古民居(图 3-15)、广东的碉楼和围龙屋等。古村落是农耕社会人类聚居的地方，在历史上反映出中国古代强烈的血缘与地缘关系，在建筑布局上顺应自然环境、重视生活需要与防御安全。中国古代的民居和村落建设十分重视风水环境，易学堪舆理论影响深刻。我国的传统民居与古村落具有较高的游览观赏价值和科学研究价值(如安徽的宏村等)。

图 3-14　福建土楼(张振光摄)

图 3-15　安徽古民居——宏村

(选自《中国国家地理百科全书》三，北方妇女儿童出版社，2002)

3.2.2　中西古建筑文化比较

由于地理环境、民族性格、历史文化(如传统文化与哲学观念等)等因素差异的影响,中国古建筑与西方古建筑在建筑材料与结构、建筑布局、装饰色彩、艺术风格、美学价值等方面存在着诸多差异。

(1) 建筑材料与建筑结构

中国古建筑主要是土木制品,采用框架式结构,榫卯安装,梁架承重。外观富有曲线美,气韵生动。而西方古建筑主要是石质制品,采用围柱式、券柱式结构,墙柱承重。重视块、面的应用,形态厚重。中国古建筑的砖木结构适应小家小户的个体生活,凭借经验和巧思即可成功,故中国古建筑始终没有上升到近代力学的理论高度。西方古建筑多兴建大跨度的拱门、穹隆以容纳上万会众,要有精密的力学知识,由此促进了结构力学的理论发展。

(2) 建筑布局

中国古建筑为群体组合,即由一个个的单位建筑组合而成一个大的建筑群,空间上横向扩展,讲究中轴对称,追求纵深效果。城市布局多为矩形或方形。整体风格是内向的、封闭的、严谨的,追求内在的含蓄和私密性;而西方古建筑多注重单体的建筑艺术效果,空间上垂直扩展,讲究突兀高耸,追求立体效果。城市布局多同心放射状。整体风格是外向的、开放的、活泼的,追求外在的进取和自由性。

(3) 装饰色彩

中国古建筑由于是木构件,需要油漆或涂料保护,色彩以红、黄、绿、蓝为主色调,台基多为汉白玉,鲜艳夺目,具有强烈对比的特征。而西方古建筑由于多使用石质材料,色彩以白、灰、米黄为主色调,朴素淡雅,具有调和特征,但内部装饰色彩鲜艳,追求一种光怪陆离、梦幻、朦胧的宗教感应氛围。

(4) 建筑理念

中国古建筑风格具有温和、实用、平缓、轻捷等特征,表现的是人世的生活气息,实践理性精神(或功能性)较突出,故称之为"人本主义建筑"。西方古建筑风格具有冷硬、敦实、突兀、玄妙等特征,体现的是以神灵为崇拜对象的宗教神灵精神或一种弃绝尘寰的宗教出世观念,故称之为"神本主义建筑"。

(5) 美感效应

中国古建筑旨在缩小主客体的"认同"距离,给人以"亲近"的感觉;而西方古建筑旨在扩大主客体心理距离,使人产生"崇敬"、"仰慕"的感觉。中国古建筑温柔敦厚,气韵生动,曲线美突出;西方古建筑雄浑厚重,飞扬跋扈,块、面体积感强。

(6) 价值观念

中国古建筑表现为"新陈代谢"(认为建筑是人为的),突出"善",即更注重建筑的实用性;而西方古建筑表现"永恒"(认为建筑是神为的),突出"美",即更注重建筑的艺术性。

(7) 历史变化

中国古建筑从古到今,从东到西,从南到北,都千篇一律,变化很小。"大一统"、共性特征突出;而西方古建筑则不断创新,风格不断变化,具有个性突出、多姿多彩的特点。仅古典建筑而言,先后有古希腊、古罗马、哥特式、拜占庭、文艺复兴、巴洛克、洛可可、帝国风格等建筑。

(8) 旅游审美鉴赏

中国古建筑重在动态的"游览"而不是静态的"观望",人置身建筑之中,步移景换,情随境迁,可仔细品味各种线条的疏密,色彩的浓淡,体积的变化,体察实与虚的转换,从而领悟到建筑的神韵。而欣赏西方古建筑,则像欣赏雕塑作品,它与周围明显分离,它的外界面就是供人玩味的,它是暴露的,放射的,其欣赏的方式重在可"观望"而不是可"游览"。

中西经典建筑中的北京故宫(图3-16)与德国新天鹅宫(图3-17),典型地体现了这些差异。

图 3-16　北京故宫(选自百度图片网)

图 3-17　德国新天鹅宫(选自百度图片网)

3.2.3　传统建筑文化与旅游

3.2.3.1　传统建筑是重要的旅游资源

我国是一个历史悠久的文明古国,古建筑是我国优秀文化遗产的一部分。我国古建筑比比皆是,千姿百态,丰富多彩,装点在祖国美丽辽阔的大地上,其中有许多古建筑享有盛名,蜚声海内外,如万里长城被称为世界七大奇迹之一;北京故宫、承德避暑山庄、山东曲阜孔府孔庙堪称我国三大古建筑群;还有著名的"江南三大名楼"——黄鹤楼、岳阳楼、滕王阁等。中国十大风景名胜中,古建筑占据4项;中国旅游胜地40佳中,古建筑占据12项。由此可见,古建筑在我国旅游资源中的重要地位。众多的古建筑是我国发展旅游业的优厚资源条件。中国传统建筑的结构与布局形式、组合方式与造型特征是旅游者很感兴趣的赏景对象。中国古建筑以丰富的文化内涵、鲜明的文化个性、高度的鉴赏价值、强烈的艺术魅力吸引着广大的中外游客。西方古典建筑如众多的神庙、教堂、宫苑也有很高的艺术水平和审美价值,同样是重要的旅游资源,对游客产生巨大的吸引力。

3.2.3.2　传统建筑审美特征与旅游观赏

建筑是凝固的艺术,立体的诗画,它蕴含有深刻的审美功能。在某些建筑中,审美因素甚至起着决定性的作用。如在英文中,建筑"architecture"的原意是"巨大的工艺"。因此,建筑具有强烈的艺术审美特征,它是物质与精神、技术与艺术、善和美的有机统一。中国古建筑具有很高的审美价值。一般来讲,对我国古建筑的审美与旅游观赏，可以从以下6个方面去认识把握。

(1) 结构形式

中国古建筑是以木构框架为结构主体，带有繁复屋顶形式的群体建筑。我国古建筑的木构架，主要是采用梁柱式结构(地面上立柱上架梁)。其优点是：①构建灵活，造型丰富，形态各异，充分体现了中国古建筑的民族特点和艺术风格。②抗震性能较强。由于木材柔韧性强，加之采用榫卯安装办法，非常坚固("墙倒屋不倒")。缺点是：木构建筑难以长期保存(易受火灾、白蚁、战争等损坏，且易腐朽)。中国传统建筑的外观，就单体建筑而论，基本分为三部分：台基、墙柱构架和屋顶，建筑学上称为"三段式"。

(2) 群体组合与布局特征

中国古建筑在布局上为群体组合，即是由一个一个单位建筑组合成的一个大的群体建筑。我国古建筑的一个共同特征是，在平面布局上以"间"为单位，再由"间"组成"房屋"，由"房屋"组成"庭院"，再由"庭院"组成横向铺展的各种形式的"建筑群"。凡有地理条件的，主要建筑物一般都是沿着中轴线布局，使建筑物组成有层次、有深度的空间，追求布局的纵深效果和含蓄美(这一点与西方有很大的不同，西方古建筑的布局具有独体性，着重追求立面与个体的艺术风格，主体建筑物较集中，一目了然，而中国古建筑只能一点一点地细细观看)，中轴线两侧的建筑物保持严格对称和均衡，显示出整齐和对称的美(如宫殿、寺院、庭院建筑等)。中国建筑布局在整体上是内向的、收敛的、封闭的(如四合院、皇宫、围合的城墙、长城等)，追求内在的含蓄和私密性。

(3) 装饰色彩

我国古建筑十分讲究内部的装饰、陈设和外部的空间点缀。建筑物内部常用雕梁画栋、图案花纹、匾额楹联以及壁画进行装饰，以增加华丽富贵的气氛。古建筑的外部空间常常用假山叠石加以点缀、设置华表、香炉、石狮、铜鹤等，有的还建有九龙壁。装饰色彩中，红、黄、绿是我国古建筑的主色调。我国的宫殿建筑一般都是"红墙黄瓦"，显得金碧辉煌，象征着皇权的威严，显示出皇宫的豪华富贵。白色台基、黄或绿色的琉璃瓦、朱红色的门窗墙柱和以青绿色为主的梁坊彩绘是宫廷、坛庙最盛行的色调。装饰色彩在地域上具有北浓烈、南淡雅的特点(与人们的审美情趣和气候等环境有关)。

(4) 文化内涵

建筑是物质外显和文化内涵的有机结合，是历史文化的一面镜子，是一定时期社会文化的缩影，在古建筑的欣赏中，若能从文化底蕴上来发掘，将趣味大增。如北京天坛以圆形为基本构图，蓝色为基本色调，翠柏为基本背景，并使用了1、3、5、9等与"天"有关的尺度，突出地象征与体现了"天"这个主题。中国古代传统思想对古建筑的影响极大，这主要表现在我国古建筑在审美文化上具有四大特点：①以大称威，如万里长城、北京故宫、承德避暑山庄、阿房宫等无一不是以大称威的杰作。②以中为尊，如国都选址上要"择天下之中而立国(都)"，在都城规划上，要"择国之中而立宫"。建筑群的主要建筑应建在中轴线上。③礼制至上，即建筑上有十分森严的等级制度观念，这从屋顶形式、台基高低、面阔间数等可见而知。④祈吉为尚，我国古建筑的装饰和内外陈设都有祈求吉祥的含义。如龙、凤、龟、麒麟、狮、象、松柏、灵芝等图案，鸱吻、藻井等为镇火的装饰物。在我国，建筑大师梁思成曾经这样说："建筑是一面镜子，它忠实地反映着一定社会的政治、经济、思想、文化。"欣赏中国传统建筑应该从文化内涵上去仔细体会和把握。

（5）艺术性与功能性、技术性密切结合

我国古建筑具有艺术性与功能性、技术性密切结合的审美特征，若能在观赏中体味出它们之间的关系，将得到无穷的妙趣。如台基既是木构件防水、防腐的需要，又是使整座建筑显出稳定和统一形象特征；柱子既是主要的传力构件，又是划分开间的标志，有时还施以精美的雕刻；大屋顶之所以有较大的出檐，是为了保护周边的木构件及墙面，但出檐大了，净空就低，室内的光线就暗，于是就设计了一种屋面檐口部分向上反翘、使阳光易射入、空气易流通的反曲屋面（地域上南长北短）；油漆彩画是保护木材的必要措施；屋顶上的仙人走兽是固定屋瓦的铁钉套子。中国古建筑的实践理性精神较强（即功能性较强），西方古建筑的宗教神灵精神较强（追求精神境界）。

（6）建筑美与环境美的协调

环境是构成建筑艺术感染力的主要因素之一，例如，埃及的金字塔必须是放置在广阔无垠的荒漠中，才能给人以永恒的神秘感，如果把它放置在我国江南水乡则完全变成了另一种气氛和感觉；古刹只有在峰回路转、苍松翠竹掩映之中，才能显示出佛教幽雅清净的境界，体现"深山藏古寺""曲径通幽处，禅房花木深"的宗教意境。我国古典建筑的设计与布局严格遵循"亲和大地"的原则，注意建筑物与周围的自然环境的完美结合，与环境相互映衬，使建筑美（人工美）与自然美和谐地融为一体（和谐是美的本质）。像颐和园、承德避暑山庄、天坛、帝王陵寝的建筑以及许多寺庙宫观的建筑都是建筑美与自然风景美有机结合的典范。此外，中国古代建筑讲究风水理论，重视环境优化的设计，建筑文化具有较强的环境意识与神秘色彩。这种审美特征的形成与我国传统文化观念中的"天人合一""天人调谐"等思想影响有一定关系。

3.2.3.3 旅游开发应吸取传统建筑文化的精华，使建筑与环境和谐

文化是建筑的灵魂，我国著名建筑学家梁思成曾说过："欣赏优秀的建筑，就像欣赏一幅画、一首诗。建筑最吸引人的地方是蕴藏其间的一系列的'意'。"（即文化内涵与创意）建筑文化资源的旅游开发，关键在于采用适当的方式表现这一系列的"意"，使之具有文化内涵。

旅游景区（点）建筑设计应顺应自然，从传统建筑文化中吸取精华，做到人工建筑与环境融为一体。建筑在风格特点、造型体量、比例尺度、色调对比上要服从环境整体，不能喧宾夺主。建筑物宜低不宜高，宜小不宜大，宜分散不宜集中，宜淡雅的乡土之风而不宜取华而不实的商业气息。正如美国建筑大师莱特说的"建筑要像从地里自然生长出来的那样""建筑物应该是自然的，要成为自然的一部分"。北京大学的景观设计专家俞孔坚曾经提出的"天地人神"合一的观点。他曾对忽视自然环境在旅游区和城市绿地系统中的重要地位而仅仅强调匠意的花园构筑意识提出了强烈批评。认为建筑景观设计应遵从自然，体现文化。目前我国不少地方的旅游景区建设在建筑上存

在不少败笔，商业化、公园化、城市化现象严重。还有些地方搞宗教旅游，把笔直的大路修到庙宇前，汽车停到山门，附近还盖起了西洋式的宾馆，美其名曰是为了便于旅游，实则大煞风景，严重破坏了寺庙建筑所需要的环境气氛。中国的旅游开发者应该注意向古人学习，继承和弘扬中国传统建筑文化的精髓（如"人地和谐"的风水观等）。

旅游接待建筑应与周围环境相协调。建筑与所处地段环境之间相互关联是以"场景"的形式共存的。建筑形式要体现出这种关系，就应创造性地去配合"场景"，并力争把这种"场景"组织在风景环境之中。出色的风景环境，并不只在于其中自然景点或某一人文景观，还在于自然与人工统一美的表现力和富于变化的整体性。新的建筑不能只注重自身的完善，还需与所处环境有机结合，互为补充，保持和发展环境的完整特性。风景区旅游接待建筑不仅要求本身具有完整的功能特性，满足游客的要求，还应与风景环境相协调。总之，旅游接待建筑布局，应以尊重和保护风景区环境资源为前提。

3.2.3.4 加强专业型导游的培养

传统建筑不但有审美的价值观，而且还有历史信息的价值观。因此，文物建筑作为精品旅游资源开发，专业型导游的作用将是成功的关键之一。所谓专业型导游是指不但要具备导游方面的知识，而且要具备文物与传统建筑方面的知识，尤其是要体会文物与传统建筑所包含的历史文化信息。优秀的专业型导游对古建筑文化旅游可以起到锦上添花的作用，而平庸的导游则有可能让游客乘兴而来扫兴而归。专业型导游的培养是传统建筑文化旅游开发应重视的一项长期工作。

3.3 民俗文化与旅游

3.3.1 民俗文化概述

3.3.1.1 民俗文化的概念

民俗，就是民间风俗习惯，是一个地方长期形成的风尚，是广大劳动群众在生活中自然形成并代代相传的风俗。

民俗文化，是依附人民的生活、习惯、情感与信仰而产生的民间文化，是民众的生活文化，通常由服饰文化、饮食文化、民居文化、人生礼仪、岁时节令、民间信仰、游艺竞技等组成。民俗文化是民族文化的重要组成部分。由民俗文化的集体性决定，民俗培育了社会的一致性。民俗文化增强了民族的认同，强化了民族精神，塑造了民族品格，传承了民族文化。

3.3.1.2 民俗文化的特征

民俗文化与其他类型的文化相比，有它自身的特征。

（1）多元性与复合性

中国自立国之始，就是一个多民族的国家。在中华各民族的不断融合中，民族习俗被接纳到中华文化体系之中，但程度不一地保存着各自的民俗特性，从而丰富了中国的民俗文化。中国民俗的多元特性不仅体现在各民族不同习俗上，还表现在不同历史阶段的民俗共存上。既有古朴的乡村民俗，也有繁华的都市民俗，还有原始的民俗生活形态。在中国统一的地域空间内共存着不同性质的民俗文化，体现了中国民俗的多元特性。

中华文化向以包容四方的气概著称于世，其中民俗文化之功甚伟。从古至今民族文化的融合，首先是民俗层面的接纳，民俗文化于细微处，却影响深远。汉俗中复合了不少少数民族习俗，可以说从来就没有纯粹意义的汉俗，只有民俗复合时间的早晚而已。同样，现存的各少数民族也程度不同地受到汉俗影响。

(2) 阶层性与地方性

阶层性是就社会民俗的纵向分布而言。如中国传统社会中，处于社会中下层的广大民众，是民俗文化的主要创造者和承载者，因此民俗文化主要体现了他们的认识与思想要求，具有较强的民间性特点。不仅中下层社会相较于上层社会有着层位的差别，就是中下层社会内部亦有着民俗差异。如农民与手工业者是物质财富的直接创造者，因此形成了淳朴、节俭、勤劳的民俗本色。而属于中层社会的商人与城市平民，在行业的竞争与酬对中，则逐渐养成铺张、浮靡、好新慕异的风尚。

地方性是就民俗的区位性特点而言。除了民族文化大传统之外，各个地方依自己的特殊生境形成了文化小传统。乡民的生活文化具有明显的地方性，所谓"十里不同风，百里不同俗""百里而异习，千里而殊俗"，这是较概略的区分。总之，民俗文化的发生、发展、演变是在一定地域空间中进行的，它受地理环境、人们谋生方式与历史传统的影响和制约，因此民俗文化显现出鲜明的地方特色。

(3) 神秘性与实用性

民俗文化一般具有神秘性的特点。民间传承着大量古老风习，对于异地的人来说，不了解它的起因和演变，往往呈现出一种神秘的色彩。再加上宗教对民俗生活的介入，使传统民俗的神秘色彩更为浓厚。

实用性是民俗文化最本质的特点，民俗服务于人们的生产与生活，人们依赖民俗开展生产，繁衍后代，寻求精神愉快，几乎每一项民俗都有它实用性的内涵。例如，民间信仰的直接功利性是它区别于一般宗教信仰的根本特征之一。

(4) 稳定性与变异性

民俗文化在民间世代相传，因而具有相对稳定的特性。但同时，它又会随着时间的变化不断发生变异。稳定性，是中国民俗性格突出表现之一。例如，中国经历了几千年的农业社会，虽然改朝换代频繁，但农业社会的基础并未动摇，由此围绕着农耕社会所形成的大农业民俗得到相对稳定的传承。这种稳定性主要体现为民俗传统的稳定性以及人生礼仪习俗的稳定性。

民俗的变异性，是指民俗事象在流传过程中受各种影响而产生的内容和形式上的变化。民俗的变异性与其历史性、地方性相关联，同类民俗在不同时代、不同地区都会有各自的特点。民俗的变异性还表现在横向的地域分布中。同一种民俗事象，在各地会出现不同形态，有的是因为发生的基础不同，有的是在传播过程中的变形。

3.3.2 民俗文化中的旅游审美内容

民俗文化审美是民俗旅游的重要目的与内容。当然也并非所有民俗都能成为旅游资源，主要是其中具有表象性与观赏性的部分内容适合作为旅游审美的对象。

(1) 物质民俗中的建筑、服饰、民间艺术、生产工具等皆具审美价值

在民居建筑中，各少数民族、一些汉族地区的民居具有鲜明的审美特色。如鄂温克族和鄂伦春族的住宅"撮罗子"；蒙古、哈萨克、柯尔克孜、塔吉克等民族的蒙古包和毡房；侗族、苗族、土家族的吊脚楼以及鼓楼、风雨桥；傣族的干栏式竹楼；北京的胡同、四合院；黄土高原的窑洞；闽西的土楼；周庄的水乡等，可谓类型丰富，建筑技艺精湛，具有很高的旅游欣赏价值。各少数民族的服饰更是绚丽多姿。苗族、瑶族、侗族各不相同的"花衣"与百褶裙；傣族妇女的花筒裙；藏民的藏袍；维吾尔族的"袷袢"和连衣裙，满族的旗袍等。各少数民族和各地的民间工艺美术也极为丰富多彩；一些具有观赏性的用具和工具也是民俗物质文化的产物，有着审美的意义。

(2) 岁时节令和人生礼仪习俗多蕴含着丰富的审美价值

包括年节的饮食、青年的婚恋、生日、丧葬、待客习俗等，其中大多数是旅游者可以参与或观赏的。例如，侗族青年的恋爱习俗"走寨坐妹"，苗族婚姻礼仪的"拦路歌"、唱"酒歌"，欢抢"铺床鸭"，土家族的"哭嫁"与"跳丧"等习俗仪式。各少数民族和不同的汉族地区都有着各自特点的待客习惯和待客方式。我国各民族的节日礼仪与庆典则更为丰富，汉族与一些少数民族共有的春节、元宵节、端午节、中秋节，傣族的傣历新年泼水节，瑶族的达努节，藏族的望果节，彝族的火把节，蒙古、鄂温克、达斡尔族的"那达慕"大会，白族的三月街，信奉伊斯兰教的我国西北地区少数民族的开斋节、古尔邦节，这些节庆活动最为集中地展现出不同民族、地域民俗文化的丰富内涵，给旅游者提供了感受和体验民俗审美文化的好机会。

(3) 民间游艺竞技活动具有很强的旅游审美吸引力

我国各少数民族都有着特有的民俗艺术表演、游乐活动和体育竞技活动。汉族西北地区的太平鼓，陕西安塞腰鼓，东北的二人转，湖南的花鼓戏，广西的彩调，苏州的评弹，甘肃、宁夏的"花儿会"，南方的傩舞、傩戏，粤语地区的粤曲，藏族的锅庄舞，苗族的芦笙舞，傣族的象脚鼓，彝族的阿细跳月，朝鲜族的长鼓舞，鄂温克族的阿罕拜舞，壮族的扁担舞，维吾尔族的十二木卡姆等艺术表演活动。汉族的舞龙、舞狮、踩高跷、龙舟竞渡，苗族的爬竿，傈僳族、苗族的上刀梯，傈僳族、怒族、独龙族的射弩，蒙古族的马球，哈萨克族、柯尔克孜族、塔吉克族的叼羊，回族的掼牛，朝鲜族的跳板运动，蒙古族摔跤、赛马，傣族、景颇族、白族、纳西族等的"打磨秋"等民俗游乐与体育竞技活动，都有着很高的旅游观赏性，而且相当一部分都具有参与性，旅游者可以与当地人同乐共舞。

(4) 民间信仰与祭祀活动具有独特的旅游审美价值

我国各族和各地域有着相同和各不相同的信仰与祭祀活动。如对于中华民族祖先黄帝、炎帝的祭典活动，蒙古族的成吉思汗祭典，赫哲族萨满教的跳舞神，瑶族的"还盘王愿"，藏族喇嘛教的酥油灯会、晒佛、礼佛、跳神活动，侗族的"敬萨坛"，苗族的"跳香"，佤族的"拉木鼓"，台湾渔民的放彩船等。这些活动往往规模宏大，气氛热烈，显现出这一民族和这一地域原有的文化与审美特征，有着独特的旅游审美价值。

总体来看，民俗文化的旅游审美大量的体现在对各地域、各少数民族地区居民日常生活的参与之中。旅游者通过走访农家、操作传统农具和用品，参与当地的生产劳动；亲自动手烹调特色菜肴，参加民间宴饮活动；旅游者还可以按当地风俗过生日，参与当地婚礼等礼仪活动。这些内容的旅游审美活动，常常使人获得终生难忘的审美感受。

3.3.3 民俗文化旅游审美的特征及其社会意义

旅游者对民俗文化的旅游审美，与对自然风光、名胜古迹以及旅游地的文化艺术审美欣赏一样，都是异地的跨文化审美欣赏活动，属于高层次精神享受。由于民俗文化更多的是通过人作为文化的载体进行传播的，旅游者更多地通过与当地民众的接触与交流来感受和体验民俗文化美的形式与内蕴，由此而构成了民俗文化旅游审美与其他旅游审美不同的特征。

（1）新奇的审美体验

民俗文化旅游作为异域的跨文化审美活动，是在完全新鲜的环境中亲身体味异乡情调，感受从未接触过的奇异风俗，对于旅游者来说，这是完全陌生新奇的审美体验，具有很强的刺激性。例如，西方旅游者在北京胡同文化旅游活动中，穿行于迂回曲折的胡同，聆听着发生在各个胡同的古老故事；停留于四合院之中，与北京居民共同品茶、共同欣赏京剧票友们的表演……给他们的是完全不同于高楼大厦、汽车如流、广告如林的都市北京的全新体验。同样，沿海城市的汉族同胞到西南彝族山寨参加"火把节"，也会感到陌生和新奇。异域的全然不同的生活时空的新感觉、新奇而神秘的习俗风气引起的陌生感受，都能激发起旅游者的审美兴趣，引发起旅游者的美感愉悦和情感的活动，推动着旅游审美的深入。陌生新奇的民俗文化审美体验，还能促使旅游者产生进一步深入了解当地奇风异俗的冲动。

（2）亲切的情感沟通

在民俗风情旅游中，旅游者直接进入旅游地的生活环境之中，参与当地群众性的民俗活动，与当地民众进行面对面的交流和沟通，成为双向的审美活动。无论是在北京的胡同中穿行，还是在桂林阳朔的西街漫步，或是参加彝族的火把节、傣族的泼水节、蒙古族的那达慕大会，旅游者感受到的不仅是新鲜的景物，而且更多的是接触到亲切热情的人民，在特定的环境氛围中与他们交流情感，体验异域的文化特色。民俗旅游中的观赏参与，多为轻松愉快的休闲、娱乐活动，没有什么政治性、经济性或学术性的功利目的，而以情感愉悦作为主要追求。旅游者以自由、平等交流的意识和心态，排除了在功利性的跨文化交流中常出现的紧张心理障碍，也就会消除构成歧视行为的定型观念、偏见和先入之见，在亲切友好氛围中促进了与当地人的情感交流与了解。虽然这种交流最初都处于比较浅的感性层次，但是正是有了良好的开端，也就推动着旅游者对当地文化和当地人的深层了解。

在广西桂林市阳朔县城，有一条长仅几百米的西街，由于浓郁的地方民俗文化特色，再加上旅游开放二十多年形成的较多居民会讲外语、商店多有外文标识的环境氛围，使这里成为著名的"洋人街"（外国人最多的街）。每天都有许多外国旅游者来此购买工艺品，品尝中国茶和当地特色小吃，在小店与当地人聊天，有的人甚至住下来，学习汉语、学习太极拳或其他的"中国功夫"，有的干脆留下来作外语教师。不少外国旅游者留恋这既有中国南方民间文化特色又有着中西文化平等交流气氛的温馨小街。小街因而每年都要迎接不少新老朋友，也年复一年地诞生着"洋媳妇"和"洋女婿"的故事。可以说，阳朔西街可谓旅游者与目的地民众自由、平等交流与沟通的典型范例。

(3) 异域环境下的跨文化对话

民俗文化旅游审美，不仅是旅游者在异域环境氛围下的审美体验和与异域人民的情感沟通，而且作为当代人跨文化对话的实践，更有着自身的特点和特别的意义。首先，这"对话"是旅游者处于产生异域民俗审美文化的自然与人文环境氛围下进行的，为旅游者体验、理解这一文化的特色提供了优越的条件，使之能够从产生民俗文化的大背景下更好地认识与理解。其次，民俗文化审美所涉及的是这一地域或民族的下层俗文化。与上层雅文化（如文学、艺术、历史、哲学等）相比较，民俗文化中那些发生时间较早、社会功能比较宽泛的部分不仅分布的地域相当广泛，而且在不同民族与地域的民俗文化中有着相似的共同点。民俗文化的这些特点使跨文化的平等的自由对话有着良好的相互交流、易于理解的基础，为跨越不同文化之间的屏障提供了条件。民俗文化旅游审美作为跨文化对话的有益实践，促进着不同文化、不同地域、不同民族之间人们的相互理解与尊重，在相互欣赏的同时，寻求人类的共同点，在不同地域、不同民族之间建立起亲情。这种不同文化与文明间的相互尊重、理解或宽容，往往能够消解"文明的冲突"给人类社会所带来的麻烦与危险。在这个意义上，民俗文化旅游审美活动凸显了它深刻的和平意义与社会价值。

3.3.4 民俗文化旅游开发

民俗文化旅游开发，需注意以下3点：

(1) 充分开发利用民俗文化资源，打造有特色的民俗文化旅游产品

为了促进我国旅游事业的发展，我们应充分开发利用丰富的民俗文化资源，如民居文化、服饰文化、饮食文化、艺术文化、节庆文化以及非物质文化遗产等，打造有特色的民俗文化旅游产品。开发民俗文化资源，打造民俗文化旅游产品，应抓精品、抓特色、抓内涵（与当地人文背景结合，充分发掘地域文化内涵），走多样化战略之路。在开发模式上，应根据各地的实际情况采用不同模式，如集锦荟萃式、复古再现式、原地浓缩式、原生自然式、主题附会式、短期表现式等。可举办民俗展览活动，进行民族服饰展览、民间工艺品展销，举办各种庙会及民间戏曲、歌舞表演，搜集、整理、出版民间文学作品等。在开发民俗风情旅游产品时，还应注重产品的组合性，把观光与参与、民俗文化与自然风光、动态与静态、度假休闲与商贸活动有机结合，多途径多层面地展示民俗文化，推出复合型多功能的民俗风情旅游产品。

(2) 建立民俗文化旅游点，开辟民俗文化旅游线

旅游开发应发挥地域民俗文化优势，保护好少数民族传统样式的住宅、村寨以及有关的文化古迹，可选择民俗文化氛围浓、各种民俗景观审美价值高并保存着特殊的

历史文化传统的村落，建立民族文化旅游点、民俗度假村和民俗博物馆，集中开展民俗文化旅游，让游客亲身感受少数民族的传统节日和生活习俗，体验民俗风情。有条件的地区可将多个民俗文化旅游点串联起来，形成民俗文化旅游线，产生规模效应。

（3）正确处理好本真性和商品化的关系，防止民俗文化在旅游开发中异化

民俗是社会文化的基础性资源，但在经济全球化和我国社会转型的双重境遇下，民俗文化正面临加快湮没的危机。人类应当在安享经济进步的巨大成就及其伴随的一体化和统一性之便的同时，也继续享有我们祖祖辈辈拥有过的多元文化和文化多样性。为此，我们必须以文化自觉的理性应对滚滚而来的全球化大潮和旅游开发的热潮，走出对民俗等传统文化资源的认识误区，杜绝过度的旅游开发行为，正确处理好开发利用与文化保护的关系、经济效益与社会效益的关系、本真性和商品化的关系，防止民俗文化在旅游开发中异化。

3.4 饮食文化与旅游

饮食，包括饮与食两个方面。饮，指饮茶、饮酒；食，指吃食物。食物是人类赖以生存、生活的最主要的物质资料。汉代郦食其说："民以食为天。"就深刻地概括了人类对饮食的依赖关系。

饮食文化是以饮食为核心的文化现象。它主要包括3个层次：其一是物质层次，包括食料结构和饮食器具；其二是行为层次，包括烹饪技艺、器具制作工艺等；其三是精神层次，包括饮食观念、饮食习俗以及蕴含其中的人文心理、民族特征等文化内涵。

饮食文化是人类在饮食活动中创造的物质财富与精神财富的总和。饮食文化的发展主要取决于原料、烹制技术、人们对饮食的精神需求，而原料和烹制技术又取决于社会文化和生产力发展水平。饮食的烹调制作水平和食料结构是人类文明程度的一个重要标志。

3.4.1 中国饮食文化概述

3.4.1.1 中华饮食文化的历史发展

中华民族历史悠久，其饮食文化也源远流长，它随着社会生产力的发展而发展，是中国传统文化的重要组成部分。中国饮食文化的发展大致经历了原始社会、先秦、秦汉至隋唐、宋元明清等四个阶段。

（1）原始社会时期

原始社会时期是中国饮食文化的初始阶段。"火"的使用改变了人们"生吞活剥"、"茹毛饮血"的生活方式，成为饮食文化的起源；"盐"的发现和利用，是调味的开端；陶器的出现，使烹饪有了雏形，饮食文化初见端倪。

当时人们(以新石器时代的裴李岗、仰韶、河姆渡等文化为代表)已学会种植谷子、水稻等农作物与饲养猪、犬、羊等家畜，奠定了中国饮食以农产品为主，肉类为辅的杂食性饮食结构的基础。在这个时期，饮品中已出现了酒。

（2）先秦时期

先秦时期是中国饮食文化的真正形成时期。经过夏商周近两千年的发展，中国传

统饮食文化的特点已基本形成。在食物原料方面，在周代"五谷"皆备，并出现芋头等杂粮；蔬菜、畜产品品种丰富，基本原料大为丰富，出现了大量的调味品。出现了南方的稻作文化和北方麦黍文化两种饮食文化类型。在食器方面，这一时期中国进入青铜时代，炊具、餐具和刀具渐趋完备，经过烹调组合的饮食也开始出现，中华饮食文化逐渐形成。

在这一时期确立了五味调和、主副食搭配平衡膳食、四时与调味相和三种理论；初步建立以"色、香、味、形"为核心的美食标准。

(3) 秦汉至隋唐时期

秦汉至隋唐时期国内外各民族相互融合、交流，促进了中国饮食文化的稳步发展。

秦汉统一后，取得大片粮食产地，粮食产量大幅度提高，物产大量增多；岭南、西域等地食品大量传入，如荔枝、香蕉、椰子等。张骞两次通西域，既带回一些新品又带回一些良种。与此同时，民间食品也迅速发展，豆腐的问世和糕点的发展为其代表。汉代的餐具也发生了巨大变化，烹煮器出现了小型化的趋势，青瓷碗盘也逐渐普及，取代了民间的粗陶和竹木餐具。

魏晋南北朝时期，由于佛教盛行，加之统治者要求僧众茹素，使寺院伙食向素食转化，最终佛教将素食宗教化、定型化，形成全素斋。同时，在佛风的吹拂下，饮茶习俗开始在僧侣中流行。

隋唐时期，中国作为世界文化中心，外国的许多高档的食料传入中国。中外美食荟萃，使唐代菜肴在数量、品种、花色上都有所翻新。唐代对中国饮食文化最大的贡献，就是茶文化正式形成，茶风、茶礼、茶俗已深入人心，并出现有关茶文化专著，即陆羽《茶经》。唐中期以后，出现了浙江、江西、福建、岭南、两湖、苏皖、川滇等茶叶生产中心。唐代中国的茶文化向东传播到日本、朝鲜。

(4) 宋元明清时期

这一时期是中国封建社会发展的后期，中国饮食文化出现了新的发展势头，走向成熟。

宋代开始城市化加强，城市人口集中，各民族杂居，所以城市饮食业也囊括了各地、各民族饮食文化的精华。各种饮食文化在城市相互交流，使得城市饮食业不断向高层次发展。出现通宵饮食店，市坊沿街的食铺众多，还有一些摊担，各种食品应有尽有。宋代从南到北盛行饮茶之风，饭店酒肆，都备有素茗，也有专门品茗的茶肆。同时已出现菜系形成的端倪，在汴梁、临安的餐馆中已挂出"胡食""北食""南食""川味"等招牌，以示该店菜味的独特。

明清时代，饮食文化更加昌盛，风味大增，品种繁多，有的与娱乐结合，饮食店附设书场、剧院，还有的饮食与旅游结合，如游船设馔（以无锡船菜为代表）。清代满族入关后，满族统治者将其关外特有的饮食、原料带入关内，与内地汉民的传统饮食文化相融合，丰富了中国饮食文化的内容，最为突出的是满汉全席的形式。鸦片战争以后，西菜、西点进入我国饮食市场，也丰富了中华饮食文化。

3.4.1.2 中华饮食文化的风格和特点

中国饮食文化在长期的发展过程中逐渐形成了自己的民族风格和特点。概括起来主要表现为两大观念、三大原则、四大习俗、五大特点、十美风格。

(1) 两大观念

重视饮食　从最远古的传说开始直到历代的典籍中都有关于饮食文化的内容。饮食是人类赖以生存和发展的第一要素，《管子》提出"民以食为天"，原意是人民把粮食看做生命的根本。古代历朝都把饮食当做国计民生的第一件大事，《尚书·洪范》提出治国之"八政"，亦以"食"为先。可见，饮食在人类生活中占有十分重要的地位。

注重饮食与健康的关系　先民早就认识到饮食与健康的关系，注意到饮食对健康的影响，讲究"寓医于食"，既将药物作为食物，又将食物赋以药用，药借食力，食助药威，既具有营养价值，又可防病治病、保健强身、延年益寿。

(2) 三大原则

本味主张的原则；追求科学与艺术的原则；医食同源与饮食养生的原则。

(3) 四大习俗

以谷物为主；以素食为主、肉食为辅；讲究五味调和；以三餐制为主。

(4) 五大特点

食物原料选取的广泛性；食品制作的灵活性；进食心理选择的丰富性；区域风格的历史延续性（如我国的八大菜系）；区域间交流的通融性。

(5) 十美风格

味、色、香、质、形、序、器、适、境、趣，这十美风格意味着中国饮食不只是一种机械的生理活动，更是一种美妙的心理活动，是一种充分体现文化特征的身心享受。中国饮食文化不仅是一种物质文化，同时也是一种精神文化。

3.4.1.3　各种菜点的美学风格及其特色

(1) 三类食品

①面点　中国面点又称"白案"（与"红案"并列），是中国食品之大宗，品种繁多。从造型上讲，是点、线、面、体应有尽有。制作工艺非常精湛，造型艺术多姿多彩。如开封市名点心师王奎元祖传绝技"百子寿桃"，其整体为一大桃，剖开后，内有99颗小桃，个个精美。许多面点还可以做成各种花卉、水果、动物等，栩栩如生，用于观赏，不亚于任何工艺品，用于品尝，更是风味绝佳。近年来盛行的各种蛋糕更是色、香、味、形俱佳，并融绘画、书法、雕塑为一体，很受消费者欢迎。

②冷菜（凉菜）　冷菜可供欣赏的时间较长，在宴席上，它最先入席，能起到"先声夺人"和"前奏曲"的效果，其造型要求具有较强的艺术感染力，以引起宾客对整个宴席的兴趣。

冷菜的构思要求较高，因它是形成意境、意趣美的一个关键。一般来讲，其构思可以从以下几个方面去参考。

宴席的性质、规模与标准：所谓性质，是指宴席所举行的原因、背景、场合等。规模和标准是指宴席的级别，与宴人数、价格等，对特殊宴席的凉菜设计，应根据具体情况确定主题，选择题材进行意境创造，普通宴席主题性不强，只需在构思时力求情趣健康即可。

宴席的时间、地点：时间包括季节、钟点（早、中、晚）以及进餐时间的长短等。

地点即宴会所在地方。这都是冷菜构思的重要依据。

与宴者的身份：与宴者的身份，如国籍、民族、宗教信仰、社会阶层、气质性格等，也是冷菜构思不可忽视的问题，因为不同身份的人，有着不同的饮食习惯和审美标准。

③热菜 热菜造型艺术寿命最短，但它却是宴席的高潮所在，不可轻视，无论是在味、香、色，还是在形的方面都应该充分重视。

热菜就造型而言，主要有三种：一是自然型。如整鸡、整鸭、整猪（小乳猪）等，形态要力求生动自然，应使其自然匍匐于盘中，不可四脚朝天，上菜时，应该将其形态最明显的一面（头部）朝向主要宾客；二是分解型。将原料切成块、片、丁、丝等形状。盛放时选择合适餐具，装盘不可过满或过浅；三是图案型。将原料加工后，在餐具中摆成某种图案。图案讲究栩栩如生，创新立意。

（2）四大菜系

中国地域广大，食物原料分布地域性强，各地发展程度不一，在文化悠久和封闭程度等综合因素作用下，中国形成了许多风格不尽相同的饮食文化区，从宏观上讲有苏、粤、川、鲁四大菜系，在微观上讲，这些菜系又分出许多子系统，形成各具特色的地方性特点。

有人将菜系风味与地方文学艺术、地理环境联系起来分析比较，试图说明它们之间的关系（表3-1）。

表 3-1 四大菜系之比较

菜系	原料	特色	文艺比喻	文化风格	地理背景
粤菜	珍禽异兽，生猛海鲜	口味偏重清、鲜、爽、滑，配菜丰富，粥品、点心特别丰富，多生猛异兽长于炒菜，色彩华丽，口味清淡，吃法讲究，尤其注重滋补营养和季节搭配。中西结合	粤风，广东音乐	热烈鲜丽	地形复杂，气候炎热，区位开放
淮扬菜	水鲜果蔬	味兼南北、选料严谨考究、讲究鲜活、主料突出。精美点心和小吃多。重本味，以清淡为主，特重刀工，长于炖焖，制作精细。配色和谐，讲究造型	吴声歌，越剧	温婉秀雅	水乡泽国，气候温润，人文荟萃
川菜	山珍土产	灵巧多样、偏麻辣、重调味、善做小吃，注重刀工火候，具有家常感与平民性	竹枝词，川剧	质朴灵秀	地形复杂，气候潮湿多雾，环境封闭
鲁菜	海味家畜	善于烹调高热量、高蛋白菜，善于以汤调味，精于制汤，烹制海鲜有独到之处，善于以葱香调味，口味偏咸，讲究火候，长于烧菜，特讲壮阔排场	似民歌，山东快书	浑厚深沉	靠山临海，孔孟之乡，礼仪之邦

作为旅游者和旅游工作者，应尽量把握各菜系的主要特色，并对地方性传统文化和文化地理背景的总体面貌有所了解。只有这样，在菜点品尝中才能加深理解，在导

游讲解中才能讲出门道,并获得丰富的审美文化享受。

3.4.2 中国饮食文化审美的构成要素分析

中国饮食文化审美的构成要素主要包括色、香、味、形、质、意 6 个基本方面,这 6 个方面付诸人的各部分感官,彰显了中国菜点品尝与审美的全方位和多角度特征。

(1) 色的美感

古人在饮食上很重视色的美感,如孔子在《论语·乡党》中曾有"色恶不食"一语。色彩在饮食上具有"先导"作用,它作为先声夺人的要素首先作用于品尝者的视觉,进而影响着品尝者的饮食心理和饮食活动。

(2) 香的美感

香是菜点付诸人的嗅觉器官后而使人获得感觉的。

菜点的香气刺激人的嗅觉器官,引起人的情感性冲动和思维联想,进而影响到饮食行为。香在吸引食客方面在空间距离上最具优势。所谓"闻香下马,知味停车"其含意便在于此。因此,香气成为品评菜点的重要标准之一。

古人提到的"五香",通常指烹调食物所用茴香、花椒、大料、桂皮、丁香 5 种主要香料。它们的功能,是把有腥味、膻味、膻味的食品变得无异味,进而使食品清香扑鼻。福建名菜"佛跳墙",就是因为香味四溢,能使"佛闻弃禅跳墙来"而出名,可见香味对菜肴是何等重要!

菜点香气的类型和程度是非常丰富的。诱人的菜点之香,能调动饮食审美冲动,成为正式品尝菜点的重要前奏。它同"色"一样,在饮食审美过程中,可产生"先入为主"的重要影响。

(3) 味的美感

味的美感是菜点审美构成要素中的最主要的部分。中国菜特别重视味的欣赏,古人曾曰:"食而不知其味,已为素餐";"有味使其入,无味使其出"。

味与香的联系最为密切,且与香一样,具有丰富多样的特点。多样中求统一,在菜点的品评中叫做"五味调和"。俗话说:"五味调和而味香",便说明了味多样统一的关系。中国的"五味"是指酸、甜、苦、辣、咸。大多情况下是复合味,即以某种味为主,同时还具有其他几种味。中国的许多名菜很讲究复合味,如扬州红烧鱼,佐料多达 20 多种,味感十分丰富。

(4) 形的美感

① 中国菜点形美的实质——以造型艺术为食用服务 自古以来,中国菜点很重视形的美感,如孔子在《论语·乡党》中曰:"割不正不食"。这就是说切肉应注意刀法。在烹饪加工中,讲究刀工,讲究造型规范、整齐,一方面是讲究美感;另一方面是便于加工。

中国菜点形美更重要的是讲究食品造型艺术,一是实用性,即"食用性",菜点造型的目的是为了刺激食欲,启发品味;二是技艺性,如厨师对刀工、火候等基本技能的运用使菜点形色俱美;三是美术性,在菜点造型上运用美术手段。造型艺术是手段,食用是目的,主从关系不能颠倒。

②食品造型艺术的原则——简易、美观、大方和因材制宜 任何菜点都是供食用的,其保存时间较短,因此一般不宜对菜点进行精雕细刻的装饰。同时,过分的装饰、精美的造型让宾客欲食而不忍,也达不到增加食欲的目的。当然,特殊隆重的宴席例外。因此,食品造型艺术应遵循简易、美观、大方和因材(原料)制宜的原则。

中国菜点造型的主要形式有:随意式、整齐式、图案式、点缀装饰式、象形式等形式。

厨师除具有上述设计技能外,还需具有较强的绘画、雕刻技能和主题构思能力。有些用于观赏的食品雕刻,其功用不重在食用,而在于渲染宴席气氛。

此外,在菜点造型的欣赏中,还应注意菜点与餐具之间的关系,强调内容(菜点)与形式(餐具)上的和谐统一。例如,椭圆盘用以装鱼,盆具用以盛汤,粉彩瓷器用以配富丽堂皇的菜点造型等。

(5)质的美感

古人曰:"饮食之道,所尚在质。"这说明"质"也是菜点审美的标准之一。"质"一方面是指营养质量、卫生质量、烹调技术等因素;另一方面,也是更重要的方面,主要是指"质地",即以触感(或口感)为对象的松、软、脆、嫩、酥、滑、爽等质地美感。

菜点质的美感丰富多样,大致可分以下3类:

①温觉感 它是指菜点由于温度差异而在入口时产生凉、冷、温、热、烫的感觉。

②触压感 它是指由舌、口腔的主动触觉和咽喉的被动触觉对刺激的反应。这种反应能对菜点的大小、厚薄、长短、粗细产生感觉,并产生清爽、厚实、柔韧、细腻、松脆等触压感觉。

③动觉感 对菜点触觉美的感受主要来源于动觉感,其中牙齿的主动咀嚼对触感美的产生起着决定性的作用。主动咀嚼的触觉有单一感,即嫩、脆、硬、泡、黏、绵等,但更多的是复合感,即脆嫩、滑嫩、爽脆、酥烂、软烂……只有这种复合触感的形成才能构成对菜点触觉的最丰富、最全面、最微妙的审美感受。

(6)意的美感

"意"是审美主体(包括创作主体)的思想情感。对意的刻意追求几乎成为一切艺术家努力的最高目标,可谓"意匠惨淡经营中"。中国菜点的制作也是如此。

①中国菜点中的"意"的内容

意匠 厨师的思想、情感、智慧在技术中的实现。

意象 体现厨师的思想、情感和审美观念的菜点造型。

意趣 体现厨师思想情感的趣味。

意境 体现厨师创作思想的烹饪境界。

②中国菜点审美中的意境的实现 中国菜点审美的最高境界是意境的实现,而这种实现多表现在主题明确的正规宴会之中。例如,国宴的庄严隆重,大气磅礴;婚宴的喜庆热闹;寿宴的欢娱典雅;文人雅集的潇洒风流;丧宴的肃穆悲凉……这些意境

的实现不仅要求菜点品种、命名、烹法等多方面作相应的呼应,而且在环境、家具、餐具服务方式等方面要密切配合,围绕主题实现意境。

③中国菜点命名方式　为了追求菜点审美中的意趣,除前面分析过的色、香、味、形、技术之美的因素以外,还有一种常见的手段即文学手段。运用这种手段对菜点进行命名,能形成耐人寻味的意趣。常见命名方式有以下几种:自然本名、工艺特名、乡土集锦、时令风俗、比附联想等。

在宴会中,为了形成统一的意趣和意境,应要求各菜点名称相互呼应,形成和谐美。

由上述可见,中国菜点审美的内容形式、范围非常广泛,它可以说是一种以品味为媒介的多角度多元性的中国文化艺术的综合欣赏。因此,对中国菜点的欣赏,应具备较全面的文化素养。只有这样,才能深入体察其中的无穷韵味。

3.4.3　中国酒文化、茶文化鉴赏

3.4.3.1　中国酒文化

中国的酒文化历史悠久,是世界三大酒文化古国(中国、埃及、巴比伦)之一,其精湛的工艺、独特的风格、博大精深的蕴涵在世界酒文化之林中独领风骚。

(1) 酒的分类

酒有很多种分类方法,通常有两种常见的分类法。根据酿酒原材料不同分为:粮食酒、果酒、代粮酒(就是用粮食和果类以外的原料);按商品的特性分为:白酒、黄酒、果酒、啤酒、药酒。

中国名酒按酒的种类分别评定。在全部名酒中,白酒类名酒数量最多。中国的白酒,各地区均有生产,以贵州、四川、山西等地产品最为著名。主要有茅台酒、五粮液、泸州老窖特曲、剑南春酒、汾酒、古井贡酒等。名酒的品评、鉴赏,主要应从色(色泽)、香(气味)、味(滋味)三个方面把握。

(2) 中国饮酒文化

"酒文化"一词,是由我国著名理论家、经济学家于光远先生提出的。关于酒文化这一概念的内涵和外延,萧家成在1994年提出:"酒文化就是指围绕着酒这个中心所产生的一系列物质的、技艺的、精神的、习俗的、心理的、行为的现象的总和。"酒文化主要包含两方面内容:一是酒本身所带有的文化色彩;二是饮酒(包括用酒)所形成的文化意义。

香乃酒之形,味乃酒之魂,触乃酒之体,三者共同构成酒的结构美特征。饮酒时获得的美感愉悦是心理上的享受。

酒的文化魅力主要表现在酒人、酒事、酒礼、酒俗等方面。关于酒人,人们认为仪狄、杜康是酿酒的始祖,刘伶、李白、陶渊明、苏轼等历史名人都嗜酒成性,他们的许多事迹与酒有关。关于酒事,著名的有项羽饮酒悲歌,卓文君当垆卖酒,曹操煮酒论英雄等。我国的酒礼、酒俗更是丰富多彩。

我国悠久的历史,灿烂的文化,分布各地的众多民族,酝酿了丰富多姿的民间酒俗。有的酒俗留传至今。

①传统的饮酒文化根基——酒德和酒礼 历史上，儒家的学说被奉为治国安邦的正统观点，酒的习俗同样也受儒家酒文化观点的影响。儒家讲究"酒德"两字。"酒德"两字，最早见于《尚书》和《诗经》，其含义是说饮酒者要有德行。《尚书·酒诰》中集中体现了儒家的酒德，这就是："饮惟祀"（只有在祭祀时才能饮酒）；"无彝酒"（不要经常饮酒，平常少饮酒，以节约粮食，只有在有病时才宜饮酒）；"执群饮"（禁止民众聚众饮酒）；"禁沉湎"（禁止饮酒过度）。儒家并不反对饮酒，用酒祭祀敬神，养老奉宾，都是德行。

我国古代饮酒有以下一些礼节。

主人和宾客同饮时，要相互跪拜。晚辈在长辈面前饮酒，叫侍饮，通常要先行跪拜礼，然后坐入次席。长辈命晚辈饮酒，晚辈才可举杯；长辈酒杯中的酒尚未饮完，晚辈也不能先饮尽。

古代饮酒的礼仪约有四步：拜、祭、啐、卒爵。就是先做出拜的动作，表示敬意；接着把酒倒出一点在地上，祭谢大地生养之德；然后尝尝酒味，并加以赞扬令主人高兴；最后仰杯而尽。

在酒宴上，主人要向客人敬酒（叫酬），客人要回敬主人（叫酢），敬酒时还有说上几句敬酒辞。客人之间相互也可敬酒（叫旅酬）。有时还要依次向人敬酒（叫行酒）。敬酒时，敬酒的人和被敬酒的人都要"避席"，起立。普通敬酒以三杯为度。

②原始宗教、祭祀、丧葬与酒 从远古以来，酒是祭祀时的必备用品之一。

原始宗教起源于巫术，在中国古代，巫师利用所谓的"超自然力量"进行的各种活动都要用酒。在远古时代巫和医是没有区别的，酒作为药，是巫医的常备药之一。

反映周王朝及战国时代制度的《周礼》中，对祭祀用酒有明确的规定。如祭祀时，用"五齐"、"三酒"共八种酒。祭祀活动中，酒作为美好的东西，首先要奉献给上天、神明和祖先享用。

我国各民族普遍都有用酒祭祀祖先，在丧葬时有用酒举行一些仪式的习俗。有的少数民族则在吊丧时持酒肉前往，如苗族人家听到丧信后，同寨的人一般都要赠送丧家几斤酒及大米、香烛等物，亲戚送的酒、物则更多些，如女婿要送二十来斤白酒，一头猪。丧家则要设酒宴招待祭吊者。

此外出征的勇士，在出发之前，更要用酒来激励斗志，喝"壮行酒"，酒与军政大事密切相连。

③重大节日的饮酒习俗 中国人一年中的几个重大节日，都有相应的饮酒活动，如端午节饮"菖蒲酒"，重阳节饮"菊花酒"，除夕夜的"年酒"。在一些地方，如江西民间，春季插完禾苗后，要欢聚饮酒，庆贺丰收时更要饮酒，酒席散尽之时，往往是"家家扶得醉人归"。

④婚姻饮酒习俗 南方的"女儿酒"，晋人嵇含所著的《南方草木状》有其最早记载，说南方人生下女儿才数岁，便开始酿酒，酿成酒后，埋藏于池塘底部，待女儿出嫁之时才取出供宾客饮用。这种酒在绍兴得到继承，发展成为著名的"花雕酒"。

此外，订婚仪式时喝"会亲酒"，婚礼上喝"交杯酒"，"回门"时喝"回门酒"等。

⑤独特的饮酒方式

饮咂酒 流传于西南、西北地区,在喜庆日子或招待宾客时,抬出一酒坛,人们围坐在酒坛周围,每人手握一根竹管或植物秸秆(芦管、麦管),斜插入酒坛,从中吸吮酒汁,人数可达五六人甚至七八个人。如三峡地区的土家族就有饮咂酒的习俗。

转转酒 是彝族人特有的饮酒习俗。所谓"转转酒",就是饮酒时不分场合地点,也无宾客之分,大家皆席地而坐,围成一个一个的圆圈,一杯酒从一个人手中依次传到另一人手中,各饮一口。

⑥劝酒 劝人饮酒方式有"文敬""武敬""罚敬"。这些做法有其淳朴民风遗存的一面,也有一定的副作用。

"文敬":是传统酒德的一种体现,也即有礼有节地劝客人饮酒。

酒席开始,主人往往在讲上几句话后,便开始了第一次敬酒。这时,宾主都要站起来,主人先将杯中的酒一饮而尽,并将空酒杯口朝下,说明自己已经喝完,以示对客人的尊重。客人一般也要喝完。

"回敬":这是客人向主人敬酒。

"互敬":这是客人与客人之间的"敬酒",为了使对方多饮酒,敬酒者会找出种种必须喝酒理由,若被敬酒者无法找出反驳的理由,就得喝酒。在这种双方寻找论据的同时,人与人的感情交流得到升华。为了劝酒,酒席上有许多趣话,如"感情深,一口闷;感情厚,喝个够;感情浅,舔一舔"。

"武敬":即不如"文敬"那样有礼有节地劝客人饮酒,往往是硬找出各种理由强制性的劝别人喝酒。

"罚酒":这是中国人"敬酒"的一种独特方式。"罚酒"的理由也是五花八门。最为常见的可能是对酒席迟到者的"罚酒三杯"。有时也不免带点开玩笑的性质。

需要指出的是,中国人有着热情好客的传统,喜欢向客人劝酒,不少地方有着不把客人喝醉不罢休的风俗习惯,有时弄得局面很难堪,甚至引起文化冲突。这在有些人特别是西方人看来,似乎是一种不尊重他人(违背他人的意愿)甚至"侵犯人权"的行为。中国的酒文化在有些方面应该变革,与时俱进。

⑦酒令(觞令) 饮酒行令,是中国人在饮酒时助兴的一种特有方式。酒令由来已久,开始时可能是为了维持酒席上的秩序而设立"监"。汉代有了"觞政",就是在酒宴上执行觞令,对不饮尽杯中酒的人实行某种处罚。在远古时代就有了射礼,即通过射箭,决定胜负,负者饮酒。古人还有一种被称为投壶的饮酒习俗,源于西周时期的射礼。酒宴上设一壶,宾客依次将箭向壶内投去,以投入多者为胜,负者受罚饮酒。行酒令最主要的目的是活跃饮酒时的气氛。行酒令的方式可谓是五花八门。文人雅士常用的行令方式有对诗或对对联、猜字或猜谜等,一般百姓则用一些既简单,又不需作任何准备的行令方式。最常见,也最简单的是"同数",现在一般叫"猜拳"。击鼓传花也是一种罚酒方式。

3.4.3.2 中国茶文化

中国茶文化源远流长,博大精深,为中华民族之国粹,居于世界三大天然饮料之首。中国茶业,最初兴于巴蜀,其后向东部和南部逐次传播,遍及全国。到了唐代,又传至日本和朝鲜，16 世纪后被西方引进。炎帝神农氏、白居易、陆羽、宋徽宗、蔡襄、王安石、苏轼、康熙、乾隆等俱为好茶之士，对中国茶文化的发展、传播作出了重要贡献。中国在茶业上对人类的贡献，主要在于最早发现并利用茶这种植物，并把它发展成为我国和东方乃至整个世界的一种灿烂独特的茶文化。

茶饮具有清新、雅逸的天然特性，能静心、静神，有助于陶冶情操、去除杂念、修炼身心，这与提倡"清静、恬淡"的东方哲学思想很合拍，也符合佛道儒的"内省修行"思想，古人把饮茶的好处归纳为"十德"：即以茶散郁气，以茶驱睡气，以茶养生气，以茶除病气，以茶利礼仁，以茶表敬意，以茶尝滋味，以茶养身体，以茶可行道，以茶可雅志。

(1) 茶的分类

中国是茶叶大国，其中的一个表现就是茶的品种特别多。现在全国能够叫出名的茶叶就有 1000 多种。茶叶的种类划分方法有很多种：按采摘时间先后可以分为春茶、夏茶、秋茶、冬茶。根据其生长环境分为平地茶、高山茶、丘陵茶。最常见的分类方法则是根据茶色，即加工方法的不同，将茶叶分为绿茶、红茶、乌龙茶、白茶、黄茶、黑茶六大类。

中国名茶有：杭州龙井、苏州碧螺春、黄山毛峰、庐山云雾茶、六安瓜片、武夷岩茶、安溪铁观音、云南普洱茶、祁门功夫红茶等。

名茶的形成与名酒的形成一样，除与独特的工艺技术有关外，也与地理环境有一定关系。如低山、丘陵的地形，酸性的土壤，温暖湿润、多云雾的气候条件等。"云雾山中出好茶"就说明了这方面的道理。

(2) 茶文化的核心——茶艺与茶道

"茶艺"是指制茶、烹茶(茶的冲泡技法)、品茶的艺术，特别是烹(泡、沏)茶的艺术。首先要对泡茶的用水进行选择，一是甘而洁，二是活而鲜，三是贮水得法。泡茶用水，一般都用天然水，如泉水、溪水、江水、湖水、井水、雨水、雪水等，其中以泉水最好。不同的茶的冲泡技法都有比较严格的要求，茶具(泡茶与盛茶的器皿)的选择也很有讲究。

"茶道"可简单地解释为茶之道，是指沏茶、品茶的一种程序。它不但讲究表现形式，而且注重精神内涵。"茶道"与"茶艺"既有联系也有区别，二者共同构成了中国茶文化的核心。如果说"茶艺"是指制茶、烹茶(茶的冲泡技法)、品茶等艺茶之术，那么"茶道"则是艺茶过程中所贯彻的精神。

茶文化之核心为茶道，中国器物文化能上升到道的层次的唯有茶文化，茶道是茶与道的融合与升华。对茶道的认识有助于我们深入地理解茶文化，更有利于我们把握和弘扬底蕴深厚的中华传统文化。

一般认为，中国茶道的基本精神是"和、静、怡、真"。"和"即和谐、平衡，追求中庸之美；"静"即要求宁静的氛围和空灵虚静的心境；"怡"即追求和悦、神怡的身心感受；"真"即追求物之真、道之真、情之真、性之真。"真"是中国茶道的起点，也是中国茶道的终极追求。

综合一些专家、学者的观点，我们认为"和美、清心、养性"是中国茶文化的本质,也是中国茶道的核心。

中国茶道与日本茶道有区别也有联系。日本茶道的基本精神是"和(和气、和谐)、敬(尊重、敬重)、清(清洁、清爽、清楚)、寂(安静、庄重、严肃)"。与日本茶道相比较,中国茶道更崇尚自然美、和谐美,程式活泼,颇具民众性;日本茶道更崇尚古朴美、清寂美,程式严谨,颇具典型性。

总之,茶艺与茶道是茶文化的核心,其中茶道是茶文化的灵魂,是指导茶文化活动的最高原则。我们应该秉承茶道精神来从事茶文化的活动。

3.4.4 饮食文化旅游资源开发

3.4.4.1 中国饮食文化旅游开发中存在的问题

(1) 盲目跟风,忽视地方特色

旅游者在旅游地什么口味的菜都能吃到,满足了旅游者多种口味的消费需求,但旅游地盲目追求多、杂、全,必然会导致口味的不地道,破坏了我国真正的饮食魅力,使旅游资源无形中被转移和破坏。如粤菜在全国各地盛行一时,旅游者在许多地方都可以看见"粤菜馆",且几乎家家都冠以"正宗""第一"之类的词语,但当旅游者吃完后往往大失所望,以致对粤菜产生怀疑,完全破坏了粤菜在旅游者心目中的良好地位。还有一个严重问题是外地菜肴的大量涌入,逐渐使本地特色被外来产品代替,使得地方特色饮食逐渐衰退,流失了当地宝贵的饮食文化资源。

(2) 品尝佳肴为主,文化韵味不足

目前,饮食文化在旅游产业的开发中基本上以品尝佳肴为主,忽视对中国几千年来深厚饮食文化传统的挖掘和弘扬。旅游者往往只是看到菜肴的色、香、味、形等表面现象,并没对一道菜的文化蕴含有根本了解。

(3) 以享受为主,参与性不强

"酒食者,所以合欢也"不仅体现在进食中,而且表现在食物的制作过程中。品尝佳肴能令人身心愉悦,制作这些食物更会让人联想到进食时的愉悦心情。目前的饮食文化的旅游开发,多停留在感官与食欲享受的层面,还缺乏文化挖掘与深入参与。

(4) 宣传不够

中国地域广阔,菜系众多,很多中国人生活一辈子可能也都无法说出中国有名菜系的名称、特色和代表菜,更何况其他地方的特色佳肴。但我国饮食文化旅游产品的宣传及推广还停留在风味小吃等传统项目上,忽视新产品及时推出和更新。宣传推广的另一不足之处在于其不顾当地实际情况,存在盲目性。

3.4.4.2 中国饮食文化的旅游开发方向与途径

(1) 于饮食中弘扬中华文化

中华饮食文化发展了几千年,形成了富有中国特色的形形色色的饮食习俗,弘扬饮食文化的传统特色也就是发掘其内在的文化思想。中国人赋予饮食强烈的文化意义,让人在进食的同时浮想联翩,精神愉悦。所以在推出特色旅游饮食文化产品的同时,还要特别注意把握这些传统文化特色,弘扬民族文化,进而提高更多人的文化素养。

(2) 于情趣中不断创新

在中国人的饮食习俗中,人们的"趋吉"心理表现尤为强烈,不少年节和喜庆之日的食品都带有祈求平安幸福、向往进步光明之意。中国传统节庆多用"吃"来纪念或庆祝,因此出现了大量与之相关的食品。如汉族地区过年,家庭中往往少不了鱼,象征"年年有余"。因此,在旅游产业中对于饮食文化的开发,需要把握这条原则,它能让一道普通的菜肴富有韵味,从而吸引旅游者更拥护它。

(3) 于创新中求规范

饮食文化旅游的开发存在着传统饮食文化旅游和边缘饮食文化旅游开发之分。无论是传统开发还是边缘开发,都要注重在创新的过程中强调一定的规范,避免在某种因素下盲目地求效益而忽视了文化本身所具有的规范性和严肃性。

(4) 于规范中求可持续发展

坚持开发与保护并重,注重保护旅游生态环境。从表面上看,饮食似乎与生态资源的保护并没有太大的联系,而实际上,食品原料的采集在很大程度上取决于当地自然环境的良好与否,保护好环境,才有可能拥有更多的原料提供给饮食生产。

总之,开发中必须注重旅游者的精神享受,在文化上做文章,要全面详实地搜集关于饮食文化资源的文化背景、历史渊源、民间传说、神话故事、文物特产等资料,进行加工整合,使之与旅游活动恰当地结合起来,让游客边听、边看、边尝、边思,乐在其中,这样既弘扬了中华饮食文化,又提高了旅游地区的综合吸引力,增加了经济收入。此外,还应开发特色饮食文化旅游,可推出皇家贵族饮食文化旅游、市井饮食文化旅游、农家饮食文化旅游、宗教饮食文化旅游等特色旅游项目。同时,还可利用我国独特的药用食物和中草药,让草药和美食相结合,借旅游或者是医药的舞台,开展各种各样的专题旅游活动。

3.5 宗教文化与旅游

宗教是普遍存在的社会文化现象,是人类文化的重要组成部分。据有关资料统计,目前全世界共有宗教信徒40亿人左右,约占世界总人口的65%,几乎所有的国家和地区都有大量的宗教信徒。宗教在一定程度上推动了社会历史的前进,它对人类的精神、文化、艺术、科技、道德、风俗及生活方式产生过不同程度的影响。宗教与其他形式的意识形态、文化艺术相结合而产生的宗教文学、宗教音乐、宗教美术、宗教雕塑、宗教建筑艺术等,是人类文化中的宝贵财富。

宗教文化与旅游的关系十分密切。一方面,宗教文化景观(宗教建筑、宗教雕塑、宗教绘画、宗教音乐等)、宗教礼仪、宗教节庆活动作为一种特殊的人文旅游资源,可以直接或间接地转化成为旅游产品,成为某地旅游吸引力的源泉之一。宗教及其文化是一种重要的旅游资源。另一方面,宗教作为一种文化观念,深刻影响着人们的消费等生活行为方式和旅游审美特点。宗教文化作为一种特殊的旅游资源,具有精神性、审美性与神秘性等特点。宗教文化在满足人们的精神需求、审美欲望和猎奇心理上有着特殊的功用,对于旅游主体的精神世界和人格塑造起着重要作用。宗教文化旅游的主要形式有:宗教圣地文化古迹观光游、宗教圣地朝觐游、宗教文化体验游、宗教圣地修心养性度假游、宗教节日民俗娱乐游等。

3.5.1 宗教文化的本质

严格地讲,宗教是一种意识形态、一种上层建筑、一种社会生活、一种历史现象、一种文化模式、一种道德教育(或以善为宗旨的信仰教育),是与科学、文学、艺术、道德、风尚等并列的一种重要的文化现象。宗教的本质是寻求人类的终极关怀,调节人的身心平衡。宗教的基本功能(或社会作用)有下面几点:

(1) 认同功能

宗教往往是一个民族的文化象征与黏合剂,它使一个民族在信仰上有共同的认同。在文化大融合、社会信息化、全球一体化的今天,宗教的认同功能已经超越了民族乃至国家的范围。

(2) 行为规范功能

宗教道德的行为规范总是与仁慈、善行结合的,富有自律自控的潜在作用。一般来说,作为一个虔诚的教徒应与社会犯罪行为无缘,因为宗教提倡趋善避恶。

(3) 社会整合功能

宗教提倡博爱平等、行善积德,禁止劣行淫思,它能提升人的道德水平,能规范人的行为,有效地协调人与自我、人与自然、人与人、人与社会的关系,对于维护社会有序运行可以起一定作用。如英国前首相撒切尔夫人在执政期间推行的所谓"撒切尔主义",就是明显地利用了宗教的社会整合功能。世界上许多国家的政府治理国家,主要靠法律和宗教这两大法宝。正如孙中山先生所言:"政治能治外在,宗教能治人心"。诚然,"宗教并不能解决世界上的环境、经济、政治和社会问题,然而,宗教可以提供单靠经济计划、政治纲领或法律条款不能得到的东西:即内在取向的改变,整个心态的改变,人的心灵的改变,以及从一种错误的途径向一种新的生命方向的改变"(见1993年9月4日在美国芝加哥发表的《世界宗教议会宣言》)。在如今物欲至上和许多事物异化的世界,宗教文化的社会教育产生着广泛而深刻的正面影响作用。有学者研究认为,西方的市场经济运作比较规范,与宗教文化约束和规范人的行为有一定关系。应当承认在西方,宗教的原罪、忏悔、行善、勤俭、自我救赎是推动社会进步的巨大力量。

(4) 心理调节功能

宗教有时能成为心理失衡的人们的避风港,抚慰人们心灵上的痛苦和创伤。这种心理调节功能有益于人的身心健康。

(5) 审美功能

宗教情操、宗教建筑、宗教雕塑、宗教绘画、宗教音乐具有强大的美的力量与审美功能。宗教与审美相互影响、彼此渗透,审美使宗教成为带有美感或趋于审美的宗教(如基督教被称为"审美的神学"),宗教使审美艺术罩上一层神秘的灵光。

(6) 麻醉功能

宗教往往容易为政治所利用,而宗教本身也有不要追求、不要开放、不要创造、顺应现实、随遇而安等宿命论的消极作用,常常成为统治阶级用以麻醉人民的精神鸦片。

3.5.2 基督教文化与旅游

基督教为信奉耶稣基督为救世主的各教派的统称，其中包括天主教（即公教、旧教）、正教（东正教）、新教（16世纪宗教改革，从罗马教中分离出来的，即狭义的基督教或称耶稣基督教）和其他一些较小的教派。基督教自公元1世纪起源于巴勒斯坦地区，信仰上帝创造并主宰世界，认为人类从始祖就犯有罪，并在罪中受苦，只有信仰上帝及其儿子耶稣基督才能获救；告诫世人应忍耐、顺从、宽容，如此则来世升入天国。基督教的经典以《旧约全书》《新约全书》为《圣经》。基督教的标志为十字架。目前，全球共有教徒21亿人左右，占世界人口的35%，占所有宗教信徒40%以上，主要集中分布于欧洲、南北美洲和大洋洲。墨西哥是基督教徒最集中的国家（占该国人口96%）。欧美地区多元的地貌、温和的气候和民主政治等环境的影响，使基督教文化拥有扎根生长的沃土，并赋予其既宽容温和又富有多元性的基质。

3.5.2.1 主要节日

①圣诞节 教会规定每年12月25日为纪念耶稣基督诞辰的节日。在这一天里，教徒家要摆放圣诞树，扮圣诞老人，给儿童赠送礼物，亲友互送贺礼。

②复活节 这是纪念耶稣复活的节日，规定在每年春分月圆的第一个星期日举行，到时，各教堂灯火辉煌，乐声悠扬，教徒齐做弥撒。晚上，教徒各家守节聚餐，向上帝祷告。

③降临节 这是为迎接耶稣诞生和将来复临这段时期而定的节日，即从圣诞节前第4个星期日开始到圣诞节为止。许多基督徒在此期间祈祷、斋戒及忏悔以迎接圣诞节的到来。

3.5.2.2 基督教的戒律与忌讳

基督教的教戒即是所谓的"十诫"。基督教奉其为最高戒律。这"十诫"的内容是：①崇拜唯一的上帝而不可崇拜别的神；②不可崇拜偶像；③不可妄称上帝名字；④当纪念安息日，守为圣日；⑤当孝敬父母；⑥不可杀人；⑦不可奸淫；⑧不可偷盗；⑨不可作假证陷害人；⑩不可贪恋别人的一切。基督教各教派诫命的内容都是相同的，只是在具体条文的具体写法上略有差别。前四条讲人与上帝的关系，后六条讲人与人的关系。天主教会将这十诫概括为2个重点：爱上帝万有之上，爱人如己。

基督教徒忌讳"13"这个数字，如人们不愿意在13号这天出行，旅馆无13号房间，而用12A或12B来代替。据说是在《圣经》中"最后的晚餐"的餐桌上有耶稣及其门徒共13人，后因叛徒犹大（第13者）出卖，耶稣被钉死在十字架上，且耶稣遇害的那天恰是13号。因此，在西方，人们很忌讳"13"这个不吉利的数字。

3.5.2.3 教堂的建筑艺术文化

基督教教堂的建筑风格是基督教发展史在教堂建筑上的具体反映，同时，也是人类文化发展史中的一个缩影。

基督教教堂建筑形式主要有3种：罗马式、哥特式、拜占庭式。

(1) 罗马式

罗马式教堂是一种仿照古罗马长方形会堂建筑风格的建筑。它的主体建筑为一个长方形大厅，教堂大门或入口在西端，大厅被两行圆柱分隔成中殿和侧廊，在教堂的正面有一个半圆形空间，祭坛设在这里，呈拱形圆顶，地面用大理石铺成。高耸的圣坛代表耶稣被钉十字架的骷髅地的山丘，放在东边以免每次祷念耶稣受难时要重新改换方向。随着宗教仪式日趋复杂，在祭坛前扩大南北的横向空间，其高度与宽度都与正厅对应，因此，就形成一个十字形平面，横向短，竖向长，交点靠近东端。这叫做"拉丁十字架"，以象征耶稣钉死的十字架，

图3-18　罗马式教堂

（图片来自：http://image.baidu.com/
i？ct=圣奥尔斯本大教堂）

更加强了宗教的意义。罗马式教堂的建筑特色主要表现为具有厚实的石墙、狭小的窗户（因窗口狭小可在较大的内部空间造成神秘气氛）、半圆形拱门、低矮的圆屋顶、逐层挑出的门框、上部以圆弧形拱环为装饰、堂内形成交叉的拱顶结构，以及层叠相重的连拱柱廊等，因其大量使用立柱和各种形状的拱券，表现出饱满的力度和敦实的框架，而给人一种厚重、均衡、平稳之感。在景观审美上，罗马式教堂适宜眺望，它们孤立兀立，寂寥苍凉，颇有宗教情调（图3-18）。

（2）哥特式

这是一种尖顶的高耸教堂建筑。它的建筑风格特点是尖峭、高耸、纤瘦、空灵。它直接反映了中世纪新的结构技术和浓厚的宗教意识。尖峭的形式是尖券、尖拱技术的结晶；高耸的墙体则包含着斜撑技术、扶壁技术的功绩；而那空灵的意境和垂直向上的形态，则是基督教精神内涵的表达与象征。就建筑艺术环境设计而言，如果说罗马式教堂体现着对地狱的恐惧，哥特式教堂则刻意体现对天堂的追求。哥特式教堂在设计时利用尖拱券、飞扶壁、修长的立柱以及新的框架结构来加大支撑顶的力量，使整个建筑以这直升的线条、巍峨的外观和教堂内的高广空间，从内部到外观上都给人以一种升腾乃至至高无上、直指上苍的感觉，刻意体现对天堂（或天国）的追求。哥特式教堂外部细节较多，但内部却比较简洁。内部多用成排的高大立柱将教堂分割为狭长的空间，用五色玻璃装饰天窗，在阳光照耀下，流光溢彩，更突出了温暖、神秘的气氛（图3-19）。

图3-19　哥特式教堂

（图片来自：http://image.so.com/v？q=
维也纳斯特凡大教堂）

(3) 拜占庭式

拜占庭式教堂，也叫东正教堂，在建筑艺术上具有浓郁的拜占庭式建筑风格。其主要特点是：屋顶造型普遍使用穹隆顶；整体造型中心突出，既高又大的穹隆顶成为建筑构图的中心；创造了把穹隆顶支撑在四个独立方柱上的结构体系和与之相应的集中式建筑形式；建筑在色彩的使用上，既注意变化又注意统一，使建筑内部空间与外部立面显得灿烂夺目。拜占庭式教堂的式样与罗马教堂一样也是长方形的，但屋顶与罗马式的屋顶不同，它的屋顶是由一个巨大的圆形穹隆和前后各一个半圆形的穹隆组合而成，教堂内部空间广阔而富有变化。后来，基本轮廓改为正十字形。拜占庭式教堂的代表作是著名的圣索菲亚大教堂（图3-20）。

图 3-20　拜占庭式教堂

（图片来自：http://image.baidu.com/i? ct = 圣萨瓦大教堂）

3.5.3　伊斯兰教文化与旅游

伊斯兰教为公元 7 世纪初穆罕默德于阿拉伯半岛创建的一神教，后发展成为盛行于阿拉伯半岛的宗教，8 世纪初成为跨欧、亚、非三大洲的世界性宗教。"伊斯兰"为阿拉伯语的音译，意为"和平、恭顺、安宁"，"穆斯林"即为"顺服安拉意志的人"。伊斯兰教以《古兰经》为根本经典，同时也是立法、道德规范、思想学说的基础，标记为新月。伊斯兰教分为逊尼派、什叶派两大派别。

伊斯兰教目前共有教徒（穆斯林）12 亿多人，主要集中于西亚、南亚、东南亚和北非等地区。目前全世界共有 45 个伊斯兰国家，其中有近一半的国家奉伊斯兰为国教。印度尼西亚是世界上最大的伊斯兰教国家（穆斯林占全国人口 90% 左右）。伊斯兰教在我国又称回教（旧称）、天方教或清真教。中国先后有 10 个民族信仰伊斯兰教，其中回族、维吾尔族、哈萨克族三个民族的人口总和占我国全部穆斯林人口的 99%。

3.5.3.1　主要节日

伊斯兰教的主要节日有三个：开斋节、古尔邦节和圣纪节。

① 开斋节　伊斯兰教规定，每年必须封斋一个月，伊斯兰教历的九月是斋月。斋月中，每天黎明前到日落，不许吃喝和干其他非礼事情，日落后开斋。斋戒使人感念真主，体验饥饿，同情贫困，磨练意志，清理肠胃。希吉拉历（即伊斯兰教历，穆罕

默德于公元 622 年 9 月由麦加迁徙到麦地那为纪元) 9 月为斋月，10 月 1 日开斋，称开斋节，持续 3~4 天。我国新疆地区称"肉孜节"。

②古尔邦节　古尔邦节又称宰牲节或忠孝节。时间是希吉拉历二月初十，是为纪念伊斯兰教先知易卜拉欣不惜杀子，以示对安拉忠诚，安拉感动，送羊代替的传奇故事。

③圣纪节　是纪念穆罕默德诞辰的节日，时间是希吉拉历 3 月 12 日。

3.5.3.2　禁忌与习俗

①神圣月　按照传统习俗，回历太阴年的 1、7、11、12 月，是伊斯兰教的神圣月。在这 4 个月份之中，穆斯林要严忌一切激烈的活动。

②饮食　穆斯林讲究饮食卫生，提倡选择清洁佳美的食物。严格禁食自死物、血液、猪肉以及不利于身心健康的酒、烟、麻醉品等有害物质。食用时不可过分和毫无节制。饮食时只能用右手，忌用左手。在回历九月，进行斋戒。

③宰牲　宰牲者必须是穆斯林，宰牲前必须诵真主之尊名。

④归真　穆斯林忌讳将逝世称作"死"，而应称"归真"（意为"回归至真主的阙下"）。伊斯兰禁止自杀，提倡土葬、速葬、薄葬。

⑤禁赌　伊斯兰教严禁赌博。《古兰经》将赌博与饮酒、求签、拜像都称为"秽行"，是"恶魔的行为"。它说，赌博可使人"互相仇恨"而且阻止人们"纪念真主和谨守拜功"，故明确严禁，要人们"远离"这"恶魔的行为"，做一名纯洁的信士。

⑥禁露"羞体"　伊斯兰教认为，穆斯林男子从肚脐到膝盖、妇女从头到脚都是羞体，禁止露出，违者犯禁。

⑦禁偶像崇拜　穆斯林忌任何偶像崇拜，只信安拉。

⑧通婚禁忌　穆斯林禁止近亲与血亲之间通婚，忌与宗教信仰不同者通婚。

3.5.3.3　伊斯兰教建筑文化

清真寺主要有尖塔圆顶式和宫殿式（或庭院式）两种类型，均具有庄严、神圣、肃穆、幽秘的审美特征。尖塔圆顶式清真寺有灯塔的含义（为迷途者导向），它可以用来为航船导航，也可以作为沙漠中迷途者辨明方向的参照物。清真寺主要由大殿、经堂、沐浴室、宣礼楼或望月楼、水池或喷泉组成。清真寺由于做礼拜时需要面向圣地麦加，故采用横向建筑，大殿坐西朝东（我国是坐东朝西），进深小而宽，大殿之前三面有回廊，皆向院子敞开，形同四合院。

伊斯兰教清真寺建筑主要具有以下几个重要特征：

一是清真寺建筑特有的空间造型艺术美，即穹顶结构，形态壮观。以中央穹顶为主要建筑标志，置于大而封闭的院子中部位置。那尖形和圆拱造型赋予清真寺一种轻灵向上、升腾回旋的体态动势，象征着伊斯兰教超脱俗世、向往真主的价值精神。

二是建有塔楼。塔上有小亭子，它是阿訇（伊斯兰教主持仪式、讲授经典的人）授课、召唤教徒礼拜用的，故称为宣礼楼或邦克楼，塔大多为多角形，高达几十米，置于寺的四角。其高大突出，顶端渐长，给人以直通苍穹的感觉。浑圆穹顶与尖而高耸的塔形成鲜明的对比，成为清真寺建筑艺术上的一大特色。

三是拱券结构。清真寺的门与廊一般由各种形式的拱券组成，形态美观，拱顶甚尖，门内为半圆球状，用料为绿色花岗石，颜色翠绿，琢磨光亮，给人以气势壮丽的感觉,渲染出伊斯兰教义中神秘主义的美学气氛。

四是院落建筑循序渐进、井然有序。建筑物的布局显示了清真寺的深邃尊严,突出了清真寺的严肃规整,无不显示着伊斯兰民族对伊斯兰教的虔诚、对真主安拉的崇敬。

五是装饰独特。寺院的内墙上有丰富的装饰,但这些装饰花纹都是几何图案,因为按伊斯兰教义禁止有人像或动物图案。这些一定之规,使人感受到其建筑透露出教义的严肃规整和穆斯林的宗教热忱。我国清真寺礼拜殿内阿拉伯文字的楹联、匾额、藻井图案,均采用中国传统的材料、色彩及建筑艺术手法,融会伊斯兰艺术特色。

六是水池或喷泉。清真寺院子中必须有个供穆斯林沐浴净身的水池或喷泉,水象征着"生命之源"与"纯洁",伊斯兰建筑中的流水尤具特别的含义并能赋予清真寺院特有的宗教氛围(图3-21)。

图 3-21 清真寺

(图片来自 http://image.baidu.com/i? ct = 503316480&z = 银川南关清真寺)

伊斯兰教清真寺建筑上述这些重要特征,都需要我们在宗教文化旅游中重点领悟和把握。

世界上最著名的清真寺是麦加的"禁寺"——克尔白。我国著名的清真寺有泉州的清净寺、西安的清真寺、北京牛街的礼拜寺、银川南关清真寺、喀什的艾提尕尔寺等。这些伊斯兰教景观,都吸引着众多的信徒和游客。

3.5.4 佛教文化与旅游

相传公元前6世纪至前5世纪,位于喜马拉雅山南麓的古印度迦毗罗卫国(今尼泊尔境内)的净饭王子乔答摩·悉达多(一般称为释迦牟尼)创立了佛教。后分为小乘佛教(以自我解脱为宗旨)、大乘佛教(主张利己与利人并重,以普度众生为宗旨)。

佛即佛陀的简称,佛的意思是觉悟者或智慧者,即真正圆满觉悟了宇宙人生真理的智者、圣人;佛教的标记为"卍"(表示吉祥万德)或法轮(表示佛之法轮如车轮辗转可摧破众生烦恼)。

佛教的经典最丰富,由国务院古籍整理小组编辑出版的《中华大藏经》就收入了历代经典 4200 余部、23 000 余卷。我国最早的译经相传为迦叶摩腾、竺法兰译的《四十二章经》。被我国称为《三藏经典》的是佛教经典总集,即"经藏"(佛经)、"律藏"(戒律)、"论藏"(对经文的解释)。现存我国的藏译本、汉译本最为完整。

佛教文化具有明显的东方文化色彩,并对我国有深刻的影响。目前共有教徒3.6亿人,集中分布于亚洲的东部和南部(东南亚),泰国是世界上最大的佛教国家(95%以上的人信仰佛教,有"黄袍佛国"之称)。佛教的形成与地理环境有一定关系,有学者认为,印度炎热的气候造就了消极处世、逃避现实的佛教以及盛行出世观念的"炎土"文化。

佛教自两汉之际传入中国,至今已有2000多年的历史。佛教文化的传入对中国文化影响很大。由于传入的时间、途径、地域、民族文化和历史背景不同,中国佛教形成了三大系,即汉地佛教、藏传佛教、云南上座部佛教。佛教在我国的发展经历了魏晋南北朝的发展和巩固期、隋唐的全盛时期、两宋的转折期,自两宋以后,佛教逐渐走上了衰落的道路。

3.5.4.1 戒律

戒是修行者修身治心的规范。戒律为警戒于事前的行为准则。佛教中戒的主要精神是诸恶莫做,众善奉行,使修行者依此而行,止恶扬善。佛教弟子有出家与在家之别:出家者即是离开家庭,舍弃一切到寺庙专修沙门行者;在家者,即除了正常的生活、工作外,而能兼修佛道者。无论出家、在家修行,要先经过入教手续即在佛前宣誓,皈依三宝,受持五戒,才能成为正式的佛门弟子。

(1)三皈依

即皈依三宝(佛、法、僧),也就是说皈依佛宝、皈依法宝(苦、集、灭、道四谛)、皈依僧宝。为什么称佛、法、僧为"三宝"呢?这是因为佛、法、僧指示众生断恶修善,解脱系缚,得到自在,极为珍贵,如世间珍奇宝物,所以称之为"宝"。众生若将身心皈投三宝,即可乘宝筏早出苦海。

(2)五戒

杀生戒:不残害生灵,如绝大多数寺庙都设置放生池,提醒人们不要滥杀生灵,维护生态平衡。

偷盗戒:不能将他人财物据为己有。

邪淫戒:只维持合法的夫妻关系,不拈花惹草。

妄语戒:不可口是心非、花言巧语、辱骂诽谤、恶语伤人。

饮酒戒:不能故意饮酒。但药酒可用。

3.5.4.2 佛教常用礼仪

(1)合掌(合十)

左右合掌,十指并拢,置于胸前,以表示由衷敬意。

(2)绕佛

围绕佛右转即顺时针方向行走一圈或多圈,表示对佛的尊敬。

(3)五体投地

五体指两肘、两膝和头。五体都着地,为佛教最高礼节。先正立合掌,然后右手撩衣,接着膝着地、两肘着地,再接着头着地,最后两掌翻上承尊者之足。礼毕,起顶头,收两肘和两膝,起立。

3.5.4.3 主要节日

佛教最大的节日是农历四月初八的佛诞日和七月十五的自恣日。这两天都叫作"佛欢喜日"。

(1) 佛诞日

佛诞日也叫浴佛节。在大殿供奉太子像，全寺僧众以及佛徒要以香汤沐浴太子像，作为佛陀诞生的纪念。根据佛经中说，释迦牟尼佛的诞生、出家、成道、涅槃同是四月十五，但汉地习惯四月初八为佛诞日、二月初八为佛出家日、腊月初八为佛成道日、二月十五为佛涅槃日。在佛诞日要举行浴佛法会，其他三日也要在寺院中举行简单的纪念仪式，特别是腊八日，要煮腊八粥(由多种豆类、杂粮熬煮而成的稀饭)以供佛，已成为民间的普遍习俗。

(2) 自恣日

自恣日也称盂兰盆节。根据西晋竺法护译的《佛说盂兰盆经》而举行超荐历代祖先的佛事。据该经说：目连(佛弟子中神通第一)的母亲死后成为饿鬼，目连尽自己的神通不能救济其母，佛告其要在每年七月十五日僧自恣时，以百味饮食供养十方自恣僧。以此功德，七世父母及现在父母在厄难中能得以解脱。

3.5.4.4 佛、菩萨、罗汉

在佛教寺庙中，都供奉有一定数目的佛、菩萨和罗汉。

佛是"佛陀"的简称，是"觉者"之义。佛教认为"觉"有三种含义：自觉、觉他(使众生觉悟)和觉行圆满。其中觉行圆满是佛教修行所能达到的最高境界。佛，就是达到最高境界的"觉者"。如寺庙中常供奉的佛像有释迦牟尼佛、药师佛、南无阿弥陀佛和弥勒佛。佛亦指"如来"，头顶有肉髻，头上生螺发，眉间生白毫。

菩萨是上求大觉大法，下度一切有情，但只达到"自觉"和"觉他"境界者。如观世音菩萨、地藏王菩萨、文殊菩萨、普贤菩萨。菩萨又称"大士"，头戴宝冠，服饰华丽。

罗汉是佛教名词"阿罗汉"的简称。罗汉是已达到自觉境界，即已经断除一切烦恼、超脱于生死轮回之外者。罗汉也叫"尊者"，剃光头，穿袈裟。

佛、菩萨、阿罗汉，他们都是人而不是神仙。因此，任何人的智慧达到觉行圆满，就可以称其为佛。

3.5.4.5 涅槃、舍利

涅槃的意义是圆寂，就是达到功德圆满、永远寂静的最安乐的境界，是不可思议的解脱境界。世俗文化中亦作"逝世"。

舍利是焚烧不化的遗骨，犹如闪闪发亮的小珍珠，据说是修行得道的见证。

3.5.4.6 我国著名佛教文化景观

(1) 四大佛教名山

我国四大佛教名山是指普陀山(观音菩萨道场)、九华山(地藏菩萨道场)、五台山(文殊菩萨道场)、峨眉山(普贤菩萨道场)(图3-22)。

(2) 三大名窟

我国三大名窟是指敦煌莫高窟、大同云冈石窟、洛阳龙门石窟。

(3) 著名寺庙

我国著名寺庙主要有白马寺、少林寺、国清寺、灵隐寺、悬空寺、雍和宫、外八

图 3-22　四大佛教名山

（图片来源：http://www.nipic.com）

庙、布达拉宫、扎什伦布寺、南禅寺、栖霞寺、玉泉寺等。

3.5.4.7　佛教旅游文化鉴赏要领

(1) 以纯净的心态对待佛教文化

宗教本应是一个民族精神生活和净化心灵的重要领域，宗教生活理应是一种精神性极为纯粹的活动，但目前在许多地方已相当程度上被世俗娱乐与物质利益所割据，出现明显的异化。许多人进寺庙求神礼佛烧高香，为的是升官发财、生男不生女。神圣的宗教文化被人们用来包裹和装裱世俗的利害。我们应正确理解佛教文化的真谛，以具有生命终极关怀的人文情怀和纯净的心态对待佛教文化。

(2) 理解佛教文化美学内涵

佛教与审美文化的关系非常密切，二者相互影响、彼此渗透。佛教特别是禅宗崇尚空灵之美、清远之美、圆融之美的美学思想，对我国的书法、绘画、雕塑、音乐、园林等文化艺术有着深刻影响。例如，许多杰出的书法家、画家或出自释门或笃信佛教，晋有王羲之，唐有张旭、怀素，清有朱耷、石涛。张旭、怀素的草书，深得禅理，着意追求空灵、超然、意在笔外的机趣。对雕塑而言，佛教不仅为其增添了丰富的内容，而且随着佛像雕塑艺术的发展，雕塑风格也发生了变化，在追求圆融之美的同时由求形似至求神似。在建筑方面，佛塔借用了中国古建筑的飞檐，而中国的园林建筑也开始有意追求一种自然清幽的境界。在音乐方面，佛教文化的渗透使音乐更具空灵、清远之美。佛教对文学的影响更为明显，特别是佛教对诗学的影响更为显著，如古人有"论诗如论禅""诗不入禅，意必肤浅"之说。

(3) 欣赏佛教文化艺术

佛教文化艺术丰富多彩（如雕塑、绘画、音乐等），博大精深，参观佛寺应以审美的心态进行欣赏。例如，参观苏州西园戒幢律寺罗汉堂时，可以着重欣赏济公和疯僧的雕塑艺术。走进佛寺的大雄宝殿时可以着重欣赏一下佛像的面部表情和手势。如佛之微笑我们应该将其理解为：佛陀在人生的困难面前，镇定自若，淡然而笑，显示了智者之深沉、大度以及用慈爱护卫众生的坚强意志和决心。

(4) 学习佛教某些处世哲理和高尚理念

佛教文化实际上很多东西也值得人们去学习、宣扬。佛家对人的迷惑、烦恼、痛苦、死亡有着真诚的关怀，为人解脱苦难，指点迷津。例如，地藏菩萨曾发大愿："誓必尽度地狱众生，拯救诸苦，不然誓不成佛。"这就是说他一定要把地狱中受苦众生全部解放出来以后，才最后成佛，否则决不成佛。

(5) 领会佛教文化给人的启示

佛教予人以正确的征服观。痴迷的人往往以为征服全国、征服邻邦、征服世界、征服大自然是政治的巅峰、人生的极致，由此才有秦始皇、成吉思汗、亚历山大大帝、拿破仑一世等。佛教给人的启示是，征服世界不是人的最高意志，征服自己才能发现最高意志，才是真正的征服。纵观历史，横看寰球，几多大统治者、大政治家，有时是何等睿智英明，有时却何其糊涂可叹。他们如出一辙地指望万代的膜拜、永远的歌颂，然而，往往事与愿违，有的甚至被钉在历史的耻辱柱上。因为，他们最后没有认识和征服自我，所以他们征服不了后人。

总之，佛教中有很多优秀文化是值得人们去学习的。另外，佛教中劝人为善、助人为乐、戒除恶念、净化身心、知足常乐等处世哲理，以及倡导众生平等、敬畏生命的价值观念，往往为人们或旅游者所乐于接受。近年更有诸多研究者认为，佛教的生态观和某些价值观尤为可取，它有助于人类在文明的道路上认清自己的位置，消除狂妄的征服之心。所有这些，对人类的福祉和社会的可持续发展都具有一定的借鉴与启示意义。

3.5.5 道教文化与旅游

道教是我国汉族土生土长的宗教，是以我国社会的神灵崇拜为基础，以神仙可求，诱使人们用方术修持追求长生不死、登仙享乐为主体内容，以道家、阴阳五行家、儒家谶纬学说为神学理论，带有浓厚万物有灵论和泛神论性质的宗教。其产生的思想渊源有老子的哲学思想、中国古代的巫术鬼神思想、阴阳五行说等。

道教形成于东汉顺帝时期的汉安元年（公元142年），至今已有1800多年的历史。首创者为张道陵，尊老子为道祖，以《道德经》为经典。道教出现的最初形式是"五斗米道"和"太平道"，此时它们经常充当农民起义的旗帜。南北朝以后，道教体系逐渐建立起来，形成了"全真道"和"正一道"两大派别。明清以后，道教慢慢衰落下来。道教的经典是《道藏》，道教标记为八卦太极图。

道教最基本的信仰是"道"。道教思想的"道"，本义为"行走的途径"，引申为大自然的基本规律和自然界万事万物的本源，超越现实世界一切事物的宇宙最高法则。道教把"道"看作"虚无之系、造化之根、神明之本、天地之元"，是"长生久视之道"，是永恒的，人若得到它就可凡胎成仙、长生不死。道教的一切教义、教理都是由此

"道"生发而成的。道教认为,通过"精、气、神"三者归一即可得道成仙。在修道中有7个阶段:敬信、断除、收心、简事、真观、泰定、得道。要"形如槁木,心若死灰,寂泊之至",而后方可得道。此外,在道家看来,万物无一例外地都同样根源于"道"的流转与"气"的聚散,由此它们也就没有本质的差别,没有价值的优劣。

3.5.5.1 戒律和清规

道教制定了不少戒律和清规,用来约束道士的思想和言行,以防他们产生邪恶欲念和犯错误。

戒律,是警戒事前的行为准则,大约在两晋南北朝时期开始订立。最基本的是"五戒",即戒杀生、戒酗酒、戒口是心非、戒偷盗、戒邪淫。在此基础上,又进一步制订了"初真十戒"。这"十戒"的内容是:不得不忠不孝不仁不信;不得阴贼潜谋,害物利己;不得杀生;戒邪淫;不得败人成功,离人骨肉;不得毁贤扬己;不得饮酒食肉;不得贪求无厌;不得交友非贤;不得轻忽言笑。

清规是对违纪犯律道士的惩处条例。道教清规在元、明之际开始订立,无完全统一的规定。北京白云观是道教第一宫观,它的清规有:贪睡不起者,跪香(罚跪烧一炷香的时间);早晚功课不随班者,跪香;诵者不恭敬者,跪香;出门不告假或私造饮食者,跪香;毁谤大众、怨骂、斗殴者,杖责逐出;茹荤饮酒、不顾道体者,逐出;违犯国法、奸盗邪淫、坏教败宗者,火化示众。

3.5.5.2 道教名山与道教建筑文化

(1)名山(洞天福地)

主要有青城山(四川)、武当山(湖北)、崂山(山东)、龙虎山(江西)、庐山(江西)、天台山(浙江)、终南山(陕西)、罗浮山(广东)、茅山(江苏)以及五岳(泰山、华山、恒山、衡山、嵩山)等。由于道教具有天人合一的思维方式、顺应自然的行为原则、抱朴守真的价值取向、追求"自然无为"的崇高境界,因此对自然环境非常保护,使许多道教名山成为山清水秀的旅游胜地。

(2)道教建筑

①宫观 道教宫观建筑的主要特征是以木为建筑材料,注重建筑与自然环境的和谐关系,建造反翘的曲线屋顶。以木为建筑材料,注重建筑与自然环境的关系,这些与道教崇尚自然的观念有关。道教认为树木是大自然中富有生命的物质,木结构能深刻反映人对自然的情感;反翘的曲线屋顶呈现出飞动轻快、直指上苍的动势,体现了道教飞升成仙的追求。

道教宫观根据其布局及结构形式可以分为均衡对称式、五行八卦式、自然景观式三种类型。均衡对称式道观按中轴前后递进、左右均衡对称展开的传统手法建成,以道教正一派祖庭上清宫和全真派祖庭白云观为代表;五行八卦式道观按五行八卦方位确定主要建筑位置,然后再围绕八卦方位放射展开,具有神秘色彩的建筑布局手法,以江西三清山丹鼎派建筑为代表;自然景观式道观一般建筑在自然风景优美的地方,具有建筑与自然山水紧密结合的独特风格,充分体现了道家"道法自然""天人合一"的思想。

道教建筑布局与佛教相近(中轴对称),其最主要的殿堂为三清殿,内设奉三神像。此外，供奉的神祇(qí)还有"八仙"等。由于道教追求天人合一、抱朴守真，建筑大多朴素无华，但墙壁、柱子、门窗等皆用红色，最重要的标志是阴阳八卦轮，常用图案有灵芝、仙鹤、八卦、暗八仙(即八仙所持物品，如图3-23)等。

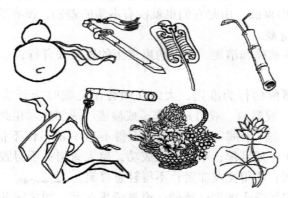

图3-23 "暗八仙"图

著名的道教宫观有太清宫(河南鹿邑)、上清宫(江西贵溪龙虎山)、青羊宫(成都)、楼观台(陕西周至，是我国最早的道观)、白云观(北京)、永乐宫(山西芮城，传说是吕洞宾诞生地)、重阳宫(陕西户县，传说是全真道创始人王重阳的埋骨处)等。

②石窟造像　道教石窟造像相对佛教石窟造像要少一些。山西太原龙山石窟为最重要的道教石窟。福建泉州的清源山老君岩为道教最大的造像。

③楼阁　道教有"仙人好楼居"之说。道教认为仙人居于高楼，以便接近天宫，所以楼阁也是道教建筑的特点之一。许多道观中建有望仙楼、聚仙楼、万仙楼，都带有登楼求仙的意思。

对道教名山与道教建筑的旅游审美，主要应从道教的文化理念和自然美的角度去体会、把握。

3.5.5.3　道教美学与精神内涵

道教对我国艺术审美领域有着深刻影响。道教或道家思想，对艺术审美情趣有着不可忽视的作用。例如，魏晋名士多为玄学家同时又是道徒，他们创作的文学作品都体现出浓郁仙气。唐代诗人常与道徒唱和，因此道教思想自然地流露出来，形成了唐诗奇彩绚丽的美学境界。道教对唐代美学风格的影响可以从游仙之作中窥其一斑。李白就是这样一个典型的道教徒诗人。李白的天才诗情多来自于他的道教信仰和道徒生活。李白不仅读道书、炼内丹、访仙踪，更重要的是其形成了"道仙"的人格品质，这使他的诗歌有着道教徒式的飘逸与俊秀，有着追求神仙境界之美感。他的洒脱与不拘、豪气与超迈，实际上是他对道教生活的顿悟与践行，进而造就了其诗瑰丽、清净、灵动的美学特征。道教对元明时期的绘画有着深刻影响，这首先表现在许多道教徒提出了别具一格的画论思想。这其中的代表人物便是全真教徒黄公望。正是道徒的生活性格使黄公望阐述的绘画之美学标准有着一股浓烈的道家文化意味。黄公望将画作品位高下分为"逸、神、妙、能"四格，认为"逸"是画作的最高境界。而"逸"的品格就是道教教徒的生活方式和行为标尺，其特点就是"得之自然，莫可楷模"，他的山水绘画不是简单地把握自然，而是"自然"与"自我"合二为一。这也只有道教徒才能把中国的山水画推进到一个真正自由审美的天地。明代徐渭的写意花鸟、扬州八怪的山水图卷，都吸收道教"法心源""重造意"的创作倾向。道教对国人审美趣味的影响是多方面的，除了前面提及的文学、绘画外，还有园林、建筑、雕塑、书法、音乐等。例如，在中国的园林艺术中，道教就主张以自然的物质形态表现一种超自然的精神境界。假山叠石、湖池溪流，这些人工营造的景物因为道教文化的濡染，不是自然却胜似自然。其实，道教的影响已经不再是那种极为神秘的巫术所带给人们的怪异体验，而是通过与道家思想的融汇，把它变成上层知识精英的精神食粮，再通过他们的自觉传导影响着整个华夏民族的审美趣味。

3.5.6 宗教文化与旅游业的交互影响

3.5.6.1 宗教文化对旅游业的影响

首先，各种宗教在其漫长的发展过程中，创造出了许多可供旅游者旅游观光的景点。如佛教自公元 2 世纪传入我国，经过漫长的发展在我国风景优美的名山大川修建了大量的佛寺、佛塔、佛窟，留下了大量令人叹为观止的壁画、摩崖艺术珍品。甘肃的敦煌莫高窟便是一处由"建筑、绘画、雕塑组成的博大精深的艺术殿堂，是世界上现存规模最大、内容最丰富的佛教艺术宝库"。中国土生土长的道教所追求的理想境界是超凡脱俗的"仙境"，风光秀丽的名山胜地常常被道教认为是神仙所居之处和修道成仙的理想场所，因此道教有了十大洞天、三十六小洞天和七十二福地之说。几乎天下所有的名山大川都纳入了道教的洞天福地之中。伊斯兰教和基督教在唐朝时先后传入我国，二者虽然没有佛教和道教那样以名山大川为其修行场所，但伊斯兰教各种风格的清真寺，基督教各式梦幻般的教堂不仅吸引大量信徒，而且吸引了大量游客的旅游观光。

第二，根据宗教文化特点开发出的具有宗教特色的旅游商品，不仅能丰富旅游产品的内容，而且也可以满足旅游者的购物欲望。例如，根据佛教的木鱼、进香袋、念珠等佛事活动用具开发出具有佛教特色的旅游商品；以"八仙"等各路神仙为题材开发出具有道教特色的旅游商品等。

第三，还可利用宗教节日，促进旅游业的发展。各宗教在其漫长的发展过程中都形成了属于自己的宗教节日，每逢节日来临，宗教信徒们便会从四面八方聚集到他们心目中的宗教圣地以欢庆宗教节日。不仅如此，随着宗教文化的传播，一些符合人们心理要求的宗教节日，已扩展成宗教信徒和非宗教信徒共同欢度的节日，甚至发展为民间流行的节日，如基督教的圣诞节、复活节等。作为旅游管理者应该充分把握各类宗教所特有的节日活动，吸引更多的旅游者参加到节日旅游活动中去，以此为契机促进旅游业的发展。

此外，宗教文化也可以通过间接的形式影响旅游业的发展。宗教文化中的许多人物、故事和传说非常生动，被搬上了电影、电视和文学作品中并广为传播。

宗教文化同旅游发展有着十分密切的关系，充分利用宗教文化的宝贵财富，是推动我国旅游事业蓬勃发展的一项重要工作。

3.5.6.2 旅游业对宗教文化的影响

旅游业的发展，旅游资源的开发利用，新的旅游市场的开拓，吸引了更多的游客前来宗教圣地游览、朝圣和考察交流，这些都有利于宗教文化的传播、交流和发展，对宗教文物古迹也起着保护、修缮的作用。我国实行改革开放以来，许多宗教文物古迹都得到了恢复和维修，如有"世界宗教博物馆"之称的泉州也被列为中国第一批二十四座历史文化名城，有无数游客慕名而来，泉州的许多宗教组织恢复了活动，宗教文化得以发展、传播、弘扬，文物古迹也得到保护和修缮。

但旅游业的发展对于宗教文化不只起积极的作用，同时也有一定的负面影响。由于游客人数的增多，带来了一些人为的破坏和环境污染，如有些游客在宗教旅游区内言行举止不够文明，甚至乱刻乱画，乱扔垃圾，大声喧哗，破坏了宗教名胜地独有的宁静和超凡的气氛。有的宗教圣地商业气息浓厚，在开发利用中呈现城市化、公园化倾向，使宗教文化出现异化。更有甚者，宗教旅游在我国有些地方已经异化为"庙产经济"，并被标榜为"旅游地产"或"宗教地产"的运作模式，地方政府牵头操控，挟教敛财，肆意开发，佛教、道教臣服于商业，臣服于世俗的金钱逻辑，已经沦为赚钱的工具，宗教尊严与圣洁几乎荡然无存。如何防止和消除这些不利的东西，是我们必须重视和解决的问题。不能"保"了旅游经济，而"丢"了宗教文化遗产，要将对宗教的继承、开发与保护相统一。

总之，宗教文化与旅游业的发展关系紧密，科学合理地利用开发宗教文化资源，对旅游业的发展具有十分重要的意义；而旅游业发展，也有利于宗教文化的继承、传播和研究。它们之间相互联系、相互影响、相互促进、共同发展。

【思考题】
1. 简述我国古典园林艺术的基本美学思想及主要创作手法。
2. 分别比较我国皇家园林与私家园林的不同特点。
3. 分别比较中国园林与西方园林的不同特点。
4. 简述我国园林构成要素及其在造园艺术中的审美功能。
5. 查阅陈从周先生的文章《说园》，写出读书心得。
6. 简述我国古建筑的主要形式(或类别)。
7. 中国古建筑的审美特征主要应从哪些方面去认识和把握？
8. 试比较中西古建筑风格上的主要差异。
9. 解释说明中国菜点之美的构成要素。
10. 简述我国的四大菜系各自的风格特点。
11. 简要说明茶文化的核心——茶艺与茶道。
12. 试述酒的文化魅力。
13. 简要对比中西饮食文化。
14. 简述宗教的主要类别及各自文化特点。
15. 简述宗教文化的旅游审美功能。
16. 宗教文化旅游资源有哪些开发途径？在开发中应该注意哪些问题？

【案例分析】

扬州个园的四季假山

  个园在江苏扬州市东关街。据传初为清名画家石涛寿芝园故址，嘉庆、道光年间为盐商黄应泰修建。园内种竹千杆，因竹叶形如"个"字，故名。

  此园以假山叠石最为有名，用石奇特，技法超群，布局巧妙，意蕴深邃，意境高雅。一进个园，湖石依门，修竹迎面，石笋参差亭立，构成一幅以粉墙为纸、竹石为绘的生动场面，一笔点出"春景"。点放的峰石好似茁壮的竹笋在春雨后破土而出，给人以春回大地的感觉。为了体现春天的季节特点，采用十二生肖象形山石，象征春天的到来，各类动物即将从冬眠中苏醒，频繁活动。过春景，绕过桂花厅，前面出现以湖石叠成的玲珑别透的"夏山"，夏山通过灰调的石色、广玉兰披洒的浓荫、山洞的幽深、水态的涟涓，如大雨初霁，流云变幻，予人以千山苍翠欲滴、清凉世界的意境。为体现秋山的秋季特点，造园者特意采用黄石，黄石堆叠上引用国画的斧劈皴法，用石泼辣，烘托出高山峻岭的气派，其位于庭院之东，面迎西斜夕阳，黄石丹枫，倍增秋色，以添人"秋思"诗意。秋山是全园的高潮，故山形堆筑得特别雄奇挺拔，好似缩小了的安徽黄山。冬山叠石选用颜色洁白、体态圆浑的宣石（雪石），并将假山叠至南墙北下，给人产生积雪未化的感觉。墙面开有吸纳东北风的口琴音孔式排列的24个圆形窗洞，使人工制造的北风呼啸长年不断，形成寒冬氛围。冬山邻接春山，形成春夏秋冬四季循环。

  个园的假山构筑立意高雅，个性鲜明，布局奇特，配景奏效，运用一年四季不同的季节特点，把整个园子划分为大小不同、特色各异的四个空间，使"春山淡冶而如笑，夏山苍翠而如滴，秋山明净而如妆，冬山惨淡而如睡"，各显其趣。由于春、夏、秋、冬四山的景色是沿环行路线安排的，来回数遍，游人好似经历着周而复始的四季景物的循环变化。

案例分析思考题：

1. 分析扬州个园四季假山的造园艺术。
2. 分析扬州个园四季假山所蕴含的哲理与给人的启示。

第4章 艺术景观旅游文化

【本章概要】

本章介绍了雕塑文化、书法文化、音乐文化的艺术特点和审美鉴赏方法；对中国与西方的雕塑文化、音乐文化进行了系统的对比分析；阐述了雕塑文化、书法文化、音乐文化与现代旅游的密切关系，研究并提出了雕塑文化、书法文化、音乐文化作为特殊旅游资源的开发思路与途径。

【学习目标】

1. 理解并掌握雕塑文化、书法文化、音乐文化的艺术特点和审美鉴赏方法。
2. 了解雕塑文化、音乐文化的中西方差别。
3. 了解雕塑文化、书法文化、音乐文化与旅游的关系及旅游开发途径。

【关键性术语】

艺术景观；雕塑艺术；书法艺术；音乐艺术；审美鉴赏；旅游开发。

4.1 雕塑艺术与旅游

雕塑是艺术家为反映现实生活和表达自己的审美感受、审美理想，利用可雕、可刻或可塑的物质材料塑造出占有三维空间的可视、可触的艺术形象的造型艺术。"雕"就是减，将材料如石块、木材等以凿、刻、削的方式将不必要的地方去除，从而得到立体的形象，这是一个剥离的过程。"塑"就是加，以可捏塑的材料如黏土、石膏、水泥等渐次添加、堆积、揉捏、浇铸成为立体的形象。雕塑的要素包括形体、空间感、质感、光感。雕塑是一种旅游文化资源。

4.1.1 雕塑的艺术特点与形式

4.1.1.1 雕塑的艺术特点

雕塑的三度空间的实体性，可使人直接了解形象处于空间中的具体性、可信性，而且随着欣赏者视角与距离的变换，常常能够带来极其多样的美的感受（如立体感、质量感、力度感、动感等），这种特点或优点是具有二度空间的绘画艺术难以企及的。

总之，具有极强的艺术感染力，这是雕塑艺术的特点，也是它的优越性。

4.1.1.2 雕塑的形式

雕塑具有多种形式，通常可分为圆雕和浮雕两种。

（1）圆雕

圆雕的特征是完全立体的，它是独立地、实在地存在于一定的空间环境中，不附着在任何背景上的雕塑作品。观众可以从四面八方、每一个角度去观赏它。如著名的"秦始皇陵兵马俑"（图4-1）。苏州西园的济公和尚塑像（半面哭，半面笑，正面看是一幅尴尬模样），这种颇具感染力的艺术效果是绘画根本无法达到的。

（2）浮雕

浮雕是介于圆雕与绘画之间的类型，是在平面上雕出或深或浅的凸起的图像。它主要用于建筑物的装饰或大型建筑物的重要部位。如北京天安门广场上的人民英雄纪念碑的基座周围装饰的汉白玉雕刻，以及"昭陵六骏"（图4-2），都是浮雕。它与圆雕最大的不同点就是观众不能从四周观看，只能从正面欣赏。

图4-1　秦始皇陵兵马俑
（选自《游遍中国》三，吉林摄影出版社，2002）

图4-2　昭陵六骏浮雕
（图片选自百度图片网）

4.1.2　中国古代雕塑艺术成就

从现存的雕塑艺术遗产看，中国古代雕塑艺术的成就，主要集中在陶俑、陵墓雕刻和佛教造像这三个方面。

4.1.2.1 陶俑

俑是中国古代墓葬中摹仿生人的形象而制作的陪葬品,始于东周,盛于秦汉和唐代。

论规模和影响之大都要数秦始皇陵兵马俑。从出土的数以千计的陶俑看,除了人物(步兵、骑兵、弩兵),还有战车、战马和各种兵器。这些陶俑给人最深的印象是宏大的气势以及一定的写实技巧,陶俑基本按真人比例,身披铠甲或穿战袍,手执兵器或挟弓拷箭,威武雄壮,严阵以待,既有群体的英雄气概,又有个体的性格容貌。陶马的塑造也相当成功地表现了矫健的肢体和警觉的神态。

与此相比,汉代的陶俑则显得古拙和有气势,如山东出土的西汉彩绘杂技陶俑,21人的杂技场面,倒立、翻身软功,在粗轮廓的整体形象的飞扬流动中,表现了力量运动的气势美,以及造型本身的古拙感。四川出土的东汉说书俑更是"古拙"风格的杰作。说唱者那种伸头、耸肩、眉开眼笑、近乎手舞足蹈的神态被刻画得有声有色,惟妙惟肖,如图4-3所示。

图 4-3　汉代说书俑
(图片选自百度图片网)

4.1.2.2 陵墓雕刻

陵墓雕刻是中国古代盛行厚葬的表现之一,现在比较典型而具有艺术性的陵墓雕刻有汉朝霍去病墓雕刻、南朝帝王墓雕刻以及唐乾陵雕刻和"昭陵六骏"雕刻。

汉代霍去病墓前有三件主要石雕——"马踏匈奴""跃马"和"卧马",这些可被看做是对这位青年名将一生的概括和象征。整个石雕灵活运用了圆雕、浮雕和线刻的手法,按照天然的形态、质感和量感因材施艺。如"跃马"是利用整块巨石的自然形态,在关键处加以雕凿,马颈石料并未凿去,而骏马的动态感和力量感却有增无减,如图4-4所示。再如"伏虎"也是由整块石料雕刻而成,其虎的躯干以自然流动的线及扭曲的团块结合,给人以随时攻击的气势和力感,如图4-5所示。

图 4-4　跃马(图片选自百度图片网)　　图 4-5　伏虎(图片选自百度图片网)

南朝陵墓石刻以石兽为多,在造型手法上比汉代又前进了一步,除了重视整体感,更注意夸张和变形,甚至给人有些"虚张声势"的感觉。这些陵墓的麒麟、天禄、辟邪，造型高大厚重、气势逼人，不仅显示了矫健有力的外形，更给人以形式美的感受。

唐代具有代表性的石刻有乾陵石狮和"昭陵六骏"等，乾陵石狮是在写实基础上突出其威严和凶猛而大胆变形的，"昭陵六骏"虽为浮雕，但由于马的体形近乎圆雕，加上它以曾经驰骋沙场的骏马作蓝本，因此造型极为生动有力。

4.1.2.3 佛教造像

宗教雕塑在我国主要是佛教造像。佛教造像是佛教在中国传播的必然产物，其中最有代表性的是北魏时期形成的四大石窟。从云冈早期的威严庄重到龙门、敦煌，特别是麦积山成熟期的秀骨清相、长脸细颈、衣褶繁复而飘逸的刻画，佛教造像达到了中国雕塑艺术的理想美的高峰。

唐代雕塑特别注重将佛教的幻想世界和人间生活紧密联系，雕塑形象健康丰满而且颇有性格特征，如龙门石窟中奉先寺雕像中的菩萨（卢舍那佛）的端庄矜持（图4-6），弟子的温顺虔诚，天王的坚毅威武都表现得淋漓尽致。明清以后的佛教造像世俗化越来越明显，如十八尊罗汉、五百罗汉形态都可区别，形象均来自现实生活。

图4-6　洛阳龙门石窟奉先寺雕像卢舍那佛
（选自《中国世界遗产》，哈尔滨地图出版社，2003）

从雕塑发展史来看，秦汉时期中国雕塑才作为一门独立艺术门类大放光彩。唐代达到高峰，唐代以后直至明清雕塑艺术便走向衰落。

4.1.3 中国雕塑的美学特征

（1）纪念性

中国古代雕塑常常是体现特定时代和一定阶级的信仰、崇拜，或是为了纪念某一历史人物和事件，纪念某种功绩和勋业的产物，它具有政治性和纪念性，是具有独立鉴赏价值的艺术品，如著名的唐代雕刻"昭陵六骏"就是现存最有纪念意义和观赏价值的雕塑之一。纪念性雕塑在艺术形式上，往往采用巨大的体量和粗犷的风格来充实思想内涵和深度，在现代雕塑艺术上尤为如此。

(2) 象征性

象征性是中国雕塑艺术的主要美学特征之一。中国古代雕塑艺术继承了"托物言志""寓意于物"这一美学风格与传统。许多雕塑不仅是为了表现某些物体的形态(如石狮、石马等),而且是为了表现人们一定的意念,烘托一定的意境。如皇宫里的雕龙、宫殿门外的铜狮是权威的象征,庙堂、石窟的"正神"(如菩萨等)则是慈悲的象征。

(3) 装饰性(表现性)

装饰性又称为表现性,装饰是为了表现。中国古代雕塑,不以如实模仿自然形态为满足,而是采用装饰手法,把自己在生活实践中形成的某种情感、趣味和审美理想,寄托在创造性的形象中。例如,为了表现石狮作为动物凶猛的本能,又是作为镇墓神兽的特征,工匠们把狮子的外形加以装饰性处理——嘴巴阔大、眼睛鼓出、昂首、挺胸、张口,给人以雄伟、沉着、稳定的形式美感。装饰性雕塑以优美、形象生动为主要特征,旨在通过生动活泼的艺术形象来美化空间环境,给人以美的感受。

(4) 假定性(概括性)

中国古代雕塑比较注意对自然形态的固有特征进行有所选择的掌握。不拘泥于对象的所有特征,不讲究逼真,而是概括它的固有特征,以使观众从对象的固有特征中,凭借联想和想象认识它(古代雕塑中常见的石狮、石天禄、石翼马等之所以具有极大的艺术魅力和极高的审美价值,正因为它们不是和真的一样)。可见,中国雕塑具有明显的假定性(或概括性)的艺术特征。

(5) 类型化

中国雕塑艺术,往往不拘泥于对象的某一形体比例和性格的真实刻画,而是综合了同类对象的基本特征,创造出具有共性美的艺术形象,这就是类型化艺术手法。但这种类型化也并非千人一面、缺乏个性的美。中国雕塑是通过类型来表现个性的。如武汉归元寺五百罗汉塑像,既有共性(法力无边,具有罗汉形象),也各具鲜明的个性特征(喜怒哀乐、胖瘦高矮)。

(6) 与建筑、环境融为一体

雕塑常被作为建筑的一部分而创作。雕塑作为美化建筑、烘托环境气氛的手段,与建筑、环境的关系极为密切。这三者之间常常表现出惊人的和谐与默契,体现了"天人合一"的古典美学思想和传统哲学思想。如乾陵"因山为陵",巧妙地利用自然环境,放大石雕体量,具有强烈的"震慑"效果。如果离开了建筑、环境这些组合,雕塑的艺术内涵与魅力就会大大降低。一件雕塑作品放在相应的环境中,与之和谐呼应,便会取得相得益彰的艺术效果。

4.1.4 中西雕塑文化比较

4.1.4.1 审美追求

中国雕塑:追求神韵美(注重"神韵",妙在"似与不似之间");突出共性(求同);在重视美与善的结合的同时更关注雕塑艺术的教化功能。

西方雕塑:追求自然模仿美,注重"形似",对人体雕塑特别强调形体解剖学意义上的结构准确;突出个性(求异);在重视美与真的结合的同时更关注雕塑艺术的认识作用。

4.1.4.2 雕塑材料

中国雕塑：材料丰富多样，但以与自然密不可分的泥土、木材、花岗岩居多。

西方雕塑：材料比较多样，但以青铜、大理石等为主。

4.1.4.3 雕塑技法

中国雕塑：重塑轻雕，在雕塑技法上更擅长于塑。

西方雕塑：重雕轻塑，在雕塑技法上更擅长于雕。

4.1.4.4 题材样式

中国雕塑：雕塑多为权势、尊严、神圣的象征；多宗教（佛像为主）、英雄、名人雕塑；雕塑庄重意味较浓。

西方雕塑：雕塑多为自由、爱情、战斗等抽象观念的体现；多人体雕塑（人体美）；雕塑娱乐意味较浓。

4.1.4.5 形体刻画

中国雕塑：人物塑像以直立式、端坐式为主，表情变化少（静美）；强调人首而虚化人体。

西方雕塑：人物塑像以运动形式为主，表情丰富（动美）；强调人体而虚化人首。

4.1.4.6 艺术技巧

中国雕塑：一面（正面像为主）造型为主；讲究装饰性及色彩的运用（与泥塑多有关）。

西方雕塑：多面造型（如"掷铁饼者"）；讲究绘画性及光的效用（与石雕多有关）。

4.1.5 雕塑与旅游

4.1.5.1 雕塑是一种旅游文化资源，与旅游关系密切

雕塑是一种旅游文化资源。古今中外勤劳而富于智慧的历代能工巧匠们，天才地创造了难于数计、精美动人的菩萨、佛像、陶俑及陵墓石雕等，这些雕塑艺术像一颗颗璀璨的明珠散布在世界各著名的旅游风景名胜区和旅游城市（尤其是欧洲城市），它们以古老的文化、精湛的技艺和无与伦比的艺术美感，吸引着众多的游客，成为颇有魅力的风景名胜区的人文景观。

世界旅游中常见的雕塑主要有两大类：一种是宗教雕塑，它主要是以基督教故事题材为主的教堂雕塑，以佛教为题材的石壁造像、石窟雕塑和彩塑，以及寺庙内的木雕、泥塑、铜铁铸佛等；另一种是为陵寝墓园服务的雕塑，地上部分有石人、石兽，地下部分有陶制的陪葬俑（如秦始皇陵兵马俑等），多具有森严、神秘的色彩。我国著名雕塑艺术有被称为"世界第八大奇迹"的陕西临潼秦始皇陵兵马俑、举世闻名的甘肃敦煌莫高窟、山西大同的云冈石窟、河南洛阳的龙门石窟，还有被称为"稀世奇珍"的昭陵六骏浮雕。它们足以和世界上任何国家的雕塑艺术相媲美，是品位很高的文化旅游资源。随着旅游事业的发展和旅游者文化艺术修养的提高，雕塑艺术已越来越成为人们易于理解和乐于接受的审美对象。

雕塑与旅游的关系是紧密联系、相互促进的。我们可以从国内、国外几个代表性

的名胜来看这一点。中国的雕塑艺术有着悠久的历史，早期的雕塑多出现在宗教的庙宇、石窟之中。如乐山大佛、大足石刻、龙门石窟、云冈石窟、敦煌莫高窟以及秦始皇陵墓的兵马俑等。这些雕塑促进了所在地旅游业的发展。四川乐山市由于有了乐山大佛使得此地成了各国游客非常向往的旅游胜地，人们一提起乐山大佛便会联想到乐山，在乐山景区每天的游人络绎不绝。有特色的现代雕塑艺术作品也是重要的旅游吸引物，如天津民间艺人于文成的泥塑作品每年创造旅游收入 200 多万元。在国外，众所周知的"掷铁饼者""大卫""摩西"等不朽雕塑作品，多少年来一直吸引众多的游客前往旅游观光，它们构成了欧洲文化旅游的重要组成部分。

旅游景点的开发和旅游城市的建设，都离不开雕塑。虽然雕塑是属于艺术范畴，但它不仅是一种艺术现象，而且是一种精神和文化的融合，把它放置于景点之中，就能使景点有生气，有生命力，就能给人以感染。雕塑既拉动了城市旅游业的发展，也借助旅游业创造自身的经济价值。如青岛市东海路雕塑一条街，武汉的江汉路步行街的民俗文化雕塑，合肥市的雕塑园区，都吸引着不少游人并口碑相传，促进了城市旅游的发展。

由上述可见，雕塑是一种重要的旅游文化资源，它与旅游有着密切的关系。

4.1.5.2 雕塑艺术的旅游鉴赏方法

(1) 注意雕塑本身的形象和神态之美

例如，大肚子开口笑的弥勒佛各庙都有，但杭州灵隐寺飞来峰石壁上的那尊宋刻弥勒佛最为完美。这尊佛像一手按布袋，一手持念珠，喜笑颜开，袒腹踞坐，造型自然生动，形神俱佳。再如五台山南禅寺的唐塑——天王和女菩萨两手相携、眼神相接、递送秋波，表现出男女友情，这在顶礼膜拜的佛像中是极少见的，这说明唐代文化受封建理学的影响较小，是一种博大、开放的时代文化，当你领悟到这些奥妙时，那么你对雕塑的欣赏就深入一层了。

(2) 注意雕塑与周围环境(或空间)的关系

例如，乐山大佛的雄伟，与大佛足下奔流湍急的岷江是分不开的(图 4-7)；洛阳龙门石窟的群雕佛像之美，则依赖于双峰对峙、伊水中流、翠柏满山的环境烘托。又如乾陵，山顶处有一对奇伟的雄狮雄踞其上，昂首怒吼，瞭望四周，川原茫茫，这对雄狮的气势，不但控制了陵墓，而且好像镇住了八百里秦川。

由上述可见，风景中的雕塑，除了它们自身的艺术价值之外，在欣赏空间环境中还担负着重要角色，使游人在观赏中产生一种特别的趣味。在欣赏雕塑中，我们应特别注意强化"环境意识"或"空间意识"，如雕塑的位置、背景乃至空间的光线、色彩等。

图 4-7　乐山大佛
(图片选自百度图片网)

(3) 注意雕塑随时代产生的风格演变

例如，从历史上看，中国雕塑艺术审美经历了古朴与狞厉(先秦、春秋战国)、雄犷与生机(秦汉)、阳刚与阴柔(南北朝)、成熟与圆融(隋唐)、文弱与温婉(宋)、腐熟与衰退(明清)的历史演变。具体来讲，时代风尚、审美心理等艺术观念的变化，往往能在雕刻上反映出来。如"曹衣出水、吴带当风"这一艺术史上的趣谈就很能说明此问题。东汉魏晋，雕塑、绘画受外来的印度文化(随佛教传入的)影响较大，雕塑、绘画的造像隆鼻、垂耳(印度人是白种人)、衣纹全身紧贴肌肤，好像刚从水中爬出一般，充分体现出人体之美。而到唐代，根据汉族的审美习惯，艺术形象中人物的衣带渐宽、飘忽有姿，好似当风飞舞，颇有仙意。我们要是将云冈石窟的露天大佛(开凿于北魏)(图4-8)，与龙门石窟奉先寺的卢舍那大佛(开凿于唐代)(图4-9)相比较就能领悟到"出水"与"当风"的意味。

图4-8　云冈石窟佛雕
(选自《中国国家地理百科全书》一，
北方妇女儿童出版社，2002)

图4-9　龙门石窟雕像卢舍那佛
(选自《游遍中国》三，
吉林摄影出版社，2002)

此外，雕塑艺术的鉴赏还要注意雕塑的色调、背景、最佳视角、最佳视野距离等。

4.1.5.3 雕塑艺术文化资源的旅游开发

(1) 提高对雕塑艺术文化资源旅游开发的认识水平

搞好雕塑艺术文化资源的旅游开发，首先应提高认识水平。雕塑是城市的"名片"或灵魂(如自由女神像之于纽约，埃菲尔铁塔之于巴黎，五羊雕塑之于广州，渔女雕塑之于珠海等)，是旅游景区的点睛之笔，应高度重视，我们不能因某些雕塑质量不理想就因噎废食，雕塑质量是完全可以追求和改进的。开发建设雕塑景观完全可以与城市建设和旅游景区(点)建设有机结合起来。目前重庆等旅游城市在这方面做得很好，但有些城市在这方面做得很差，要么领导很不重视(如愿意劳民伤财地花数百万元买一批大树移栽城区,不愿花几万元建一座地方历史文化名人雕塑,市民和游客意见很大),要么是一哄而起,群起仿造,贪大求洋,急功近利,故弄玄虚,怪诞离奇,败笔成堆。旅游城市和旅游景区、旅游宾馆的领导要更新观念,提高认识,树立窗口意识、精品意识、文脉意识和环境意识,认真抓好雕塑文化的建设,充分发挥雕塑文化在旅游中的作用。

(2)在旅游景区、旅游宾馆和旅游城市建设中搞好雕塑文化景观的建设

在旅游景区、旅游宾馆和旅游城市建设中应重视雕塑景观的建设。可根据本地的历史文脉、地理环境特别是名人文化建设雕塑景观。如重庆沙坪坝也建有名人文化广场,广州中山大学建有近代18先贤广场,成为著名的雕塑旅游景观。适当规模的名人雕像可渲染名人神韵,突出名人形象。如奉节白帝城景区为再现刘备托孤这一幕感人肺腑的悲壮历史,塑造了一组大型人物彩塑——刘备托孤。造型生动、个性鲜明、惟妙惟肖,具有强烈的艺术感染力。游人观瞻时,不免"发思古之幽情","独怆然而涕下"。名人雕塑可采用群雕、室内或回廊的壁画或浮雕、或蜡像,使旅游者有名人可凭吊,有景观可观赏,有遗物可追思。旅游宾馆、饭店在规划设计时,如能结合地域文脉和企业文化及周边环境,设计一些文化内涵丰富和品位较高的雕塑,与建筑设施相辉映,将对游客和旅驻者产生很好的吸引作用。

(3)开发旅游雕塑纪念品

在数量庞大的旅游纪念品中,旅游雕塑(如石雕、玉雕、木雕、竹雕、铜雕、陶雕等)纪念品是一支不可缺少的生力军。在销售方面,品种之多、覆盖面之广是其他品种难于相比的,深受游客欢迎。如无锡灵隐大佛旅游景点销售的"小型佛手"就是例证。这个小型雕塑的造型是按大佛手的比例缩小的,尺寸在十几厘米左右,可亲可爱,还有很好的寓意:"拥有大佛手,好运年年有。"这种具有本景点特色的雕塑纪念品满足了不同游客的需求,使游客们乘兴而来,满意而归,在旅游业中直接体现了它的经济价值。可是在国内这方面的发展还明显不足,很多旅游景点根本没有本景点特色的旅游雕塑纪念品,高质量、高品位的作品更是凤毛麟角。很多旅游景点的雕塑,在水平、质量、规模上都存在着一些问题,需要改进。

(4)提高导游的雕塑艺术欣赏水平和讲解能力

旅游雕塑对游客的旅游吸引力,一方面与雕塑本身的艺术魅力和可观赏性有关;另一方面与导游的讲解水平有很大关系。如西安秦陵兵马俑、重庆大足石刻等景点的不少导游的讲解水平很高,使冷冰冰的雕塑在游客的心目中活灵活现,让游客在雕塑的观赏中如痴如醉。这就需要导游具备一定的雕塑艺术欣赏水平和丰富的雕塑美学知识。因此,提高导游的雕塑艺术欣赏水平和讲解能力是雕塑旅游开发的重要内容之一。

4.2 中国书法艺术与旅游

中国书法是一种以汉字为表现对象,以线条造型为表现手段的艺术。书法艺术以独特的魅力和广泛的实用性深受人民大众的喜爱。我国的书法艺术经过历代书法家们的千锤百炼,可以说已达到了炉火纯青的程度。历代许多书法大家给世人留下了丰富

的书法艺术珍品,供人们学习、观摩和欣赏,成为我国民族文化宝库中的宝贵资源。我国许多风景名胜地有不少优秀的书法作品(如石刻、匾额、楹联等),它为旅游地大大增辉添色。人们每到一处游览,若看到优秀的书法艺术作品,往往会深深地为书法的美所陶醉。

4.2.1 主要书体的艺术特征及其发展演变

4.2.1.1 篆书

(1) 大篆

大篆包括甲骨文、金文、石鼓文,这三种文字是我国最早的书法,它们具有象形质素或象形精神,在商、周时代就已经使用。甲骨文是刻在龟甲上的文字;金文(钟鼎文)是刻在钟鼎等铜器或铸刻在金属钱币上的一种文字;石鼓文是战国时期秦国刻在石鼓上的记事韵文(记叙贵族出猎等),如图4-10所示。这三种文字已都具有一定的艺术美——即原始、质朴、象形、雄浑之美。

图4-10 石鼓文

(2) 小篆

一般认为,书法形成一种独立的艺术是从秦代开始的。秦始皇统一中国后,命丞相李斯负责统一全国的文字,李斯把大篆(钟鼎文、石鼓文)简化为小篆。小篆比大篆更加规范化,而且更加抽象化,较大地减少了象形意味,将汉字的图案化进一步向符号化推进。这时由于文字的广泛使用,篆书的书写技艺也大有提高。李斯本人就是一名大书法家,他的书法"面如铁石,字若飞动",其风格简洁明快、端庄严整、生动有力、气魄雄伟,篆书达到高峰是秦朝。秦篆(小篆)的书法艺术特点主要是讲究圆笔曲线美,用笔工整峻拔,体态遒劲,字呈长形,风格朴茂自然,严谨肃穆,如图4-11所示。相对大篆的雄浑美来讲,小篆具有一种精巧美。小篆(秦篆)比较有代表性的

图4-11 秦 篆

篆书有《毛公鼎铭》《泰山刻石》《琅琊山刻石》《峄山石刻》。篆书难以辨认,在现代运用较少,主要是用作刻印的主要书体(图章字体),故又称为篆刻。

4.2.1.2 隶书

继李斯创造小篆之后,很快就出现了隶书。隶书是篆书的演变和简化,传说它是秦朝一位隶人(封建时代的衙役或隶卒)程邈在铁窗生涯中,用了十年时间研究改造出来的。隶书的主要特点是变篆书圆转的线条为方折,讲究方笔的直线美;比篆书的笔面大为减少,几乎摆脱了图案化,变成符号化的线条;波(左撇)磔(右捺)分明,"蚕

头燕尾"显然；笔势左右张开，线条粗细变化较大，横粗竖细（与楷书相反），字呈方形或扁阔形；比篆书更强调结构的平衡、对称、整齐一致。东汉是我国隶书发展的高峰时期，汉隶的书法艺术的主要审美特点是风格古朴、含蓄柔美、雄浑厚重、工整精巧，于流畅之中显露方正之相，如图4-12所示。比较有代表性的隶书作品有《石门颂》《曹全碑》《张迁碑》等。隶书是古今文字和书法的分水岭，它以丰富的点面形态取代了以往单一的线条形态，从而使汉字的体势发生了根本性的变化。

4.2.1.3 楷书

楷书也叫"真书"或"正书"，因笔画平直、点面匀称、形体方正，可作楷模而得名，它是由汉隶、章草演变而成的一种书体。一般认为，楷书始于三国时期，是魏国钟繇创造并由王羲之确立，其最大特点是端庄工整，结构严谨，艺术性强。楷书发展分为两大体系，即前期的魏碑体系和后期的唐楷体系。

图4-12 汉 隶

(1) 魏碑

南北朝时期，盛行佛教，造像、碑刻、墓志很多，当时的书法艺术主要是用碑刻写，其中以北魏作品较多，故形成魏碑这种书体。魏碑是我国最早的楷书或楷书的雏形，在书法艺术发展上处于隶书向楷书的过渡阶段，书法艺术风格上承汉隶遗韵，下启唐楷先河，它继承了隶书波画笔法，又有楷书的雏形，结构古拙雄强、生动自然；笔势沉着大方，风格粗犷豪放，别具风采，如图4-13所示。具有代表性的魏碑有《龙门造像》《张黑女碑》《郑文公碑》等。

至魏晋之际，国家明令禁止立碑，于是碑的刻写暂时衰竭，代之而起的是写在绢上或纸上的帖

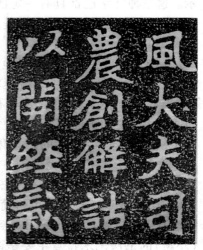

图4-13 魏 碑

（讲究用笔、用墨），这是我国书法艺术发展史上的重大转折，进一步推动了我国书法艺术的发展。此时期书法地理分布上具有"北碑南帖"地域特征。

(2) 唐楷

唐代是我国楷书艺术发展的高峰。这一时期，因当时印刷术尚未盛行，大量文书全靠抄写，所以楷书空前繁荣。可谓名家辈出，书法家灿若群星。如颜真卿、柳公权、欧阳询等是著名的大书法家，他们的书法艺术各有特点[如颜体以"雄"见长（图4-14），柳体以"刚"取胜（图4-15），欧体以"险"称绝（图4-16）]，均达到登峰造极的境界，被后人奉为学习书法的楷模。唐楷中具有代表性的作品有颜真卿的《多宝塔感应碑》《勤礼碑》，柳公权的《玄秘塔碑》，欧阳询的《九成宫》等。

图 4-14　颜　体 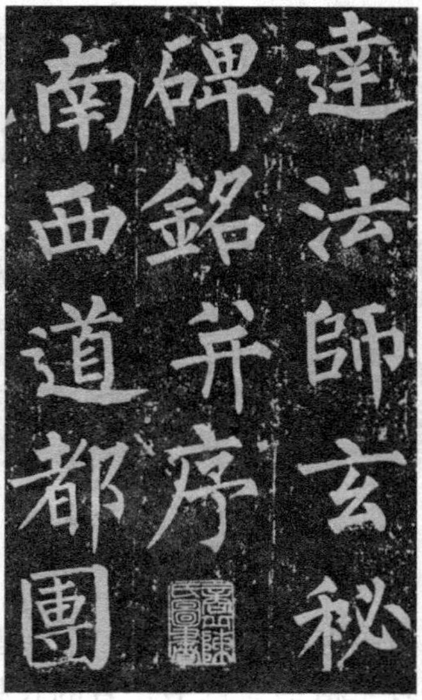　　　　图 4-15　柳　体 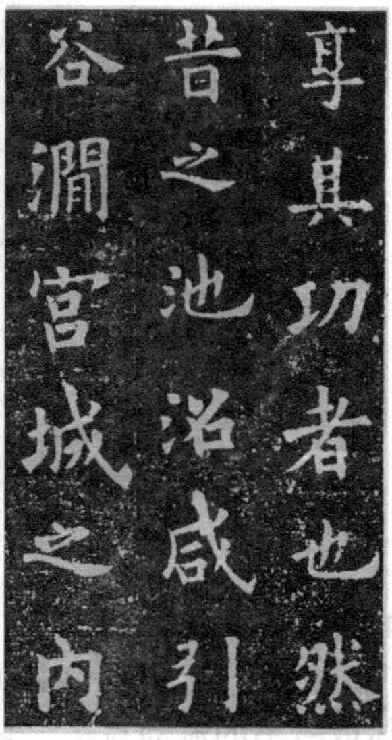　　　　图 4-16　欧　体

4.2.1.4　草书

草书是为了书写便捷而产生的一种书体，始于汉初。东汉的张芝是草书始祖。根据用笔、结体、气势等的不同特点，分为章草、今草、狂草三种类型。

章草是隶书的草书。"章"即规矩之意。章草虽有连笔，但字字独立，排布整齐，结体平整。章草保存了汉隶的波磔，字形怪异，格调高古，如图 4-17 所示。章草相传是汉代杜度创造的。三国时的皇象被誉为"章草之神"。

今草又称小草，是楷书的草书，字大小相间，正斜相倚，意态活泼，但体势较连绵，点划较规矩。今草相传是汉代张芝创造的，而真正的奠基人是张旭。

狂草又称大草，用笔放纵，线条连绵（运笔上下多牵连引带，往往一字或数字只用一次落笔写成，故又称为"一笔书"）。章法布局不受任何约束，离散聚合，大起大落，跳荡奔腾，点线变化具有强烈的节奏美感，追求通篇气势的畅达豪放，如图 4-18 所示。狂草变化多端，很难辨认，是纯书法的艺术品。狂草的代表人物是唐代僧人张旭、怀素。

著名的代表性草书作品有皇象的章草《急就章》、王羲之的小草（行草）《十七帖》、张旭的狂草（大草）《古诗四帖》、怀素的狂草《自叙帖》等。

图 4-17　章　草

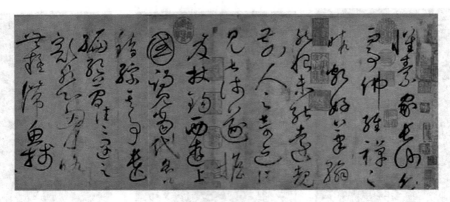

图 4-18　怀素狂草

4.2.1.5　行书

行书产生于汉代末期，相传为刘德升所创。行书是介于楷书和草书之间的一种书体或楷书的流动写法，它吸收了楷书与草书二者的长处，既易于辨认，又书写简洁，所以实用价值很高，这也是自行书出现以来经久不衰的重要原因之一。行书有行楷和行草之分：在结构、笔势上偏重于楷书的称为行楷，如王羲之的《兰亭序》(图 4-19)；偏重于草书的称为行草，如颜真卿的《祭侄文稿》(图 4-20)。宋代是行书鼎盛时期，蔡襄、苏轼、黄庭坚、米芾是历史上享有盛誉的行书大家("宋四家")。元代赵孟頫、清代郑板桥等亦成就卓著。

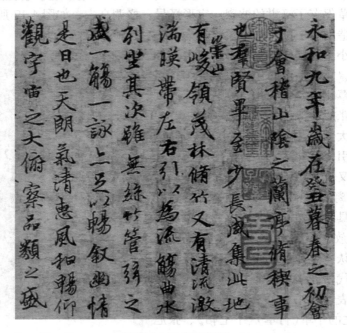

图 4-19　王羲之行书

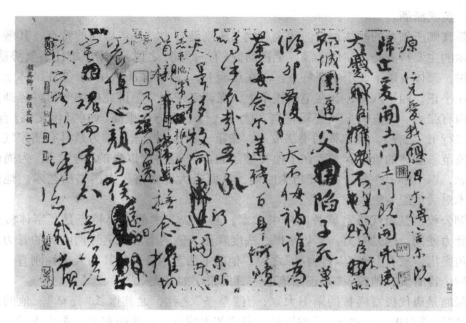

图 4-20　颜真卿行书

4.2.2　历代著名的书法艺术

4.2.2.1　晋代书法艺术——自然清丽、平和含蓄、崇尚风韵

晋代是我国书法艺术的鼎盛时期。晋代书法崇尚意韵，字形优美妍媚，风流潇洒，反映了士大夫阶层的清闲雅逸，流露出一种娴静淡然之美。此时期最有影响的大书法家首推王羲之，号称"书圣"。他的书法笔势飘若浮云，矫若惊龙，点面骨力劲健，起落转侧如断金切玉，干净明丽，对后世书法影响较大。《兰亭集序》是他最典型的代表作，不论用笔或结构都具有一种浑然天成的美，集中体现了晋代书法艺术的特点，达到了一种平和、含蓄、风韵之美，既自然清丽，又妙变入神（帖中凡相同的字，如"之"等字，写得个个不同，各尽其态，极尽变化之能事），被誉为"神品"，素有"天下第一行书"之称。王羲之在书法艺术上的最大贡献是发展了钟繇的楷书，使行书和草书完善和定型化，博采众长，推陈出新，变汉魏以来质朴书风，创妍美流便新体，为历代书法家所崇尚。王羲之之子王献之，也是晋代成就卓著的大书法家，其秉承家传并有所创新。

4.2.2.2　唐代书法艺术——刚健雄强、大气磅礴、讲究法度

唐代社会是开放的，有助于人性和文化的发展，文学、书法、绘画、音乐、雕塑等文化艺术都空前鼎盛，其中书法艺术尤为繁荣，涌现出了大批著名的书法家，最有影响的有欧阳询、虞世南、褚遂良、薛稷、颜真卿、柳公权、张旭、怀素、李白等。

欧阳询创造的欧体，独具一格，其书法艺术的特点主要是，楷书用笔精到（可谓"增一分太长，减一分太短"），刚健有力；笔画方润，刀戟森严；结构紧密爽健，于平正中见险绝；字型较窄长，字的大小随字异形，富有变化。欧体在书法气韵上险劲

秀拔，英武潇洒。

颜真卿所创造的颜体，最能代表唐代书法刚健有力、气势雄强的特点，其楷书书法艺术的主要特点是：肌体丰满，笔道筋健（有"颜筋"之说），端庄雄伟，气势磅礴。具体讲，颜体有以下3个主要特点：①在点面上，强调"藏头护尾"；②在结体上，强调端庄平正，四平八稳；③在笔画线条上，强调老辣凝重，讲究横细竖粗。竖画多外凸，内有张力。颜真卿尤其善写正楷和大字，行书造诣也很高（如《祭侄文稿》有"天下第二行书"之誉）。颜真卿的书法放达、稳重、从容，历来被推为最具有儒家气息的书法典范。颜体的价值，主要在于他突破了自二王至初唐以来的"秀""雅"为尚的美学观念，以"雄"代"秀"，化纤巧为刚健，从而极大地丰富了中国书法艺术。他的书法艺术对后世影响极大。

柳公权也是唐代极富盛誉的楷书大家，其书法艺术的主要特点是：字体棱角分明，骨力硬朗，刚劲有力，笔势精悍，法度森然。他的书法用笔强调刚劲的骨力，转折棱角突出，故有"柳字以骨力胜"之说。他的书法艺术特点与其为人秉性刚直、率直磊落的个性有关，他曾说"心正则笔正"，可谓"字如其人"。

张旭是唐代极富盛誉的草书大家，有"草圣"之称，尤其擅长"狂草"。他的草书有一种"孤蓬自振，惊沙坐飞"的境界。书法艺术特点是：雄强有力、奇伟飞动，笔走龙蛇，似惊雷激电，其代表作有《古诗四帖》等。张旭很注意从日常生活所见的各种事物的形体和动态上寻求书法美的创造，如从公孙大娘舞剑、担夫争道（穿插迎让）中得到启发，提高了书艺。他的书法具有飞速流动、豪壮奔放的特点，这种书法艺术特点的形成和他的性格特点有关。他性格飘逸不羁（有"颠张"之称），性嗜酒，常大醉后在室外狂奔大叫一阵后回室挥笔流星般地书写。如此潇洒气质与"诗仙"李白大相契合。在中华文化史上，"草圣"张旭与"诗仙"李白比肩齐名。张旭的草书对后人书法影响很大。

释怀素为唐代继张旭之后的草书造诣颇深的著名书法家。他练习书法十分勤奋刻苦（"绿天庵"草书称独步），善于捕捉自然界中美的现象，深受"行云流水"的启迪，在潜心钻研张旭草书的基础上创造出自己的风格。他的草书笔势狂放，如激电奔流，似惊蛇入草，书写时尽情挥洒，龙飞凤舞，有"排山倒海""挥扫千军"之气势，其代表作有《自叙帖》《食鱼帖》等。怀素在行笔的流畅飞扬和气势开阔宏伟方面有超过张旭的地方，被称为与"颠张"齐名的"狂素"。

4.2.2.3 宋代书法艺术——自由豪放、奇秀隽永、追求意境

行书艺术水平鼎盛是宋代书法一大特点。北宋时期的蔡襄（原为蔡京）、苏轼、黄庭坚、米芾，被称为宋代四大书法家，这"四大家"对宋代及后世书法艺术影响深远。他们的书法艺术与唐代的刚健雄强、讲究法度的风格有较大区别，往往更强调个人情感的抒发，具有自由豪放、以"意"取胜的艺术风格。书法追求意境，纵横跌宕，自由豪放，标新立异，正是在"国家多难而文运不衰"的局面下，文人墨客不满现实的最好的表达方式。

蔡襄的书法功底深厚，字体端庄沉着、隽永秀丽、温淳和美，具有较高的鉴赏价值。但他的书法有些缺乏独创精神和明显的个人风格，对后世书法的影响不如苏轼、

黄庭坚、米芾。

苏轼既是宋代大书法家，也是宋代大文豪与大诗人、大画家。其书法的最大特点是丰润、沉着、苍劲、豪放，并具有天真烂漫之趣和婀娜多姿的独特风格，字形媚中带骨、外柔内刚，在隽永中透露出端庄淳厚的真情，正如他自己所说："余书如棉裹铁"。他的行书用笔圆润、精致，结字自然生动，笔墨浑厚而爽朗有神，特别是以气韵见长，充分显示了一代大文学家兼书法家的高深修养。

黄庭坚既是宋代的大书法家，也是大诗人。他的书法特点是在用笔和结构上比苏轼更加自由豪放，气势开张，而且沉着有节制。他的行书的重要特点在于结体，具有"中宫收敛、四周辐射"的特点，撇长而舒展，中腰的横长而波折（受船工摇橹而启发），笔法瘦劲而婉通，结体险峻而新颖。黄庭坚在书法史上的重要贡献是开辐射派之先河，自成一家风貌。

米芾既是大书法家，也是大画家和书画鉴赏家。尤善行书，他的书法比苏轼、黄庭坚更显得自由、豪放，很能表现宋代文人那种洒脱不拘的风度。他的书法运笔翻腾起倒、八面出锋、酣畅淋漓、雄强险峻，有"风樯阵马，沉着痛快"之誉评。字的结构隽永奇变，非同一般。字形多倾斜。章法布局上常以下字的重心追随上字的重心，摇曳生姿，饶有情趣。米字对后世行书艺术发展影响很大，为许多学习行书者所效仿。

此外，赵佶(宋徽宗)、陆游、范成大、朱熹、张即之等人的书法对后世也有较大影响。

4.2.2.4 元、明、清书法艺术——元代尚古，明代尚态，清代尚质，但创新发展不足

自宋代以后，中国的社会、经济与文化发展由盛转衰。元、明、清三代的书法艺术也没有什么大的创造与发展，基本上是晋代(自然清丽、和平含蓄)、唐代(刚健雄强、大气磅礴)、宋代(自由豪放、隽永奇秀)三种风格的延续。

元代书法的特征是"尚古尊帖"，宗法晋、唐而少创新；明代书法以"态"求胜，"一字万同""台阁体"风靡神州，工稳的小楷达到至高境界；清代的书法艺术的总体倾向是"尚质"，大多风格古拙质朴，金石考据之学一时盛行，学碑者趋之若鹜，成为当时书坛主流。

这一时期也有一些书法家较有成就和个人特色。例如，元代的赵孟頫在楷书和行书上都造诣颇深，楷书中兼有行法画意，字体潇洒、温润、闲雅、秀媚，对后世影响较大。鲜于枢、邓文原、陆居仁等也有大家风范；明代的文征明、董其昌、沈度、沈周、张瑞图、祝允明、唐寅、宋克等颇有成就，声名远播；清代的郑板桥、康有为、王铎、傅山、刘墉、邓石如、何绍基、杨守敬等人的书法也颇有特色，具有较高的审美鉴赏价值。总的来讲，这一时期的著名书法家虽然不少，但多数比较保守和复古，作品缺乏气韵和生机，对后世影响不大。

根据我国书法的历史演变，有学者对各历史时期的书法艺术特点做出这样的归纳总结：商周尚象、秦汉尚势、晋代尚韵、南北朝尚神、唐代尚法、宋代尚意、元代尚古、明代尚态、清代尚质、现代尚新。时代更替，岁月流逝，而中国书法艺术却如深窖美酒，越久越醇，殊堪鉴赏和品味。

4.2.3 中国书法艺术的审美体现

中国书法艺术在审美特性上具有抽象性和概括性、简易性和丰富性、质感性(立体感、圆浑感)和力感性、神采性和生命性(律动感、气韵感)、可塑性和或然性(不确定性)等特性。具体来讲,中国书法艺术的美,主要体现在以下 6 个方面:

4.2.3.1 线条的美

书法给人的美感,首先来自线条的美。中国书法的线条极其丰富,不同的线条可以表现不同的美。如平行的线条可以表现一种平静之感,垂直的线条具有一种庄严、高贵与向往之感,扭曲的线条可以表示激动和愤怒之情,弯曲的线条被认为具有柔和、优美的特质,粗线具有丰满、风韵之气,细线则有苗条、潇洒之姿,渴笔线条可以表现刚劲、骨气,湿笔线条则可以表现秀丽、痛快等。这种笔画的力量感、韵味感、苍劲感、俊秀感、柔和感……正是书法线条的美学特征。书法的线条美主要表现在立体感,笔力的力量感,起伏的节奏感等方面,这都需要我们在欣赏时仔细把握。

这里需要说明的是,应注意书法中毛笔(软笔)与钢笔(硬笔)不同的线条美感:毛笔书法讲究线条的"圆"(饱满、结实、有立体感)、"涩"(凝重、老辣、苍劲,如"万岁枯藤");钢笔书法则讲究线条的流利、劲挺,富有弹性与骨力。

4.2.3.2 结体与布局的美

字的结体也叫间架结构,即一字的笔画间的疏密关系和比例大小。中国书法十分讲究结体,每个字的大小、长短、宽窄、疏密都要精密地考虑。要做到意随心到,笔随势生,使之富有情趣。不同的字体要写出不同的风格,如楷书结体应端庄、严谨、峻整;行书要流畅、生动、清秀,运笔要有节奏,有动势;草书笔墨要酣畅、潇洒,如行云流水,似龙飞凤舞;篆书和隶书魏碑则应古拙、质朴、苍劲。书法的结体美主要表现在和谐自然之美、流转变化之美等方面。

中国书法除注意结体以外,还很讲究章法布局,谋篇布白。布局的妙处在于富有变化。行草书字与字之间、行与行之间都要有所变化,不能死板,字身大小要鳞羽参差、疏密相间、错落有致。自觉地把疏密、仰俯、伸缩、向背、迎让等技法运用到字里行间中去,使之富有笔墨情趣。章法布局之美追求阴阳调和、气血贯通,计白当黑、虚实相生。

中国书法布局一般有两种形式:纵有行、横有列(如颜真卿的楷书《多宝塔感应碑》);有纵行、无横列(多为行书、草书)。

4.2.3.3 形与神的美

形神兼备,是中国书法与绘画的最高境界。书法形的美,主要是指字态的形象美和布局的章法美。书法神的美,主要是指书法家用点、线表现出来的一种内在的美(或者说气质、内涵、品格的美)。这两种美有机融合,即神、形的统一,是书法家追求的最高境界。只有达到这种神形兼备的艺术境界的书法才能算是精品佳作。

4.2.3.4 墨法的美

中国书法历来讲究笔墨情趣或墨韵。用墨要燥润相间,浓淡相成,有层次,有变化,有节奏,有韵律,追求"挥毫落纸如云烟"的美感。许多书法家十分留意用墨的燥润变化，或笔实墨饱，雄浑丰润；或渴笔干刷，险燥峻拔；浓墨濡染则大气磅礴，淡墨挥洒则飘逸俊秀。

4.2.3.5 意境的美

书法的意境，主要是指一整幅书法作品所体现出来的一种艺术境界。不同的书体产生不同的形式美，所体现的意境也不尽相同。如王羲之的书法平和、自然、清丽，体现出一种"芙蓉出水"的意境；怀素的草书奇伟飞动，变化多端，气势磅礴，体现出一种"排山倒海""横扫千军"的艺术境界。

书法家要很好体现书法意境美，光靠字写得好还不行，还要具备多方面的知识修养，如文学修养、艺术修养、美学修养、品德修养等。历史上许多书法家中，不少还是诗人、画家、文学家，由于他们各方面的修养都比较深厚，所以他们的书法作品能体现出深刻的艺术境界。生辉是作品，内涵却是本人修养。作者大气，作品就大气；作者学问好，作品就有书卷味；作者阅历丰富，作品就有沧桑感；作者雅静，作品也就雅静；作者淡泊名利、心胸旷达，作品就有闲云野鹤之风采，作品综合气质就好。可谓字如其人，读字如读人。

4.2.3.6 情感的美

科学是用事实、数据来说服人的，而艺术则是用情感来打动人的。书法是一门艺术，须体现书法家的思想情感，并以此来感染观赏者。书法在表现思想情感方面同其他艺术（如音乐、绘画、雕塑等）相比，有较大的局限性，它只能表现一种概括、抽象的情绪。它主要是通过点面、线条的长短粗细的变化，字体的大小肥瘦的变化，墨色的枯润浓淡的变化来表现。若运用得当，颇能表现出书法家的喜怒哀乐等思想情感。如王羲之的《兰亭序》（平和舒畅）、颜真卿的《祭侄文稿》（悲愤激情）等都是很能体现情感美的书法佳作。

书法艺术的情感性和个性是书法艺术的灵魂。在各类艺术中，书法是最自由、最心灵化的艺术。书法家以真情面对人生，从万物中提取出生命的律动进行模拟，用"淡然无极"、"对立统一"的黑、白之色，在线条的流动律变中体现出阴阳刚柔、运转不息、争斗拼搏而又相谐不悖的生命原则，并且融入主体精神的基因，创造出"众美从之"的理想境界，从而使书法艺术具有长盛不衰的生命力。

书法艺术是文字的舞蹈，无声的音乐，抽象的绘画，是中华民族文化中的瑰宝。

4.2.4 书法与旅游

4.2.4.1 书法文化是一种旅游资源

书法文化在我国是一种重要的旅游资源。参观风景名胜地的楹联、匾额、碑林、石刻等，可以观赏到古今许多优秀的书法艺术作品。以碑林而言，在我国，其数量相当浩大。最为驰名的有西安碑林，山东曲阜孔庙的碑林，江苏镇江的焦山碑林与石刻，四川西昌的地震碑林，台湾高雄碑林，以及三峡地区的水下碑林——涪陵白鹤梁和白帝城碑林、万州太白岩碑林、三游洞石刻等。在这些地方可以欣赏到古今许多书法艺术珍品。此外，在我国的许多名山中，如泰山、华山、嵩山、衡山、黄山、武夷山等风景地的摩崖石刻，数量也很多。游客在这些地方可以尽情领略和饱览中国书法艺术之大观。广大旅游者，尤其是许多日本和东南亚的游客对中国的书法艺术有着浓厚的兴趣。许多游客每到一处游览地，观赏到书法珍品往往是细细品味，流连忘返。近年来，有些地方组织书法旅游，吸引了不少游客和书法爱好者，取得了良好的社会效益和经济效益。可见，书法艺术也是一种重要的旅游资源，发展书法旅游是大有潜力的。

4.2.4.2 书法文化的旅游审美鉴赏

在旅游活动中，导游要引导游客进行书法文化的审美鉴赏，通过书法旅游活动提高游客的书法鉴赏知识与书法文化修养。书法文化的旅游审美鉴赏应主要从以下几个方面入手：

（1）法度

字法　又叫结构法。它是指字的结构不但要讲究重心平稳、疏密匀称，在书写的过程中，要围绕中心穿插避让，而且要点面呼应，斜正相揖，讲究辩证法。笔势、字势顺乎自然。

笔法　一是要中锋运笔；二是讲究笔势，强调笔画的动感和力量感；三是注意矛盾律，圆笔与方笔、连笔与断笔互用，纵与收、疾与徐、轻与重、刚与柔等都要辩证对待，追求"中和"之美。

墨法　就是讲究笔墨情趣，注意墨色的干、湿、浓、淡、清的变化。如已故的书法大师林散之先生尤善用墨，整幅字中干湿浓淡、满纸云烟，富有墨趣和韵律之美。

章法　就是整体布局，因此，欣赏章法也就是寻求整幅作品的总感觉。在布局上要注意计当黑白、虚实相生，追求左顾右盼、疏密有致、血脉贯通。

气度　即内涵、神采、耐看。书法家马治权先生认为："书法衡量的标准主要有一个，不管这幅作品是否漂亮，只要有气度，就可称为书法。"

（2）笔力

历代评品书法作品都公认为"多力丰筋者圣，无力无筋者病"。优秀的书法作品应该是"骨劲十足""力透纸背""入木三分"，例如"屋漏痕"。书法中的笔力是一种具有美感的力，表现为刚健、弹性、韧性的结合。

（3）形象

书法的形象美表现在点面线条上具有丰富的立体感，表现在点面和结体上的多姿多态，生动活泼。优秀的书法作品，每个字都各具神态，造型完美，栩栩如生。

（4）气韵

气韵即气度与神韵。作为书法艺术，不仅要有外表的形美，而且要有精神内涵和神采。宋代书法家黄庭坚说："书画以韵为主。"一件优秀的书法艺术作品应该是气脉贯通，生动活泼，神采飞扬，富有韵律与节奏之美，令人目注神驰。与游客聊起书法，常常有人发问："为什么有些字很漂亮却算不上书法？为什么有些字很难看却被称做书法呢？"这就涉及内涵、气韵、神采等有无的问题。"深识书者惟观神韵"，这就是说，真正懂得书法的人是观其神韵而忘其形。

中国书法之所以成为一门重要的艺术，在于它与中国文化之道紧密相连。书法家作书的创造过程，观赏者欣赏书法的过程，也是深刻领悟中国文化之道的过程。中国文化的宇宙是一个气化流行、生生不息的宇宙，对非质实而虚灵的气的模拟，用笔的浓淡、枯润、虚实和周流的运转的书法来表现最令人体悟了。所谓"气脉不断""笔断意连"乃至"气韵"，都是因中国文化"气"的性质而具有一种较高的境界。总之，中国书法是由文字、书写工具和文化思想综合形成的一个独立的艺术世界。中国书法艺术是外国游客了解中国文化的重要窗口之一。

4.2.4.3 书法文化旅游资源的开发

中国书法艺术历来具有诱人的魅力，作为我国一种独特的文化资源其自身潜藏着巨大的旅游价值。从旅游资源开发的角度看，对其进行系统地专题性开发意义重大。王智杰认为，书法艺术作为旅游资源进行专题性开发具有可观的经济效益。其一，中国书法艺术具有不可估量的历史文化价值，因而具有诱人的科学考察价值。在理论上，中国书法艺术有许多难解之谜等待着人们去探讨(如中国书法与地理环境、传统文化的关系，结构形式、线条质量与风格情感对应关系等)。在实物考古方面，大量重要的书法文化遗产等待着我们去发现、认识和保护。其二，可增加新的旅游景观和形成旅游经济新的增长点，以带动相关项目的发展。一个旅游点中书法艺术因素的介入可大大增强该点旅游项目的活力。旅游景点若能适时巧妙地增加一个碑廊(亭)或书法作品及其工艺品展厅、书面旅游商品店，或适时举办一个书法笔会，必定会使游客的兴趣大增，形成新的景观，从而延长旅游容时量，增加游客购物，相应也增加了旅游收入。书法旅游资源的开发主要有以下途径：

(1) 开展书法专题旅游

将书法旅游资源丰富的景点(如碑林、摩崖石刻等)串联成线，组织爱好书法的旅游者进行旅游，并聘请书法艺术家进行指导，与书法艺术讲习班结合起来，开展书法专项旅游。

开展书法作品、遗迹参观，内容包括参观碑刻、石刻、墨迹，也包括参观遗址，这是书法艺术专题旅游的核心内容。对导游进行书法艺术鉴赏知识的培训，提高导游的书法艺术修养和书法讲解水平。

(2) 在旅游活动中举办中国书法艺术引导讲座、展览和出售书法作品

在书法旅游活动开始前，通过专业人员向游客深入浅出地集中介绍书法概况，使旅游者从宏观上增强对书法艺术的认识，并产生兴趣。这是一个不可或缺的环节，在游客具体参观某一个书法旅游资源分区之前具有重要的提示作用，是了解区域书法艺术在中国书法艺术长河中的地位和影响的重要步骤，是深层次挖掘、吸引客源的重要手段。

在我国的豪华游轮和旅游度假村休闲活动中，可以将书法文化有机融入。中外游客中有不少人对中国书法作品感兴趣，可举办书法艺术鉴赏讲座，并与书法艺术表演、游客参与、书法作品展览、书法旅游商品销售结合起来。

(3) 开展书法笔会与联谊

应该有组织、有计划地举办书法(也可包含绘画)的笔会以及书法家与游客之间的联谊会。活动内容包括书家现场挥毫示范作品临摹、作品创作，同爱好者进行艺术交流、切磋。这一活动必然拉近"游客—作品"的距离，达到书法艺术教育、交流、传播

的目的，会创造很强的社会效益。此外，还可现场出售书法家作品，起到宣传当地书法家、创造更大的旅游经济效益的目的。

(4) 书法艺术旅游购物

书法艺术旅游购物主要指一切带有书法艺术色彩的旅游商品的制作、销售。如书法原作、碑刻拓片、刻字、篆刻印章、镇纸、纸扇、壁挂等工艺品。

(5) 将书法作品用于旅游饭店、园林建筑内部装饰

中国书法具有很高的审美观赏价值和装饰功能，可将优秀的书法作品用于旅游饭店、宾馆的大厅、餐厅、客房和园林建筑等旅游设施内部装饰，使之增辉添彩。

4.3 音乐艺术与旅游

音乐是通过一系列有组织的、在时间上流动的音响来表达人们的思想感情，反映社会生活的听觉艺术。中国音乐有很强的艺术魅力，且地域特色鲜明，对许多游客富有吸引力，是一种宝贵的文化旅游资源。目前，世界各国都十分重视音乐艺术资源的旅游开发，如奥地利的音乐旅游每年吸引数百万游客前往。然而，在我国旅游开发中，音乐文化这一丰富的旅游资源尚未得到开发利用，音乐文化开发对我国旅游业来讲，可以说还是一个盲点。这一现象应该引起我们的重视。旅游业应该搞得"有声有色"，而不是"有色无声"。要开发利用音乐文化资源，首先必须对中国传统音乐文化的基本知识、艺术特点和欣赏方法有所了解。

4.3.1 中国传统文化中的音乐

在我国的传统文化中，对音乐的认识是非常深刻的，特别是认为宇宙自然运行的本身就是音乐。我们的先人在劳动生活中模仿着大自然的声音，仿效"凤凰之鸣"而成音律，仿效"山林溪谷之音"而成歌。他们用"天籁"这样的字眼来描述大自然中优美的音响。宇宙自然之声是人间音乐的理想范式，《乐记》有云："大乐与天地同和。"就是这个道理。这种建立在"天人合一"基础上的音乐，追求的是平和、典雅、玄远、温厚的境界，崇尚情感的发展与自然相和谐，这与西方音乐激越、狂放、冲突的风格明显不同。

中国最早谈论音乐问题的是《管子》一书，书中已经谈到"宫、商、角、徵、羽"五声。在古代，任何受过教育的人都必须懂得音乐。《礼记》所说的"四术"中包括诗、书、礼、乐，后来，孔子制定的六艺中竟被人减去了乐，变成五经，这是中国文化史上的一大损失。虽然在宫廷中音乐还是占有相当重要的地位，某些风雅的读书人也喜欢唱唱歌、弹弹琴，老百姓也爱随处哼几句小调，但是，音乐在孔子以后的中国文化中已不占显著地位，职业音乐家更不为人所重视则是一个不争的事实。因此，音乐在中国虽然很早就有成就，但与西方音乐相比，可以说没有得到充分的发展。

在古代，音乐并不是一种单纯的艺术欣赏形式，它同时还具有成就社会和人生的特殊作用。和谐的音乐是一种"治世之音"，它能够起到维护封建等级秩序的作用，可以达到"善民心"和移风易俗、使万民和睦的目的。音乐是养身全性的手段，这也是传统文化的独特之处。平和的音乐与心境相交融，能使人心安体泰，对人的全性保真具

有相当意义。古人认为音乐还能"疗疾",就是因为它能将人体的阴阳两方面相互协调,并与宇宙自然的阴阳变化相统一。在中国这个宗教不占统治地位的国度里,音乐负载了沉重的精神寄托,使躁动不安的灵魂得以宁静地栖息,成为人们心灵的港湾。

诸子百家对音乐的作用均有论述,其中影响最大的当推儒、道二家。老庄崇尚自然,认为道的音乐、自然的音乐才是真正美的。"大音希声,大象无形"(老子),"无声之中,独闻和焉"(庄子)。儒家礼、乐并称,视为治国修身不可缺少的法宝。比较起来,儒家更看重音乐的社会作用。传统音乐在道家自然、无为、逍遥的思想和儒家雅正、中庸、道德的观念影响下,形成了自己独特的精神面貌与内涵。

在传统养生学中,音乐与自然、人体是和谐相顺的,这就是"乐与人和",通过音乐来达到人与自然"天人合一"的最高境界。晋代的阮籍在《乐论》中说,音乐是使人精神平和、身体康健的重要保证。

传统音乐还追求意境,"境"可以有虚幻之境,也可以是写实之境。中国艺术重意境,重"以虚涵实"。例如利用音乐中的休止音、疏密的对比、声韵的对比,使音乐开拓通达,欣赏者的心灵可以随其展现的空间而逍遥天地、涵咏万千。

传统音乐中还蕴涵着哲理,促使人了悟哲理的力量,从而树立起坚定的意志和信心。

中国传统音乐的商品化现象远远少于自娱(包括个体自娱与群体自娱)现象。在传统观念里,艺术是无价的,把艺术当饭碗,无论是表演还是传授,都是对艺术的亵渎,是不光彩的,这种观念在文人圈里尤其普遍。因此,中国传统音乐更多地呈现了人的"心灵状态"。

4.3.2 传统音乐艺术的审美欣赏

音乐的欣赏主要应把握好以下几个方面:一是熟悉音乐的表现功能,掌握必要的音乐基础知识(如音乐要素等);二是理解作品的标题;三是了解作者及其创作个性;四是了解作品的时代背景;五是抓住民族特征或地域特色。这里仅就音乐审美要素和传统音乐一般的艺术欣赏知识做一些介绍。

这里讲的传统音乐的审美欣赏,主要是谈传统音乐中的民歌、歌舞音乐、古代诗词歌曲、民族器乐、戏曲音乐的一般的艺术欣赏知识。

(1) 民歌

我国民歌的起源,最早要算是劳动类的歌曲,它们产生于生活的某种实际需要。像蒙古族的《猎歌》,景颇族的《杵歌》,川江上的《船夫(工)号子》都属此类。另外,民歌中的大量山歌、牧歌、田歌等,虽然并不一定都直接用于劳动,但却从另外的侧面反映着历代人民的生活。这些山野里唱的歌,观演的方式较自在。由于这类歌曲都是在野外唱,所以唱歌者无论是为了放纵一下自己,还是为了传递给他人听,往往都是通过吆喝式的高音区起唱,只有这样,传递才尽可能的远,才便于纵情宣泄。由于野外唱歌少受封建礼教和家长的束缚,所以歌曲以爱情内容居多。内蒙古的"爬山调";西藏的山歌、牧歌;青海、甘肃、宁夏的"花儿";陕西的"信天游"均属此类。小曲类叙事歌曲,有名的有《孟姜女》《绣荷包》《瞧情郎》等。

(2) 歌舞音乐

歌舞音乐在我国各民族地区都有。如汉族的秧歌、花鼓灯、采茶调,它们可先歌后舞,也可边歌边舞,有些偏重于群众性娱乐,有些主要用于表演,如"二人台""二人转""花鼓灯""小放牛"等。《凤阳花鼓》也属此类,它是旧时安徽凤阳穷苦农民逃荒卖唱时演唱的歌舞曲。演唱时,一般为女敲花鼓,男打小锣,边唱边舞。

(3) 古代诗词歌曲

古代诗词歌曲,最早的是南宋诗人兼作曲家姜夔自度的17首,《满江红》也属于这一种。古典的琴歌中最有名的有《阳关三叠》《胡笳十八拍》和《关山月》等。从《阳关三叠》流传的久远我们可以体会到,倾诉离情别恨自古就是中国文艺中最重要的抒情内容之一。中国人重家庭、重友情,自古以来,男人出门谋生、戍边,女人在家苦守空房,交通不便,信息难传,考场、官场无情,得意者有限,一旦分手,再见也难。因此,用诗词、歌曲抒发这方面的感情者,不计其数。从民间小曲《走西口》《绣荷包》到文人琴歌的《阳关三叠》,都具有代表性。《阳关三叠》的"叠"字,是指叠奏,即一种基于同一音乐轮廓的自由反复、变奏或即兴发挥的音乐结构方式。

(4) 民族乐器

民族乐器主要有锣鼓、唢呐、笛子、古琴、琵琶、二胡等。

锣鼓与唢呐 锣鼓和吹打乐在中国传统音乐中,是与广大民众关系最为密切的形式之一。它的特点就是长于渲染,从古代的将士出征、仪仗威风,到老百姓的婚丧嫁娶等红白喜事,常常都需要借助于它们来烘托气氛。在锣鼓与响器织就的乐曲中,没有忧愁,没有缠绵,只有勃勃生机在人群中聚合而升腾的气氛。人们往往需要用这种气氛来维持生存的欲望。就像越是苦寒、荒凉、贫瘠的地方人们越是把喜事和节日操办得特别隆重一样,锣鼓喧天的地方,往往有着较为艰难的民生。此外,在一些宗教仪式、戏曲音乐中,特别是农村逢年过节的群众性娱乐歌舞活动中,从南到北,台上台下,无处不见这类音乐的演奏。比较有名的有太原锣鼓、潮州锣鼓、浙东锣鼓等。在中国,大喜大悲往往都采用吹打乐。它们看上去是两个极端的东西,但却有着共性的基础,这就是共同在追求一种毫不掩饰的情感宣泄。中国的吹奏乐在表现哭天喊地的凄凉、悲愤之类的情绪时,同样具有很强的艺术感染力。

笛子 笛子是最常见的民族乐器之一。在欣赏笛子曲的时候,除了应该体会、理解乐曲所表现的情绪、内容外,最主要的一点就是体味笛子演奏的北、南两派的风格了。北方笛子曲旋律欢快活泼、音色高亢明亮,显得粗犷奔放;南方笛子曲旋律秀丽悠扬,音色醇厚圆润,显得细腻典雅。在笛子的选择上,"北派"常用"梆笛","南派"多用"曲笛"。在演奏技法上,"北派"注重舌头的技巧,如吐音、花舌音、滑音、垛音等,这些技法最适合吹奏那些欢快、奔放的乐曲,表达北方人民那种质朴豪爽的性格和气质。"南派"演奏上则多强调气息和力度的控制,并常用打音、倚音、震音、颤音等技巧来润饰优美委婉的旋律,易表现南方人民细腻、含蓄、平和的性格。

古琴 古琴即七弦琴,它是我国最古老的乐器之一。早在《诗经》中就有"窈窕淑女,琴瑟友之"的句子,尤为历代文人墨客所喜爱。古代文人修养讲究"琴棋书画",为首的"琴"即是古琴。"士必操琴,琴必依士",古琴音乐可以说是中国文人音乐文化的象征。古琴琴体不大，且很薄，故音量较小，在没有麦克风的古代，就决定了古琴的产生并非为了表演，而是一种"自弄还自罢，亦不要人听"的自娱性室内乐器。但古琴音色丰富，演奏手法细腻，内容多表现超脱或出世的感情。在中国弦乐器中，古琴发音的琴弦较长，拨弹一个音，能持续一段相当长的时间，因此它具备表现悠远意境的特定条件。古琴很自然地成了文人们表现淡泊、超逸，不与世俗同流合污的最好方式。古人抚琴前，每每焚香沐浴，以示隆重。琴界素讲"五不弹"：疾风甚雨不弹，尘世不弹，对俗子不弹，不坐不弹，不衣冠不弹。有些人则喜欢把琴案摆在竹林里、月光下，领略那种美妙的自然意境。著名的琴曲有《广陵散》《高山流水》《平沙落雁》等。古琴的演奏和欣赏，应注意乐曲内容、意境和演奏技法（指法、泛音）、环境（寂静为佳）等。

琵琶 我国的琵琶最初来自波斯，公元5世纪前后，经丝绸之路传入中原，隋唐时期已在宫廷中广泛运用。琵琶传到中国后，无论从外形、结构还是演奏方法、演奏韵味等方面，都产生了深刻的变化，使它终于变成了一种地道的中国民族乐器。隋唐时琵琶演奏是用拨子的，到了明朝，就改成了用五指弹奏。现有的传统琵琶曲主要是清代以来的传谱。包括《汉宫秋月》《夕阳箫鼓》《月儿高》《塞上曲》等"文曲"，又有《十面埋伏》《霸王卸甲》等"武曲"。琵琶以其颗粒性音响见长，音色独特，演奏灵活多变，自古就有"大珠小珠落玉盘"的赞誉。它不仅能唱、能吟，还长于通过精美的节奏表现歌舞动作，或通过各种多音演奏技术表现复杂的戏剧性音乐内容。

二胡 拉弦类乐器最早出现在少数民族地区。如唐代北方奚部落有奚琴，用竹片拉弦，是目前所知的我国最早的拉弦乐器了。之后，在我国的蒙古族等部落中，也出现了用马尾弓拉奏的马尾胡琴和马头琴。在漫长的历史岁月中，拉弦类已经演变为庞大的家族，如皮膜类琴筒结构的二胡、京胡、粤胡、坠胡、四胡、中胡、高胡，以及板面类琴筒结构的板胡、椰胡等，用于各种民间乐舞、地方戏曲、器乐合奏和独奏。特别是二胡独奏，近些年来发展尤其引人注目，这与二胡具有独特而丰富的艺术表现力（音色圆润、优美，弓法多变，既适合演奏那些发自内心深处的如泣如诉的曲调，也能拉出欢乐明快的乐曲）有关，更与民间艺人阿炳和民族音乐家刘天华对二胡艺术的杰出贡献有关。有名的曲子有《二泉映月》《光明行》《良宵》等。

民族器乐合奏曲中，最有名的就是《春江花月夜》。它以优美流畅和雅俗共赏的音乐语言，柔和的色调和独具东方韵味的、连绵不断的结构方式，让音乐像涓涓流水那样不紧不慢地展现在世人面前，它并无任何先声夺人或张扬宣泄的意图，只是任听众自由感受那江南风景的妩媚秀丽和熏风阵阵所带来的惬意。这是一种在音乐中追求适度和中庸的艺术趣味。

戏曲音乐在我国传统音乐中占有比较重要地位。中国人素有欣赏综合性艺术的传统，所以中国戏曲的发展道路不同于西方，没有把戏剧表演的不同方面各自独立出来，分别成为"话剧""歌剧""舞剧"。中国戏曲是在中国民歌、说唱、器乐、歌舞音乐高度发展和与文学戏剧等综合艺术相结合的基础上发展起来的。通过歌舞说故事，是中国戏曲的最基本特点。虽然中国戏曲讲究唱、念、做、打等多种手段的综合表现，但音乐在其中还是占据主导性地位。当然，这音乐并不仅仅局限于唱，还包括有器乐曲、锣鼓曲等。就连戏曲的唱诗和念白，也含有不可忽视的音乐性成分。中国人也习惯于将看戏称之为"听戏"。

在中国传统音乐中，与"票房价值"最相关联的就是戏曲了。自宋元以来，戏曲一跃成为中国舞台上的"霸主"，而且一霸就是几百年。戏曲艺人一般以戏班子为单位游走江湖，走到哪里演到哪里。在农村，他们每在一地演出，往往会吸引来方圆几十里的农民。在城市里，他们一是在戏园子里公演，二是在达官贵人的府邸里"唱堂会"。

在中国，戏剧音乐与民众有着极密切的关系。这是因为中国戏剧不像欧洲那样，一般由作曲家作，而多半由属于平民阶层的戏子自己编成。全国各地都有地域性的戏剧，如陕西的秦腔、山西的梆子、河南的梆子（豫剧）、湖北的汉剧、四川的川剧、浙江的越剧、江南的昆曲等。可以说，中国的戏曲音乐与说唱音乐是地域文化的产物，它们的旋律往往是对方言的艺术夸张，人们在音乐中感受到的是亲切熟悉的乡音，满足了审美习惯上的期待。

中国现存的戏曲有 300 多种，其中有些地方小戏，与民间歌舞音乐有着千丝万缕的关系。如南方的花鼓戏、采茶戏，北方的二人台、吉剧等。有的与曲艺说唱关系更直接，如北京的曲剧、陕西的眉户戏等，它们都直接地反映着中国戏曲音乐发展的历程，并始终保持着与地方人民最直接的血肉联系。所以，如果读者想了解某一地区人民的生活，了解当地的语言、风土人情和艺术趣味，你最好去看看那儿的地方戏，那是最生动可靠的教材了。

4.3.3 传统民歌的地域特征

音乐美的审美特征之一是具有鲜明的民族风格或地域特色，音乐中民族风格或地域特色最为突出的首推传统民歌。传统民歌，是一种最流行的音乐形式。我国现存的民歌，从文化传承上讲，大多数来源于明清时期的民间歌曲。众所周知，我国幅员辽阔，民众生存的地理环境复杂，我们又是一个多民族的国家。因此，在音乐发展的历史长河中，不仅造就了中华民族丰富的音乐文化心理，同时也造成了中国民歌多姿的音乐文化特点。正因为此，要想准确地描述中国民歌的风格特点，确实是一件很困难的事。近些年来，我国一些音乐学家，对我国民歌的地域性音乐风格特征作了些研究和划分，这里对此作一简要介绍。

4.3.3.1 小曲的音乐风格与文化特征

小曲又称小调，时尚与流行是它主要的社会文化特征。它主要是在农村地区传统民歌的基础上形成的，同时，随着城镇经济生活的发展，又形成新的城镇时尚歌曲。早在明清时期，各种类型的小曲就广泛流行于南北各地的社会音乐活动中。小曲是华北平原流传最广的民歌体裁。演唱时根据其不同的文化功能和表演特征，形成多样的曲调风格。如长于抒情的小曲旋律流畅，节奏平稳，委婉细腻，而叙事性的小曲则较为质朴、简练，不追求装饰效果。表现节日喜庆的小曲则明快活泼，对句上下呼应，富于动感。小曲也是齐鲁地区民歌中数量最多、分布最广的民歌体裁，因而常被认为是齐鲁民歌的主题。因其流传的广泛性，内容涉及各种社会生活，其中有相当数量是反映人民的爱情生活。齐鲁民歌多用夸张、渲染的手法，以及富于地方语言特点、饶有趣味的衬词和真假声唱法的交替，表现诙谐、淳厚的乡土情趣。

4.3.3.2 牧歌的音乐风格与文化特征

牧歌是我国北部草原上牧民生活中的民歌体裁。古往今来，以游牧为生的牧民，在蓝天白云之下，坐在马背上放牧，不时敞开歌喉来抒发自己的感情，这就形成了节奏自由、高亢辽阔的牧歌。蒙古族的牧歌具有蒙古族音乐最为典型的音乐风格。蒙古族人将自己对草原生活的深切体验融入歌中，歌唱草原和赞美骏马，是牧歌中最常见的表现内容。他们的牧歌，在音乐风格上，一般呈现出高亢的音调、自由的节奏、大起大落的旋律及宽阔悠长的气势并在吟唱中表现出畅达的抒情性，就连其民族乐器马头琴，那独特的音色表现出的曲韵，都仿佛是草原风光的艺术展现。

4.3.3.3 山歌的音乐风格与文化特征

山歌，是高原山岭文化的产物。我国的山歌，以黄土高原、云贵高原和青藏高原地区最典型。黄土高原的山歌，以陕北高原和陕南秦巴山地为代表。在这里，山歌又有"信天游""山曲""顺天游""爬山调"等称呼，在当地人民的生活中，山歌就是生活内容的一部分，人们随时会触景生情，根据已有的曲调，即兴填词演唱。在那山川沟壑中唱山歌的，多是经常风餐露宿的脚夫和个体放牧者。山歌是穷苦人精神生活中表达情感的最好寄托。云贵高原的山歌，与黄土高原上的山歌大有不同，那里的山歌多在山野、田间以及农作时演唱，并且唱山歌成为男女青年表达爱情的主要方式，曲调大都舒展、奔放，且往往采用对唱的方式。为了引起对方的注意，一开始要先唱一个高亢悠长的引腔。这类山歌音域较宽，起伏较大。藏族的山歌旋律一般是两起两伏，跌宕起落，犹如观赏陡峭深谷中流淌的江水，令人思绪万千，浮想联翩。青海地区的"花儿"是生活在这里的各族人民普遍喜爱的一种山歌，曲调辽阔奔放、舒展而富于变化。由于流传地区和演唱民族的不同，各地的"花儿"也形成不同的音乐风格。除了高原地区，在许多山地也流行山歌，例如在湖北，山里人做什么活就唱什么山歌，采茶唱茶歌，砍柴唱柴歌，薅草唱薅草歌……

4.3.3.4 田歌的音乐风格与文化特征

田歌是长江流域稻作农业区的产物。其演唱方式源于水田耕种这种生产方式。长江中下游地区自古适于种稻，农民水田劳作时间长，劳动强度大，季节性强，经常进行统一耕种。这时，为了缓解劳动中的疲劳，调节情绪，人们寻找到了唱田歌这种还能统一劳动节奏的方式。唱田歌时，通常由"歌师"站在田头，边敲锣鼓边唱歌，歌师领，众人和，或者采取歌师互对的形式来演唱。当然，长江中下游地区面积广大，各地的音乐体裁、风格本身就不相同，因此，虽然同是田歌，各地田歌的音乐风格也是各不相同的。比如江汉地区的田歌，自古盛行敲锣打鼓唱田歌的方式。而在江浙地区，农民们则自己创作了大量配合田间劳作的秧田歌。江浙地区的秧田歌，曲调通常优美婉转，一些田歌的内容还带有故事情节，唱时此起彼伏，连绵不绝，很有生活情趣。田歌的历史，可以说与稻作文化的历史一样古老。这种民歌甚至受到诗人的关注，唐代刘禹锡就写有《插田歌》，可见其社会影响有多普遍。

4.3.3.5 渔歌的音乐风格与文化特征

渔歌是沿海地区渔业劳动中产生的民歌。在广东沿海，渔歌是重要的歌种。海上作业有深海、浅海的不同,在渔歌上也有深海、浅海号子的不同分类。渔歌经常用嫁接、移植的方式,将其他的民歌、戏曲音调吸收进来,所以,在传统渔歌的演唱中,有所谓"千样歌头,万样歌尾"的说法。广西的渔歌泛指一切水上劳作歌曲,如出海歌、洗贝歌、采珠歌等,演唱时富有劳作的节奏感,曲调优美,富有情趣。闽南沿海,则常可听到嘹亮的渔民号子,渔民爱借号子来统一力量,指挥劳动,激昂雄壮,很有气势。江浙的渔歌以"舟山渔歌"最负盛名。不管是出海捕鱼还是在岸上织网,都有渔民号子及渔歌相伴。号子主要用于海上捕鱼,渔歌则主要用于织网和养殖。相对于号子的力度与节奏,渔歌的曲调展开更自由,也更富于歌唱性。

4.3.4 中西音乐审美比较

综观中西音乐文化,二者主要区别在于:中国音乐具有含蓄、平和、渐变(如乐句、乐段的处理上主要采用渐变式)、典雅、玄远、幽深、虚静、柔美、空灵、余韵、和谐的特点;西方音乐则以张扬、激越、突变(如乐句、乐段的处理上跌宕起伏、大起大落)、狂放、冲突、喧嚣、新异、华美为特色。其具体区别在以下方面:

在审美追求上,中国音乐注重自然美,西方音乐注重人工美。

在美感形态方面,中国音乐追求韵味的深邃、表现的力度和音响效果的虚淡空灵、余韵悠长;西方音乐则追求主题的深刻、表现的强度和音响效果的绵密厚实。

在形构或表现形式上,中国音乐以线条为主,西方音乐以块状为主(讲究和声)。中国音乐注重乐音的变化,织体的单线延伸和节奏的灵活自由;西方音乐则注重乐音的固定、织体的网状结构、节奏的整齐规则。

在艺术表现上,中国音乐注重气息,西方音乐更讲究节奏。

在演奏效果上,中国音乐偏重单旋律,独奏音乐比合奏音乐更好;西方音乐强调和声,强调乐器之间的协调统一,合奏音乐比独奏音乐更好。

在音度上,中国音乐近人声,西方音乐近器声。

在节拍上,中国音乐常采用散板,西方音乐则很少采用散板。

在音乐语言结构上,中国音乐偏重心理,略于形式,富于弹性;西方音乐的语言以丰富的形态外露,讲究形构,形式严谨,缺乏弹性。

在乐器材料上,中国多选择自然材料(如二胡、笛子等),西方多选择人工材料(如钢琴等)。

在功能张力方面,中国音乐重自娱,重情味,重雅俗之分;西方音乐则重娱人,重技巧,重新旧之分。

在传统音乐地位上,中国传统音乐中民间音乐占有重要地位,西方传统音乐中宗教音乐占有重要地位。

在音乐创作上,中国音乐重感觉和韵味,西方音乐重理性和科学。

在音乐研究方面,中国音乐美学多从哲学、伦理、政治出发论述音乐,注重研究音乐的外部关系,强调音乐与社会、政治的联系以及音乐的社会功能和教育作用;西方音乐则注重研究音乐的内部关系,研究音乐自身的规律、音乐的美感作用和娱乐作用。

在音乐艺术的最高审美范畴上，中国音乐是"韵"，西方音乐则是"美"。原因是二者的理念基础不同，中国音乐主要是建立在时间意识之上的，故而自然注重以心理时间的延展为主，是线条式的、游动的、不定的、没有边界的，是注重内在律动和心理感受的，而"韵"正是感受性的，正是必须有一定的时间过程才能产生出来的；西方音乐艺术主要是建筑在空间意识之上的，故而自然注重以物理空间的直观展示为主，因而是团块式的、静止的、固定的、有边界的，是注重形象塑造的。而"美"正是形象性的，正是具有三维立体空间的形象塑造。

正因为这些巨大的差异，对音乐的理解与欣赏上，中西方之间有不少隔阂和困难。但随着时间的推移和东西方文化的融合，中西音乐审美的差异会越来越小。世界音乐也会随着东西方音乐文化的交流变得越来越美（如小提琴协奏曲《梁祝》《王昭君》等），这种美是融合了东西方音乐文化的精髓，新时代的美。

4.3.5 音乐文化资源的旅游开发

音乐是一种富有吸引力的文化旅游资源，具有很大的旅游开发价值。音乐与旅游有着天然的联系，对音乐资源进行合理的旅游开发可以有效地营造旅游文化氛围，增强旅游地的吸引力，并极大地提高旅游产品的文化品位和游客的旅游质量。在旅游研究和开发中我们应充分认识到音乐文化的旅游价值，并合理加以利用。

4.3.5.1 音乐文化是重要的旅游资源，不可或缺的旅游产品

音乐有着独特的难忘性、时空性和标志性特点，它能跨越时空的界限，使人们联想起旅游的美好体验。提起奥地利，人们自然联想起阿尔卑斯山歌和优美的华尔兹舞曲，想起"音乐之都"维也纳。我国的民歌《草原牧歌》《我们新疆好地方》《请到天涯海角来》已分别成为内蒙古、新疆、海南各地旅游风光的标志。旅游音乐的标志性使得旅游资源的特色更为突出，同时它具有很强的"品牌"效应，为旅游业开拓了广阔的市场。因此，音乐是旅游重要的组成元素，应当作为一种旅游资源进行研究，作为旅游文化产品进行开发。

随着我国旅游开发广度和深度的不断推进，旅游音乐在旅游开发中的价值和重要性已经逐渐显现出来。不仅传统音乐深受旅游者青睐，而且现代音乐作为最能体现个性、表达感情的艺术形式普遍被广大时尚青年深深喜爱。有的地方推出的主题音乐会、"音乐之旅"就取得了良好的社会效益和经济效益。特别是我国西部地区的原生态民歌是非常值得开发的旅游文化资源，很有希望开发形成富有魅力的特色旅游产品。将旅游与音乐结合起来进行开发大有可为，这样将会使旅游搞得"有声有色"。

4.3.5.2 音乐文化资源的旅游开发利用价值

（1）陶冶旅游情操，增添旅游情趣

音乐是美的结晶，音乐之美滋润人的心灵。音乐与大自然之间有着难以割舍的联系，它能够赋予大自然风光以特殊的审美内涵和韵味，从而为游人增添不少情趣。当旅游者漫步于青山秀水之间，欣赏旖旎的风景时，优美的音乐能将视觉美与听觉美完美地结合起来，在悦耳悦目的情景中不知不觉形成对美的热爱和追求的心理定势，从而使人们以美的法则塑造自己，使心灵、情感、举止、行为、外表仪容都统一在美的

基调之上，精神得到真、善、美的升华。譬如，当你走进内蒙古草原，面对蓝天、白云和一望无际的绿色草地，如果此时飘来一首优美嘹亮的草原牧歌，定会使人心旷神怡。这样的例子不胜枚举。旅途中的音乐能调节人的情绪，使人放松心情，增添游兴，充分享受旅游的乐趣。

（2）营造旅游文化氛围，突出旅游文化内涵

音乐与各种艺术门类都有着共通性。旅游音乐以旅游景观为对象，通过特定的旋律、节奏、节拍、速度、力度、音色、调式等音乐语言表现不同的感情色彩和思想意境。正因为音乐有一整套表情达意的体系，所以音乐有着极强的艺术感染力。借用音乐的表现形式，可以使旅游景观的文化内涵得以外化，使旅游者更容易理解，产生视听互补、虚实相生、情境交融等多种审美体验。音乐与景观的耦合，已成为人们可以接受的新型综合性视听艺术。音乐与建筑、山水、书画等旅游审美对象有着密切的内在联系。

①音乐与建筑审美鉴赏　歌德说："建筑是凝固的音乐，音乐是流动的建筑。"这说明了音乐与建筑艺术的审美有极高的相关性。建筑美主要表现为结构美，建筑艺术的节奏是通过空间、形体有规律的变化、排列产生韵律美、节奏美，正是在这点上，建筑与音乐有相通之处。当我们观赏建筑时如果以特定的音乐加以烘托，再配以适当的讲解，就更能使人欣赏到建筑之美。

②音乐与山水景观审美欣赏　当音乐的动态结构与山水景观的静态结构相对应时，人们可以通过对音乐的感知，更准确地把握山水景观的形态美和意境美。如杭州西湖、无锡太湖景观在秀雅亮丽的江南音乐烘托之下，湖光山色更充满诗情画意，使人更添游兴。

音乐之所以与许多事物有相通性，是因为人类在社会意识的本质上是相通的。美好的音乐可以把人类追求真善美的情结表现出来，这一点正与旅游的审美特性相一致。通过音乐的陶冶，人们还可以提高对旅游景观的欣赏水平，不仅悦耳悦目，而且悦心悦意，甚至达到悦志悦神的至高审美境界。

（3）突出地域特色，增强旅游吸引力

地域文化对旅游的发展起着不可替代的作用，地域文化利用与否以及利用程度如何已成为吸引更多游客和实现旅游可持续发展的关键之一。而音乐文化是最能体现地域文化特色的文化形式之一。不同民族或不同地理环境中生活的人群，有着不同的音乐风格。其中以民歌的地域特色最为突出：高亢嘹亮的青藏高原民歌既像高原的天空一样洁净明亮又像高耸的雪山一样直刺苍穹，洋溢着高原雪峰的特有韵味；蒙古族的长调散漫得如同辽阔草原上随风飘散的花絮，仿佛是草原风光的艺术展现；婉转动听的江南小调使人体会到水乡泽国的秀丽风光，怡然自得的生活状态。此外，我国的民族乐器也具有鲜明的地域特色：如西北的锣鼓、江南的丝竹、黄土高原的唢呐、内蒙古草原的马头琴等无不体现出自己的地域文化特色。对异地文化、异地生活方式的好奇是旅游的主要动机之一，那么，具有浓郁地域特色的音乐自然就成为吸引旅游者的重要因素，因为在旅游的过程中，具有异地风情的音乐能大大增强旅游者的审美体验。

(4) 了解异地民俗风情,增长旅游者的见识

广义的音乐包括歌曲、舞蹈、戏曲、器乐等多种形式,与地域文化关系密切。如果要了解一个地方的风土人情,有效的方式是看看那儿的地方戏。地方戏曲的歌词中包含着丰富的地理知识、历史文化知识、民俗文化知识,地方戏的表演能很好表现当地的人文风情。如东北的"二人转"、陕西的秦腔、河南的梆子、江浙的越剧与昆曲等都可以使听者深入了解当地的民风民俗。可以说,中国的民族音乐是地域文化的产物,人们在音乐中感受到的是浓郁的地方乡音,不仅满足了旅游者审美的好奇心,同时也使旅游者增长了见识、丰富了阅历。

4.3.5.3 音乐文化资源的旅游开发

(1) 建立背景音乐系统,让游客所到之处美妙的音乐伴随

旅游过程中配以一定的背景音乐不只是形式上的需要,而是为了配合景观的审美要求。音乐的选择要符合景观的文化内涵和旅游者的审美心理。例如,游览"音乐之岛"鼓浪屿时,聆听优美动人的钢琴曲,让游客参加音乐厅的音乐会乃至家庭音乐会等,将大大增进游客对鼓浪屿文化特色、"音乐之岛"文化内涵的理解;又如乘船游览江南水乡欣赏古典乐曲《春江花月夜》时,我们很容易想象出诗中皓月当空、春波荡漾、泛舟中流、萧鼓欢乐的意境。若游览无锡惠山,欣赏《二泉映月》,更别有一番情趣和感受。旅游规划与开发应重视旅游音乐文化环境的营造与旅游音乐文化产品的设计。

(2) 音乐与环境相协调,营造和谐的旅游文化氛围

自然风光和人文景观往往具有鲜明的审美特征,旅游音乐的选择一定要与景物自身的特点一致,营造和谐的旅游氛围,否则就会弄巧成拙。例如,在古老的佛寺道观,播放现代流行音乐,就会大煞风景,破坏宗教圣地神秘的意境和庄严肃穆的氛围;另外,自然山水有时本身就具有动听的音乐之美,这个时候就不要用人为的声音去破坏它,因为旅游者聆听自然之声,更能真切地感受自然的原始美,从而产生返璞归真的愉悦感。

(3) 将音乐文化与旅游的各要素有机结合,提高旅游质量

音乐文化资源的开发应该有机融入旅游的六要素吃、住、行、游、购、娱等各个环节中,充分发挥音乐在旅游中的特殊作用。在旅游过程中,音乐的应用范围十分广泛。除了民俗表演,饭店、游船播放的背景音乐,建筑设计的喷泉音乐,交通工具的休憩音乐等,都可以作为旅游的背景音乐。在餐厅中,轻松的音乐能营造良好的就餐环境,促进人的食欲和增添进餐情趣。在长长的旅途中,用播放轻音乐、吟唱小调、小品表演等手段调动游客的情绪,将会大大减轻旅途的疲劳。在游览过程中,可将景观的背景资料制作成电视音乐片播放给游客看,以加深对游览对象的理解。也可以开发一些让旅游者参与的戏曲小品,增强旅游的参与性,让旅游活动变得"有声有色"。在旅游商品的开发上,可以利用现代科技手段,将旅游景观或地方文化产品制作成音像制品出售。这样做既弘扬了地方文化,又能产生经济效益,符合旅游业的发展目标。在旅游宾馆、餐厅、豪华游轮、游览车、旅游购物商店、娱乐场所适时播放柔和优美的轻音乐,能够营造游客舒畅的心境,增加游客吃、住、行、游、购、娱的情

趣,提高旅游质量。

(4) 继承与创新结合,科学地开发传统音乐文化资源

旅游产品的特色是吸引游客的关键。尤其是我国古老的民族音乐艺术,不仅是很好的旅游资源,也是宝贵的历史文化遗产。对于传统音乐文化资源的旅游开发,既要保持原汁原味的地域特色,又要符合大众的审美情趣和时代要求,这就面临一个继承与创新相结合的问题。如湖北宜昌的长阳巴山舞,来源于土家族的跳丧舞,经过文艺工作者的改编后深受人民群众喜爱,被誉为"东方迪斯科",成为土家风情旅游的主打产品;宜昌车溪民俗风景区收集、整理、发掘乡土音乐文化,推陈出新,开发推出"车溪歌舞"、"宜昌原生态民歌"等旅游项目,深受游客欢迎。

(5) 充分利用音乐文化资源,不断开发新的旅游产品

①旅游产品设计与音乐文化有机结合　优秀的旅游线路的设计,重要筵席上菜的程式,应该将音乐文化与之有机结合,使之犹如华美的乐章,有序曲,有高潮,有尾声,具有时空节奏与韵律之美,给游客以回味无穷、余音绕梁的美好感觉。

②将旅游音乐与导游讲解有机结合　传统的导游讲解都是采用"讲"的手段进行,有条件的景区、有条件的导游可以换一种思路,用"唱"的方式,或讲唱结合的方式进行导游讲解。将旅游音乐与导游讲解有机结合是营造旅游文化氛围和导游创新的一个新思路。

③将音乐文化独立设计成旅游景观　如法国马赛有一座世界奇墙——音乐墙,它能根据游人的脚步节奏自动奏出不同的音乐,成为吸引游人的世界奇观。

④将音乐文化与名人文化结合起来　可以设计造访音乐家的故居和创作地的旅游线路,例如游览冼星海创作《黄河大合唱》时住过的延安窑洞,莫扎特的出生地萨尔兹堡,贝多芬在波恩和维也纳的故居等。这样的旅游设计能够吸引许多热爱音乐的旅游者。

⑤开展民族音乐风采游等专项旅游活动　组织音乐爱好者,到音乐文化资源丰富的地方开展民族音乐风采游等专项旅游活动。

随着社会的发展,人们的文化素质的提高,人们的审美情趣出现多样化、个性化的趋势。现代旅游的主题不断细化,符合现代人口味的各种专题旅游形式纷纷出现。我们完全有理由开发"音乐旅游"这一新的专项旅游产品,将著名音乐串连成线,以颇具魅力与旅游吸引力的音乐旅游产品吸引爱好音乐文化的广大游客。鼓浪屿打造"音乐之岛"取得可喜成绩,很有启发和借鉴意义。

音乐是人类文化的结晶,它给人以美的享受,激励人们追求真善美的生活,音乐文化在现代旅游中扮演着重要的角色,是一种值得大力开发利用的重要旅游资源。只要我们正确理解音乐文化的旅游价值,用正确的方法对音乐文化资源进行旅游开发利用,必将使旅游变得"有声有色",更加丰富多彩,更具有吸引力。

【思考题】
1. 雕塑艺术有何突出特点或优势?
2. 描述雕塑艺术的鉴赏方法。

3. 试对中西雕塑文化进行比较。
4. 指出晋代、唐代、宋代书法艺术的主要特点。
5. 说明历史上具有代表性的书法家的书法艺术特点。
6. 描述中国书法艺术的主要审美特征与鉴赏要领。
7. 描述中国传统音乐的审美特征与欣赏方法。
8. 试比较中西音乐艺术风格。
9. 如何开发音乐文化、书法文化旅游资源？结合某旅游地或旅游景点的实际谈谈个人的想法。

【案例分析】

洛阳龙门石窟大佛

龙门石窟位于河南省洛阳市南郊12 km的伊水河畔。"龙门"之称始自东汉，它东为香山，西为龙门山，中间是伊水。两山屹立，形成一座天然门阙，所以又称"伊阙"。这里风景秀丽、寺院林立。

龙门石窟与敦煌莫高窟、大同云冈石窟齐名，合称我国三大石窟。主要开凿于北魏太和年间至唐光化元年，至宋初仍有开凿，连续营造达四百多年。龙门石窟迄今保存着历代大小石窟龛2102个，大小造像97 000余尊。大大小小的窟龛蜂窝似地密布于伊水两岸的峭壁上，南北绵延约1 km。

龙门是历代帝王发愿造像最集中的地方。古阳洞为北魏孝文帝所开，宾阳洞是宣武帝为其父母做功德所开，奉先寺大卢舍那佛是唐高宗、武则天所造，它们都属于带有纪念性意义的雕刻。

龙门石窟在雕刻艺术上的最大特点，是具有浓郁的民族风格。随着佛教在中国的传播，佛教艺术也逐渐中国化了。早期佛像面型、发式、衣冠甚至姿态神情，所表现的浓厚的印度风味，演化为雍容超然、宽衣博带的"秀骨清相"，反映了南北朝时期士大夫的审美标准。到了唐代，佛教艺术基本上摆脱了魏、晋、南北朝以来那种宗教的神秘色彩，明显地呈现出世俗化的趋势。造像以丰满健壮、雍容华贵为美。龙门大卢舍那佛则集中地反映了在我国封建社会鼎盛时期那种特定历史条件发展起来的审美观点和美学思想。

卢舍那佛是释迦的报身像。卢舍那意译作净满，又译作光明遍照。"就智为报身"是说佛的智慧光照一切。据记载，大像龛开凿于公元655年，历时20年，到上元二年（公元675年）完工。当时执政的武则天曾资助脂粉钱二万贯。由于政治上的需要，破天荒地把大卢舍那佛像塑造成女性形象。"方额广颐"和武则天的面貌很相像，可以说是"武则天的模拟像"。主像大卢舍那坐佛，螺形发髻，身披袈裟。结跏趺坐于束腰须弥座上，像高17.14 m，头高4 m，耳高1.90 m。丰颐秀目，仪容端庄、贤淑、典雅。嘴角微翘，略带微笑。头部稍低，略作俯视态。既刻画了男性的雄伟庄严，又略带女性的慈祥温和。它比之超凡脱俗、充满不可言说的智慧和精神的北魏佛像，具有更多的人情味和亲切感。她不再是超然自得，高不可攀的神灵，而是被高度美化了的至高无上的大唐帝国天后武则天的形象化身。为了突出表现主像,匠师们运用对比、夸张的艺术手法,全力进行烘托、渲染。大佛面部的雕刻精湛,以形写神。以简洁的衣纹、富于装饰性的螺发以及华丽的火焰纹背景加以衬托,使大佛面部光彩焕发,栩栩如生。著名美学家李泽厚先生在《美的历程》一书中称这尊大佛"以十余米高大的形象,表现如此亲切动人的美丽神情——是中国古代雕塑作品中的最高代表"。

(摘自乔修业主编.旅游美学.2版.南开大学出版社,2000,134-135.略有改写)

案例分析思考题:

1. 阅读此案例材料并查阅相关资料,分析说明卢舍那佛雕塑的艺术特点与魅力所在。

2. 谈谈你对龙门石窟景区旅游深度开发的设想。

第 5 章　旅游企业文化

【本章概要】
　　本章从旅游介体文化的角度阐述了旅游企业文化的内涵；说明了旅游企业文化的功能；对世界主要企业文化类型进行了跨文化分析；指出了旅游企业文化发展趋势和旅游企业文化建设的原则、方法或途径。

【学习目标】
　　1. 理解并掌握旅游企业文化的概念、内涵、特点。
　　2. 认识旅游企业文化的功能。
　　3. 了解旅游企业文化发展趋势和旅游企业文化的建设原则、方法或途径。

【关键性术语】
　　旅游企业文化；功能；企业精神；企业形象；CIS 策划；跨文化分析。

　　经济与文化、管理与文化的"一体化"发展，是现代化进程中一个历史潮流。经济活动、管理活动中"文化力"的地位和作用正在日益强烈地表现出来，并越来越受到人们的重视。可以说，文化是一种致效久远的深层次的东西，它是一切经济发展包括企业发展的后源保证和后劲所在。当今时代企业强手如林，面对激烈竞争的市场，先进的企业文化是克敌制胜的法宝。2001 年，美国海氏集团管理咨询公司在对《财富》500 强企业评选的总结中指出："公司出类拔萃的关键在于文化。"把文化融合到经营管理中去，重视经济发展中"文化力"的作用，是现代企业经营管理发展的需要和趋势。
　　旅游企业是企业的一部分，旅游业是文化性很强的经济产业，理应重视企业文化建设。然而，与我国旅游业取得飞速发展的状况形成巨大反差的是我国旅游企业成长的速度是相当缓慢的，这是令人遗憾的。其中重要原因之一是我国的旅游企业虽然不少但还不够成熟，还没有在企业文化建设上下工夫，这说明我国旅游企业文化建设任重而道远。

5.1 旅游企业文化的内涵

5.1.1 旅游企业文化的定义

旅游企业文化的定义有广义、狭义和适中3种定义。

(1)广义的定义

广义的"旅游企业文化"是指旅游企业在建设和发展中形成的物质文明与精神文明的总和。

(2)狭义的定义

狭义的"旅游企业文化"是指一个旅游企业在长期发展过程中，把企业内部全体成员结合在一起的行为方式、价值观念、规章制度及历史传统，其核心是"价值观念"。所谓旅游企业文化，实质上就是指导和约束企业整体行为以及员工行为的价值理念或旅游企业内部的风气、习惯、性格和团队精神。

(3)适中的定义

它是指某一旅游企业在其发展过程中形成的价值观念、行为准则及其在规章制度、行为方式、物质设施中的外在表现，其内核是精神文明。

我们在研究旅游企业文化中比较倾向于适中的定义。

5.1.2 旅游企业文化的内容

(1)旅游企业的最高目标或宗旨

优秀的旅游企业大多以为社会、为游客、为员工服务作为企业的最高目标或宗旨。

(2)共同的价值观(或核心理念)

价值观是旅游企业文化的核心与基石。不同的旅游企业往往具有不同的主导价值观，如利润价值观、服务价值观、人才价值观、育人价值观、效率价值观、公平价值观等。优秀旅游企业的价值观一般包括如下具体内容：游客至上、人本管理、团队精神、鼓励创新、追求卓越、诚实守信。一个优秀的旅游企业应该有一个持续的核心理念和为这种核心理念而奋斗献身的员工队伍。

(3)工作作风及传统习惯

企业文化从本质上讲是员工的共识与群体意识，这种共识与群体意识与企业长期形成的工作作风及传统习惯关系极大。

(4)行为规范和规章制度

相对上述的宗旨、价值观、作风等软件部分而言，它是企业文化中的硬件部分。

(5)反映企业价值观的物质载体

诸如旅游企业的建筑设施、办公设备、标徽标识、服饰、歌曲、环境、产品包装及宣传广告、纪念物，它属于旅游企业文化中的硬件中的主体部分。优秀的旅游企业文化的物质载体风格一般与该企业的价值观比较吻合。

5.1.3 旅游企业文化的一般特征

旅游企业是企业的一部分，因此，旅游企业文化具有一般企业文化的特征。

(1) 无形性

企业文化作为一个群体心理定势及氛围存在于员工之中，是一种信念力量、道德力量、心理力量，其作用是潜移默化的。有人曾说：企业文化是一条看不见的河流，它永远泊着企业的命运。旅游企业文化虽然是无形的，但却是通过旅游企业中有形的载体(如员工、产品、设施)表现出来的。

(2) 软约束性

企业文化主要是靠核心价值观对员工熏陶、感染和诱导，使企业员工产生认同感，从而自觉地按照组织的共同价值观念及行为准则去工作。旅游企业文化对员工有规范和约束作用，而这种约束作用总体来看是一种软约束。

(3) 相对稳定性和历史的连续性

企业文化形成后能对该企业产生长久的影响，它不依领导人的更换和环境的变化而变化。任何一个旅游企业所形成的组织文化，总是与该企业长期发展的历史相联系的，是一个逐步形成和发展的过程，具有历史的连续性。

(4) 个性(独特性)

由于民族文化和所处的地域环境不同，行业、经营特点及发展历史的不同，企业文化在很大方面可以说是一个企业区别于其他企业的特色。特色可以说是企业文化的活力与生命力。每个旅游企业的文化，只能根据自身的特点塑造和形成，绝不能相互抄袭和照搬。目前，我国一些旅游企业在界定组织文化或企业精神时，都是在团结、奋斗、进取、求实、严谨、勤奋、开拓、创新几个词组上组合变换，千店(旅游饭店)一面、千社(旅行社)一面，缺乏个性与特色。

(5) 创新性

创新的思想意识是组织行为的理想所在。旅游企业文化要随着企业内外经营环境的变化而不断地变革和创新。及时更新、充实、完善企业文化，是企业活力的重要保证。也只有创新，才能使旅游企业文化具有自己的特色与生命力。

5.1.4 旅游企业文化的个性特征

不同行业的企业文化特点是不一样的。旅游企业和工商管理企业在产品性质、市场环境、经营管理过程、顾客群等基本条件上存在明显的差异，因而旅游企业文化必然带有明显的行业特点。旅游企业文化具有以下3个明显的个性特征：

(1) 服务性是旅游企业文化的基本特征

旅游企业与工商企业不同，它所提供的商品不是一件具体的商品，而是满足游客多方面需要的商品(包括有形商品和无形商品)，但旅游企业的主要特点还是出售无形的商品——服务。服务是旅游企业的本质。旅游企业要为游客提供食、住、行、游、购、娱等多种项目的服务，旅游服务项目的综合性要求旅游企业之间相互协调、共同配合，如果某一种服务项目不能满足游客的需要，就会直接损害旅游者的消费利益，也会直接影响企业的旅游服务的整体水平。

旅游企业文化有着明显的行业特点,即服务意识是旅游企业文化的基本特征。对于旅游企业来讲,就是要求宾客至上、热心为客人服务。

旅游企业文化的服务性特征,决定着旅游服务必须重视细节。旅游服务中往往因一个细节不到位,导致功亏一篑。因此有人说旅游服务是"100 - 1 = 0"。"细节决定成败"特别适合旅游行业。不重视细节的人是做不好旅游服务工作的。旅游服务应注意把每一个简单的事情做到位。关注小事,成就大事,应该成为旅游企业文化理念的重要组成部分。

塑造优秀的旅游企业文化能够帮助员工牢固地树立服务意识,以良好的精神面貌做好旅游服务工作。

(2)文化性是旅游企业文化的固有特征

我国著名理论家、经济学家于光远先生曾经指出:"旅游是经济性很强的文化事业,又是文化性很强的经济事业。"感受和体验异地的文化是大多数旅游者出游的主要目的。旅游经营只有体现出不同的文化特色才能吸引游客,从而提高旅游企业的经济效益。在一定意义上说,文化是旅游业的灵魂。

正因为旅游的文化属性,要求旅游企业要具备浓厚的文化意识。一方面,旅游企业为游客提供具有一定文化品位的旅游产品。实践证明,旅游产品的文化性越强,文化品位越浓,就越受旅游消费者欢迎,社会经济效益也就越好。例如,饭店本来是提供游客吃、住、娱的场所,主要是保证良好的服务设施和高质量的服务。但现在的旅游饭店,不仅在建筑设计、装修和各种设施上下工夫,体现自己的文化特色和民族风格,而且在住宿、餐饮、娱乐和整个服务过程中表现出文化艺术品位,形成自己的特色品牌。大型游船也是一样,纷纷用文化包装自己(如长江三峡的"三国号"游船等),彰显特色。另一方面,旅游企业形象塑造要体现文化内涵。良好的企业形象是旅游企业发展的生命线。旅游企业的形象不仅表现为有形的、看得见的外显事物,而且体现为无形的内在素质,是旅游企业的实物要素和情感要素留给社会公众的总体形象。虽然旅游企业形象的构成要素是多方面综合的,但从这些要素的本质属性看,无一不是文化内涵的反映。因此,塑造旅游企业的良好形象,必须注重深化文化内涵。

(3)涉外性是旅游企业文化的重要特征

随着国际旅游市场的形成,世界各国之间的文化交流更为广泛,旅游企业文化的发展趋势是世界文化一体化(主要是指管理文化方面)。国际性高星级酒店的发展、旅游信用卡在世界范围内的通用等,都是其世界性的体现。在我国所有的行业中,旅游行业是早先与国际接轨的行业之一。但应该看到,旅游企业文化的涉外性或世界性,使旅游企业文化营销(面向市场介绍、传播、树立企业的良好形象)更为困难。由于旅游企业的行业特殊性,旅游企业面对的是来自世界各地的旅游者,文化环境的差异导致旅游者在语言文字、审美情趣、价值取向、思维方式、宗教信仰、道德风俗等方面存在着巨大的差异。旅游企业要想在经营活动中满足各国旅游者的需求,就必须树立开放意识和全球意识,善于进行文化的综合分析,培养跨文化交流的能力,根据各国文化的差异性判断各国旅游者需求的差异性,为游客提供有针对性的服务。

5.2 旅游企业文化的功能

5.2.1 导向功能

旅游企业文化能有效地把旅游企业整体及企业员工个人的价值取向及行为引导到企业所确定的目标上来。俗话说,"不怕众人心不齐,只怕没人打大旗",旅游企业文化就是引导员工统一行动的旗帜,一种集结众人才智的精神动力。它使旅游企业的广大员工不仅愿意为自己和企业的共同目标不懈努力,而且往往会为此做出奉献和利益上的牺牲。

5.2.2 激励功能

企业文化的核心是价值观念,而其着眼点又是"以人为本"。在奋发向上的价值观念的导引下,在一个"人人受到重视、人人受到尊重"的旅游企业文化氛围中,往往会形成一种激励作用,良好的文化氛围能产生激励机制,使个体处于情绪高昂、发奋进取、乐观向上的状态,从而为实现自我价值和旅游企业发展目标而勇于献身、不断进取。

5.2.3 凝聚功能

旅游企业文化是旅游企业组织全体成员共同创造的群体意识,是一种认同和氛围,是一种黏合剂,能把全体员工团结起来,产生一种凝聚力,使企业发挥出巨大的整体优势。

5.2.4 规范功能(约束功能)

旅游企业文化是一个旅游企业内部上下员工必须共同遵守的一种行为规范和思想道德准绳,是用一种无形的思想上的约束力量,形成一种自我约束或软约束,制约员工行为,以此来弥补规章制度的不足,并诱导多数员工认同和自觉遵守规章制度。

5.2.5 调节功能

旅游企业文化通过管理与被管理的统一、约束与自由的统一,自动地对企业活动进行着方向性调节和行为性调节;文化本身就蕴含着一种情感机制,可减少成员之间的摩擦,如同良好的润滑剂,对人际关系进行着调节;旅游企业文化的建立还实现了工作与生活的统一,在致力于组织价值目标实现的同时,还关注着职工的业余文化生活,通过健康的文体活动释放工作的紧张,丰富生活内容,调节人们的心理。

5.2.6 辐射功能

旅游和旅游业是社会文明的窗口。旅游企业文化是整个社会文化的一个子系统,与社会文化息息相关。旅游企业文化的这种开放性特征决定它具有全方位辐射的功能,对内有强烈的感染力量,同时可以向企业外部传播,对社会文化产生积极的影响。良好的旅游企业文化以自己独特的文化精神、优良的"自我形象"、充满活力的社会行为发挥了巨大的"示范效应",带动着社会文化的优化和发展,从而成为时代新文化的生长点。

5.2.7　创新功能

旅游企业文化注重开拓适当的环境,赋予全体成员创新动机,提高成员的创造素质,引导创新行为,开发独特的旅游产品,开展有特色有文化新意的旅游服务。

5.2.8　效率功能

旅游企业文化一方面试图通过提高个体活力,来提高旅游企业整体活力;另一方面要求以开放型的体制代替传统僵硬的、封闭式的体制,以提高旅游企业运作效率。

5.2.9　阻抑功能

旅游企业文化也有负面的影响与作用:①对变革的影响(根深蒂固的旅游企业文化有时容易束缚组织变革的手脚);②对个性的影响(旅游企业文化强调统一的价值观、生活方式和服从等,不利于组织成员自身个性多样化和创新能力的发展);③对旅游企业兼并、收购、整合的影响(定势的企业文化可以产生文化融合、沟通的难题,新的文化与原有文化出现摩擦、碰撞,有可能导致兼并、收购、整合的失败)。

有人曾高度概括了旅游企业文化的功能:①铸旅游企业之魂;②育旅游企业之本(注重以人为本的管理,培育爱岗敬业的精神,创造内外和谐的环境);③塑旅游企业之形(内聚人心,外塑形象)。

5.3　世界主要旅游企业文化类型的跨文化分析

在经济发展全球化、企业经营国际化的大趋势下和我国加入 WTO 后的经济环境下,旅游企业的管理者应该"知己知彼",熟知不同国家和地区的企业文化的主要特征,洞悉不同地域背景下的生产经营观念与组织行为特点,在兼收并蓄、取长补短的基础上建立自己具有强大生命力和远大辐射力的旅游企业文化。这不仅是企业从事国际化经营的基本要求,也是企业在高强度竞争环境中求生存、求发展的法宝。"跨文化培训"的热潮目前在国际、国内的广泛兴起表明,对旅游企业文化进行比较研究具有重要的现实意义。这里试就美国、日本、中国旅游企业文化主要特点略作分析比较。

5.3.1　美国旅游企业文化的特点

企业文化理论始创于美国。美国是一个"移民之国",民族文化复杂,虽然历史文化根基较浅,但社会文化后来居上,移民文化的"杂交"优势特别是产业革命与科学技术的进步,有力地推动了美国组织管理思想的发展,并且形成了一种具有强大生命力的企业文化。这种企业文化具有独特风格。旅游企业文化的发源地也在美国。美国人普遍认为企业文化包括旅游企业是推动企业前进的原动力和核心竞争力。主要特点为以下几方面：

（1）追求利润最大化、讲究效率的文化

美国旅游企业是独立自主的经济组织，组织的一切活动都可以归结为经济活动，因此企业活动的终极目标就是讲求经济效益，追求利润的最大化。旅游企业获利状况不仅决定着旅游企业的前途和命运，也影响着旅游企业及企业家在社会中的形象和地位。美国旅游企业十分讲究效率。与此相联系的是，旅游企业在对员工的激励方式上偏重于物质刺激。

（2）以自我为中心的个人主义与能力主义文化

美国文化是世界移民所带来的多种民族文化兼收并蓄的结晶。富于冒险与自我奋斗精神的移民们为寻求自身的发展，背井离乡，开拓进取，他们信仰个人至上（英语中的"我"始终是大写，中国古代汉语中则称"我"为"鄙人""不才"），提倡个人奋斗，崇尚独立、自由、平等、竞争，这些思想至今仍影响着美国的旅游企业文化与管理模式。这里所讲的个人主义在美国是一个褒义词决不同于普通意义上的自私，其本质的含义是"自己是自己前途的主人"。美国旅游企业一般能够在尊重个人价值、个人选择的前提下，最大限度地发挥人的潜能和创造力，为促进个人发展和社会进步做出贡献。"个人主义"与"能力主义"紧密联系，它强调在个人自由、机会均等的基础上进行充分竞争。美国有句流行的谚语："只要努力，牛仔也能当总统。"人们相信个人努力与社会竞争可以推动社会发展，风险创业、机会创业的观念较浓。在美国的旅游企业中，员工普遍具有强烈的个人奋斗和积极进取精神，注重自我价值的实现。与此相联系的是，美国旅游企业在招聘员工时不太强调团队精神和奉献精神，而更多地看员工对旅游行业的兴趣和实际工作能力；旅游企业在对员工的奖励上偏重于个人绩效，不太重视集体绩效。

（3）崇尚权威的英雄崇拜文化

美国是一个创业英雄辈出的国度，在近代工业革命中，这里先后涌现出了大量的创业英雄与实业巨子。创业者的价值，不仅在于创业者本身对经济发展的贡献，更在于它产生的对社会民众的启迪、激励作用。人们崇拜创业者不屈不挠的奋斗精神，视创业者为英雄。美国人普遍地把创业者以及对公司有巨大贡献的人奉为英雄。美国旅游企业同其他企业一样，对英雄人物的崇拜，必然造成权威主义，即企业领导人喜欢运用权力影响而造就职工崇敬、顺从的心理。

（4）重视法律与契约的理性主义文化

美国是一个尊崇法律、法纪严明的国度，公民有很强的法律意识。这使美国企业的法律意识普遍较为浓厚。美国人普遍认为，如果没有正当的法律过程，就不能有正义与公平。对法律的遵从使得美国旅游企业强调按理性主义的信条办事，每做出一个决定，都必须要有坚实的客观依据，强调数据与实证的重要性。讲求程序和秩序，坚持"公事公办"原则，有时在外国人看来几近刻板和迂腐。此外，美国旅游企业与员工的关系，主要是在社会法制化环境下由合同或契约形式确定下来的利益关系或以契约为基础的劳资关系。

（5）倾向于硬性管理的"传统文化"

重视生产经营目标、组织结构和规章制度（Z理论称之为"硬管理"三要素），是美国旅游企业管理的重要特点。美国旅游企业的硬性管理主要表现在对员工控制和物质激励上，即以严密的组织结构和严格的规章制度对员工行为进行规范。

(6) 追求卓越、追求变革的创新文化

美国旅游企业最反对满足于现状，历来崇尚进取与发展，事事追求卓越，具有强烈的创新意识。这是美国旅游企业文化的核心特征，也是美国旅游企业具有强大竞争力和旺盛生命力的一项基本保证。美国是一个喜动好变的民族，求变求新的观念深入人心。旅游企业重视组织变革与组织发展，重视科技创新，以开拓、革新来寻求更好的行为方式和开辟新的经营领域。

5.3.2 日本旅游企业文化的特点

日本国土面积狭小，资源贫乏，自然灾害频繁，民众富于忧患意识和危机感。与中国的长期交流及农耕文化的长期发展，使日本接受了儒家学说的等级观念、忠孝思想和宗法观念；民族单一，内聚力强；战后从西方引进了先进的管理方法，从而形成了东西融合的独具特色的日本企业文化。日本旅游企业文化主要有以下几个方面的特点：

(1) 以社为家、国家至上的价值观念

与欧美国家民众相比，日本人具有更强的企业观念与国家观念。日本人的社会价值观的次序是：公司（社）—国家—家庭—个人。相比之下，美国人的社会价值观念的次序刚好相反。日本人的观念更强调旅游企业目标与社会目标的协调和统一，旅游企业一般具有追求自身经济利益和报效国家的双重目标，旅游员工将爱国之情体现和落实在对旅游企业的效忠上。

(2) 强调价值观念的力量和民族精神的作用

日本在建立旅游企业文化的过程中十分注重继承民族优秀的传统文化、价值观念、道德规范和信仰。日本企业在日常经营管理活动中带有浓厚的宗教色彩。民族精神可以说是日本旅游企业文化的基石。这种旅游企业文化以人为中心，推崇中国儒家"仁义礼智信"的思想观念，武士道的忘我拼搏精神和效忠精神在旅游企业文化中遗风犹存，以至于当今还有一些日本人成为"舍身成仁"的工作狂，这表明日本民族的开拓进取精神在旅游企业文化中长期积淀，根深蒂固。与此相联系的是，旅游企业在对员工的激励方式上注重精神激励。

(3) 富有集体主义和团队精神

日本旅游企业倡导员工和睦相处，合作共事以实现共同目标，以"和"为本，注重劳资关系和谐，实行终身雇佣制，反对彼此倾轧，内耗外损，这正是这种民族精神与企业文化的形象写照。由于企业集团主义的影响，日本旅游企业的员工流动率远比我国旅游企业员工流动率低，较少"跳槽"现象，而是忠于企业，长期在旅游企业工作。因此日本旅游企业舍得在员工培训方面进行投资，重视员工素质和技能的提高。

(4) 重视感情投资与柔性管理

日本在旅游企业管理中始终强调以人为中心，重视感情投资与道德教化，充分发挥人、价值观、作风、技能有机组合的"软管理"作用，实行自主管理制度，善于实行

"有人情味"的管理。旅游企业与员工的关系，不仅是以契约为基础的劳资关系，而且也是以情感为纽带的劳资关系。即使饭店和旅行社经营遇到困境时，也不轻易辞退员工，倾向于实行终身雇佣制(如日本有一家旅游饭店开业34年，仅辞退了两名员工)。员工也心甘情愿、尽职尽责地为企业卖力。美国学者研究认为，美国经济发展速度一度落后于日本，重要原因之一是美国企业的柔性管理或"软管理"不如日本。

(5) 兼容并包的"熔炉文化"

日本在旅游企业管理中积极引进和传播西方的管理观念与方法，重视推崇中国传统文化，努力发掘和创造日本民族管理思想与方法，取长补短，精明善变，将各种文化因子融汇创新，具有将遵守法度、讲求秩序的西方理性主义与追求"一团和气"、讲求"温良恭俭让"的东方灵性主义融为一体的特色，形成了古今一体、东西合璧的旅游企业文化。

此外，民主式的决策方式、重视职业道德教育、节俭成习、家族主义等也是日本旅游企业文化的特点。

但是，日本的旅游企业文化在知识经济时代正在失去一部分优势，如终身雇佣制、家族主义等。

5.3.3 中国旅游企业文化的特点

中国是一个文明古国，文化历史悠久，传统的民族文化中蕴涵着许多卓越的组织管理思想，但也有一些封建、糟粕观念。前者是当今建设企业文化的宝贵精神财富，后者则妨碍着企业文化的建设与发展。同时，由于工业化水平较低、市场经济实践的历史短暂，旅游业还不够发达，相对发达国家而言，中国旅游企业文化还不够成熟，特点也不甚鲜明。大致说来可归纳为如下几点。

(1) 古为今用、洋为中用的企业文化思想意识

改革开放以来，中国的旅游企业文化建设，既注重发掘和吸取古代优秀传统组织管理思想，又努力学习现代西方先进的企业管理文化。

(2) 过渡性比较强

具体表现为在旅游企业经营管理上由封闭型思想向开放型过渡，由中庸保守向开拓创新过渡。经济体制的全面改革和社会的变革使中国的旅游企业文化建设正处于转型之中。

(3) 改革蔚然成风

企业改革的浪潮包括企业组织结构的变革、管理方式的革新、行为价值取向转化已经冲击到每一个旅游企业，在改革中图生存、求发展已经成为人们的共识。

(4) 追求标准模式和大一统思想

尽管随着市场经济发展我国旅游企业文化建设有了多元化的端倪，但由于传统文化的巨大惯性，尚同重群，寻求某种一般化模式、追求大一统思想仍是当今中国旅游企业文化建设的一个特点。这可以从千店(社)一面的管理模式和千篇一律的旅游企业精神表述见其一斑。缺乏创新和个性是中国旅游企业文化建设应着力解决的问题。

(5) 受实用主义、功利主义、形式主义、经验主义影响较深

许多旅游公司的企业文化建设，常持实用主义的态度、功利特征明显、形式主义

泛滥，凭经验和感觉行事，缺乏哲学指引和理性的深刻，因而常常也就缺乏其对企业发展的引导作用，竞争力不强，生命力不足。

(6) 重"人治"、轻理性、轻"法治"的非制度型企业文化

历史传统文化的深刻影响，使我国的旅游企业文化目前从总体上讲仍表现出很强的"人治"特色，片面注重人际关系，缺乏追求理性和法治的精神。随着社会的变革和进步，相信未来中国旅游企业文化将会向淡化"人治"、追求"法治"的制度型企业文化方向演化。

(7) 诚信精神有待加强

成熟的市场经济应该是信用经济，然而在我国的旅游市场经济运作中，诚信已经成为一种危机。据中国社会调查事务所在北京、上海等5个大城市的抽样调查结果显示，旅行社信誉不佳已成为影响旅游者出游的最大障碍之一。中国的旅游经营诚信精神亟待加强，这可从旅游市场上的种种不规范运作中见其一斑。此外，顾面子讲人情、重过程轻结果、缺乏创新等也是中国旅游企业文化的特点。

综合上述分析，我们可以将上述国家旅游企业文化的特征概括为：美国是一种效率导向、倾向于"硬管理"的创新型旅游企业文化；日本是一种东西合璧、刚柔兼济，并倾向于"软管理"的旅游企业文化；中国是处于社会变革中的尚未充分发育的旅游企业文化。所有这些企业文化都以其卓越的功能为世界经济的发展和人类文明的进步做出了重要贡献。在现代化的进程中，中国的旅游企业文化建设，应注意吸收美国、日本等先进国家旅游企业文化的精华与异质优势加以消化，并将其植根于自己民族文化的土壤之中。只有这样，方能培育出自己的优势与特色并以旺盛的活力不断创新发展。

5.4 旅游企业文化发展趋势

5.4.1 注意学习氛围的培养

20世纪末最成功的企业是学习型组织，它不仅仅被视为业绩最佳、竞争力最强、生命力最强、最具活力的组织，更重要的是使人们在学习的过程中，逐渐在心灵上潜移默化、升华生命的意义。所谓学习型组织，就是在发展中形成了持续的适应环境和变革能力的自适性组织。具体讲，是指通过培养整个旅游企业的学习气氛，充分发挥旅游员工的创造性能力而建立起来的一种有机的、高度柔性的、符合人性的、能持续创新发展的组织。企业竞争说到底是学习力的竞争。学习对组织的持续发展至关重要，新经济环境下最成功的企业仍然会是学习型组织，学习型组织在旅游企业文化建设中将进一步受到关注。

5.4.2 与生态文化有机的结合

生态文化是一种新型的管理理论。生态文化属于生态科学，主要研究人与自然的关系，体现的是生态精神。而企业文化则属于管理科学，主要研究人与人的关系，体现的是人文精神，但是本质上二者都属于一种发展观，运用系统观点和系统思维方

法，从整体出发进行研究，以持续发展为目标。旅游企业文化发展的诸多方面，需要以生态文化来与之结合，将生态文明建设作为旅游企业文化建设的重要内容。因为，第一，有些旅游企业(如旅游景区景点、旅游饭店等)在发展中忽视了对周边环境的影响，为环境的恶化及末端治理付出了沉重的代价；第二，现代消费群更青睐于绿色产品，旅游企业应提高旅游产品的生态含量，把生态文明建设与旅游发展有机结合；第三，旅游企业要实现可持续发展，"生态文明建设"是其必由之路，生态文化融入企业文化后不仅可扩大旅游企业文化的外延，而且有利于旅游企业树立良好形象。

5.4.3 更加注重树立良好的企业形象

旅游企业形象直接与旅游企业的兴衰、优劣相联系，旅游企业的知名度与美誉度有机结合构成了企业在公众中的形象。良好的知名度与美誉度，是旅游企业一笔巨大的无形资产，如果声誉卓著，旅游企业就能招揽到更多的优秀人才和赢得更多的顾客，就能吸引到更多的投资，就能得到社会的支持和帮助。经济全球化使得竞争更为激烈，旅游企业要脱颖而出，形象战略尤为重要，它是旅游企业在市场经济中运作的实力、地位的体现。

5.4.4 更加注重企业精神与企业价值观的人格化

价值观是企业文化的核心。旅游企业要努力培育"生死与共"的价值观，使企业全体员工增强主人翁意识，能与企业同呼吸、同成长、同发展、共生死，做到旅游企业精神与旅游企业价值观的人格化，实现"人企合一"。对职工的工作赋予挑战性并给予不断鼓励，使他们对工作经常保持新鲜度与成就感，责任感无形中也得到加强。

5.4.5 更加重视"人本管理"

商业化管理的本质特征是以物为中心，以全面追求利润最大化为目标，忽视人的因素，在管理上迷恋于铁的纪律、绝对服从和至高无上的权威，这样劳资之间变成了纯粹的雇佣与被雇佣关系。但旅游企业文化绝对不是片面的发掘职工体力，更重要的是发掘职工的智力资源，更注重于人的因素。企业文化理论的本质特征是倡导以人为中心的人本管理哲学，反对"见物不见人"的理性管理思想，主张将培育进步的企业文化和发挥人的主体作用作为企业管理的主导环节。所以，旅游企业不能再受商业化的束缚，在旅游企业文化建设中，要把主要精力投向人，大力加强"人"的建设，做到"以人为本"。

5.5 旅游企业文化的建设

5.5.1 旅游企业文化建设的内涵

旅游企业文化建设是指企业成员有意识地培育优良文化、克服不良文化的过程。主要内容有：①培育具有优良取向的价值观念，塑造杰出的旅游企业精神；②坚持以人为中心，全面提高旅游企业员工素质；③提倡先进的管理制度和行为规范；④加强礼仪建设，促进旅游企业文化的习俗化；⑤改善物化环境，塑造旅游企业的良好形象。

5.5.2 旅游企业文化的评价标准

科学评价旅游企业文化的标准应包括以下几个方面：

(1) 民族性标准

旅游企业文化作为一种亚文化，应该深深扎根于民族文化的土壤之中。中国的旅游企业文化建设应该吸取中华民族传统文化的精华（如勤劳节俭、自尊自强、重视名节、提倡仁爱、崇尚和谐等观念），同时也应扬弃一些消极东西（如人际关系中的内耗，讲排场、比阔气、图虚名以及过于讲究中庸之道等）。

(2) 时代性标准

旅游企业文化的建设应与发展变化着的时代协调一致，紧跟时代步伐，如树立科学的旅游发展观和人本意识、创新意识、信誉意识、全球意识以及效率观念、市场观念、信息观念、竞争观念等。

(3) 个异性标准

每个旅游企业都有自己独特的历史传统和与众不同的内外环境，因此其企业文化应该有自己的个性，有个性才有吸引力与生命力。旅游企业文化的个性一般体现在以下3个方面。

行业特点　不同的行业如旅游景区、旅行社、旅游宾馆、饭店的经营活动差异很大，因此在长期生产经营活动中形成的经营哲学、价值观念、行为习惯也带有鲜明的行业特色。

产品特点　一些旅游企业把目标企业文化与产品名牌挂钩，使职工感到亲切、形象，容易理解、记忆和认同。

企业特点　每个旅游企业在规模大小、历史长短、运营优劣、效益高低上差别较大，因此在生产经营活动中所遇到的问题各不相同，因此旅游企业文化建设应抓住本企业的主要矛盾，具有鲜明的针对性。

5.5.3 旅游企业形象的塑造

企业形象塑造即 CIS 策划（或企业形象识别战略，或企业识别系统），它是旅游企业文化建设的重要内容，也是旅游企业竞争战略和旅游企业核心竞争力的重要组成部分，其包括3个层次。

(1) 理念识别(MI)

理念识别(MI)主要包括旅游企业文化的精神层面的设计与塑造，如企业目标和宗旨、经营哲学、基本信念、企业精神、企业道德等。

(2) 行为识别(BI)

行为识别(BI)主要包括旅游企业文化的制度与行为层面的设计与塑造，对内有组织管理、规章制度、培训教育、企业礼仪和风尚、工作作风等；对外有市场调研、产品推广、服务态度与技巧、公共关系活动等。

(3) 视觉识别(VI)

视觉识别(VI)主要包括旅游企业文化的物质层面的设计与塑造,如名称标志(如酒店的店徽、旅行社的社徽、景区景点的标徽)、标准色、标准字、精神标语、手册、产品特色及其包装、宣传广告、招牌与旗帜、工作服饰、店容店貌、纪念物(如雕塑、纪念碑)、建筑风格与绿化美化(如北京香山饭店是由建筑大师贝聿铭设计的,灰白色的饭店像鸟窝一般依偎在四周连绵起伏的群山上层林尽染的红叶中,令人美感油然而生)乃至企业所处的地理环境等。

上述3个层次与文化的3个层次(观念层、制度层、器物层)相对应,三者犹如心、手、脸之关系。旅游形象塑造或进行旅游CIS策划是为了使旅游企业的心、手、脸有机统一,并使人能高度识别。

5.5.4 旅游企业文化建设应遵循的原则

旅游企业在建设企业文化时应遵循如下主要原则。

(1) 人本原则

"以人为本"的管理理念是旅游企业最成功的经验,一切从人出发,以人为根本,采用一切行之有效的手段和方法,深入发掘人的潜能,充分调动人的主动性、积极性和创造性,引导员工实现企业利益目标,实现企业与员工的"双赢"方针,即"员工为企业创造效益""企业让员工得到发展"。

(2) 创新原则

创新是旅游企业文化建设的灵魂。旅游企业在企业文化建设中应具有创新意识和创新精神。在企业价值观念创新的同时,开展一系列有特色和有吸引力、有影响力的活动,开发独特的旅游产品,开展有特色的旅游服务,使企业文化富有长久的生命力。

(3) 独特原则

旅游企业在企业文化建设中要遵循独特性原则,根据自己的行业特点和本企业的实际,在形象塑造的理念识别、行为识别、视觉识别各个层面都要保持特色和个性,使之具有吸引力、感召力和竞争力。

5.5.5 旅游企业文化建设的关键环节或主要方法

(1) 领导垂范法

旅游企业的领导是旅游企业文化的倡导者和塑造者,更是旅游企业文化的实施者。首先旅游企业主要领导要重视企业文化建设,并在组织机构的建设上落实。在实际工作中,一方面领导通过归纳提炼,将旅游企业文化升华为某种理念、精神,并通过宣传鼓动,使企业文化精神在本企业得以落实;另一方面,旅游企业领导以自己的作风、行为在旅游企业文化建设过程中起着潜移默化、率先垂范的作用。例如,陕西渭南市的祥龙宾馆抓好企业文化建设,并在历经风雨考验中取得巨大成绩,就与总经理李社会的表率作用分不开。大量事实说明,企业的价值观和行为规范真正成为企业员工观念和自觉行为,不是靠行政命令和强制性压力,极大程度上依赖企业领导对员工感染力。因此旅游企业领导言传身教、身体力行，是旅游企业文化建设中最关键的环节。

魏杰教授指出：企业领导人的一项重要工作就是要做企业文化的"传教士"，因为如果没有一个大家信奉的统一观念，企业是干不成大事的。国外旅游公司培训会很多，培训的主要内容是讲授旅游企业文化，而且公司的最高领导要亲自讲课，向员工灌输该公司的企业文化，使员工认同企业文化。

(2) 楷模带头法

在塑造优秀旅游企业文化的过程中，英雄模范人物是"排头兵"，起着带头引导作用、骨干作用和示范促进作用。英雄模范人物是旅游企业文化的生动体现，他们为全体员工提供了角色模式，建立了行为标准。通过他们，向外界展示了旅游企业的精神风貌，也给全体员工提供了学习的榜样（如湖南湘潭市新天地旅行社导游文花枝的英雄事迹等）。英雄模范往往成为一个旅游企业文化的具体象征。在建设旅游企业文化中，要特别注意发现典型，培养、宣传企业自己的英雄模范人物。

(3) 利用事件法

旅游企业价值观的揭示，行为规范的形成，企业成员间相互理解的产生，往往是通过一些关键事件。例如，当旅游企业面临危机时，领导处理危机的方式，企业员工的反应，往往会导致新的判断准则、行为规范和工作程序的产生，并且由此显示企业最重要的基本价值观念。实践表明，不失时机地抓住关键事件，对于旅游企业文化的塑造和传播有着非常重要的作用。

(4) 广泛教育法

旅游企业文化建设要实行广泛教育的方法，发挥教育培训和"传说""故事"的作用。

旅游企业在招聘员工时要进行教育培训。首先是"人模子"的教育，采用丰富而有成效的形式让本企业的文化理念深入人心、印入人脑，即进行文化"洗脑"；其次才是业务知识的培训和操作技能的培训。

旅游企业文化的价值观往往会反映在旅游企业的一些"传说"和"故事"当中。在一个有强有力文化的旅游企业中，"传说"和"故事"往往很多，如旅游企业如何艰苦创业，如何战胜竞争对手，如何在经济困境中走出低谷，如何发展新产品与开拓市场……，每一个事件都会留下一串故事。旅游企业经历的事件越多，旅游企业文化就越成熟，留下的"传说"和"故事"也就越多。如美国某饭店门口立有一个在此店工作过48年的门童的塑像（这位员工能记住入店的每个客人的名字和面孔，用心去做事，敬业爱岗）。通过"传说"和"故事"，企业可以广泛地在员工中传播它的思想意识和价值观。这种方式对新加入旅游企业的成员理解本企业的文化背景尤为有效。

此外，还可以举办有关业务知识讲座、设立图书阅览室和编辑印发旅游企业文化报刊等。

(5) 载体传播法

旅游企业文化的生长不是空泛的概念演绎，而要通过各种具体的活动和一定的形式来催化（如表彰会、庆功会、职代会、团拜会、联谊会、运动会、歌舞会等），在这里,旅游企业的仪式和典礼起着重要的作用。仪式或礼仪是价值观的载体,使价值观外在化,如日本旅游企业广泛实行的"朝礼"(在上班正式工作前15分钟由领班带领员工进行"店训"或"社训"朗诵等活动),我国某些饭店、景区的"迎宾仪式",都从某个方面昭示了本企业的文化;仪式是一种动态的文化,可将"道"转化为"行",而且它有形、具体,具有很强的可操作性,便于旅游企业运作;一些大的庆典仪式具有戏剧化的特征,可对旅游企业文化起到强化作用。

总之,我们可以借助于规章制度(强化)、良好风气(定势化)、英雄模范人物(人格化)、群体活动(共识化)、仪式与器物(情境化)等途径来培育优良的旅游企业文化。

此外,旅游企业文化建设还应突出民族特色(文化越是民族的,就越具有世界性,就越具有国际竞争力)、时代特色(与时俱进,保持旺盛的活力,以体现时代前进方向的文化内容作为自己的特征)、坚持先进性(按先进文化需求建设企业文化),特别是以人为本,因为从现代经营的观点看,旅游企业文化不仅把旅游企业看成人们从业谋生的场所,而且把旅游企业看成是职工实现自己的抱负、社会责任感和社会历史使命的组织。人是旅游企业的中心,一切为了人,一切关心人,一切尊重人,一切引导人,一切塑造人,应是现代旅游企业文化的基本理念。

企业文化作为一种先进的现代管理理论,在我国管理实践中越来越显示出强大的生命力。加强旅游企业文化理论研究,不断总结和创造新的管理经验,切实为深化改革和社会主义市场经济服务,是旅游界、管理界和理论界的一项重要任务。将企业文化建设付诸实践,更是我国广大旅游企业任重道远的事情。

【思考题】

1. 简述旅游企业文化的定义、内容、结构。
2. 简述旅游企业文化的特性、功能。
3. 试比较美国、日本两国旅游企业文化的特点。
4. 旅游企业识别系统(CIS)包括哪些层次及内容?
5. 描述旅游企业文化的发展趋势。

【案例分析】

宜昌国际大酒店的企业文化建设

宜昌国际大酒店诞生于1998年,总投资2.3亿元,是一家集客房、餐饮、商贸、旅游服务于一体的四星级旅游涉外酒店(以下简称"国酒")。酒店成立6年来,营业收入每年以21.7%的速度递增,其中,作为酒店主要利润来源的客房收入年平均增幅达31.2%。国酒能取得这样的成绩,主要是因为酒店注重企业文化建设。"追求卓越、创造未来"八个字浓缩了企业文化的灵魂。

科学管理奠定了国酒企业文化的基础。酒店开业之初,就选送大批员工到广东国际大酒店进行理论和实际操作的培训,而广东国际大酒店咨询班子带来的全套"分工精细、环节管理严谨"的管理规范,在当时的宜昌旅游饭店业界,显得非常先进和科学,宜昌国际大酒店迅速打下了管理基础,走上正轨。2002年酒店率先在湖北省酒店饭店业同时通过 ISO 9001 质量管理体系和 ISO 14001 环境管理体系的双项国际标准认证,并组织编纂了国内酒店业第一部关于 ISO 质量、环境认证的管理专著——《宜昌国际大酒店实施 ISO 9001/14001 标准管理全书》(194 万字),此书由国家旅游局何光纬局长亲自作序,中国旅游出版社出版发行,并于 2002 年 12 月公开发行,在旅游饭店界形成一定影响。国酒的科学管理逐步与国际接轨,走在了同行业的前列。

营造酒店文化氛围,打造国酒文化精品。在营造酒店文化氛围方面,酒店多次派专人学习、借鉴其他宾馆、饭店、知名建筑的文化氛围、建筑特色,并投 50 万元,聘请知名的设计公司——香港宏利设计公司对酒店氛围设计改造,营造出浓郁的楚文化氛围,反响很好。首先,国酒醒目的店徽蕴涵丰富,一群江鸥在蓝天上展翅翱翔,既点出了酒店的地理位置——位于长江之滨的宜昌,又昭示了国酒"团结一心、拼搏向上"的企业精神。国酒人还自创了一首真诚热情、充满自信的店歌《我们的真情天长地久》,新员工入职要学唱店歌,酒店每当有重大的庆典活动或重大的接待,都要高唱店歌,唱出了国酒人"以情服务"的心声。酒店开业不久,就办起了《宜昌国际大酒店报》,店报集中酒店企业文化建设的精华,引起了店内外广泛的注意,店报文章也多次被省内外报纸杂志转载,已成了酒店对外宣传的窗口。宜昌国际大酒店网站不断更新,成为了酒店对外宣传和信息交流的平台。2002 年 6 月,拍摄推出由酒店员工刘红艳、徐晓光与《三峡,我的家乡》作曲者王原平联袂创作的歌曲《故乡的老槐树》;9 月,该曲代表湖北省参加首届中国职工艺术节音乐展演,获铜奖和创作奖;11 月 20 日在湖北产业系统歌手大赛上获银奖,昭示了酒店独有的企业文化。

宣传企业精神,树立独特的企业文化形象。酒店导入了"倡导绿色消费,创建绿色饭店"的经营理念,创建了湖北省首家"绿色饭店"。2002 年是世界生态旅游年,为推广 ISO 14001 环境管理体系、推广绿色饭店,顺应时代绿色主题,2002 年 4 月 18 日,酒店策划推出了"三峡问候珠峰——宜昌国际大酒店摩托车队穿越西藏、挑战极限、绿色环保万里行"活动,以"绿色消费、保护环境及可持续发展"为主题,以"骑摩托车探险"形式,穿越了张家界、凤凰、铜仁、贵阳、普宁、昆明、丽江、云贵高原、拉萨等地,20 余天走过了滇藏、川藏、青藏的 6000 余公里路线,翻过了玉龙雪山、白马雪山、哈巴雪山、梅里雪山、加拉得勒和南迦巴瓦等数十座世界著名的大雪山,沿途向各宾馆饭店宣传环境保护、宣传绿色饭店,充分向世人展示了宜昌国际大酒店重视绿色产业文化、勇于创新开拓、挑战自我的精神风貌。"人与生物圈"计划中国国家委员会、中国环境报、西藏自治区政府等各级人士参与了此次活动,国家环保局解振华局长对活动予以高度赞扬。

"以人为本"的管理理念是国酒企业文化的核心思想。一切从人出发,以人为根本,采用一切行之有效的手段和方法,认真地发掘、科学的管理,充分调动人的主动性、积极性和创造性,引导员工实现企业利益目标,实现企业与员工的"双赢"方针,即"员工为酒店创造效益"、"酒店让员工得到发展"。在员工中开展职业生涯设计。从员工一进入酒店开始,就运用科学的手段培训,指导员工确定自身的职业目标,帮助其设计个人成长计划，使员工的个人目标和企业的整体目标形成一致，从而实现"双赢"。"全面发展"和"参与管理"是人本管理思想的两大特征，为此，国酒把员工参与管理作为酒店的一项基本制度，将每月的 15 日定为双向沟通日。来自一线的员工代表、各部门经理、管委会成员共同参加，员工代表坦诚直率地提意见或建议，相关管理人员必须现场解释和回复；对暂不能马上解决的问题，要立下军令状，限期解决；对员工普遍关注的问题，责任部门经理还要在下期的沟通会上反馈，"给员工一个满意的交代"从而形成了"员工是酒店的灵魂，没有优秀的员工，就没有优秀的酒店，没有满意的员工，就没有满意的顾客"的员工理念。

宜昌国际大酒店一步一个脚印，走进了现代企业机制的大门，2003 年 6 月宜昌国际大酒店改制成公司，张家界疗养院、荆门铁路宾馆、宜昌铁道大酒店汇集在宜昌国际大酒店的麾下，数亿万元资产的组合，又具备了打造集约化航母的条件，前方将出现一片更美好的征程。

（案例摘自：李齐放主编，《群峰一线开——三峡地区企业管理案例》，北京：中国财政经济出版社，2004 年出版。本案例由胡春梅、胡晶晶执笔。本书引用中略有改写）

案例分析参考题：
1. 从饭店企业 CIS 的角度分析国酒是如何构建企业文化层次的？
2. 结合案例谈谈企业文化建设在人力资源管理方面所发挥的作用。
3. 结合案例分析国酒饭店企业在建设企业文化时遵循了哪些原则？
4. 通过学习这个案例，对我们进行旅游企业文化建设有哪些启示？

第6章 旅游区域文化

【本章概要】

旅游的根本目的之一是体验异地文化，地域文化是当地旅游业和景观的灵魂，是旅游区长盛不衰、可持续发展的保证。纵览世界各大著名的旅游区，它们无不包含独具特色的地域文化和鲜明的地域特征。旅游区域文化是当前旅游开发与建设不可忽视的重要因素之一。本章从理论上论述了地域文化的概念与特征，介绍了中国旅游文化区域的分布及其基本状况与文化特征，重点阐述了区域旅游文化的策划及旅游地域文化形象的塑造。

【学习目标】

1. 掌握地域文化的定义及特征。
2. 了解中国旅游文化区域的地理分布及其特色。
3. 正确理解旅游区域文化与旅游开发建设的关系。
4. 掌握区域旅游文化建设的原则。
5. 培养学生对旅游地形象的分析与策划能力。

【关键性术语】

地域文化；旅游文化区域；旅游形象；策划；形象塑造；本土化；伪文化；文化褪色；文化融入；氛围营造。

6.1 地域文化概念与特征

中华文明绵延、腾跃五千年，每个地区都有其发展独特的历史轨迹，风格鲜明的区域特征和挥之不去的文化记忆，换言之，不同的地域或区域环境和历史积淀造就了不同的地域文化。地域文化又称区域文化，二者概念基本相同。但对地域文化的定义及其特征表现，学术界尚存在不同的看法。

6.1.1 地域文化的定义

有学者从考古的角度提出，地域文化是专指先秦时期中华大地不同区域的文化，是这些特定区域的人民在特定历史阶段创造的具有鲜明特征的考古学文化。

一些学者则将地域文化划分为广义的和狭义的，认为狭义的地域文化专指先秦时期中华大地不同区域内人民所创造的物质财富和精神财富的总和；而广义的地域文化则指中华大地不同区域的人民所创造的物质财富和精神财富的总和，包括古至今一切文化遗产。

经过学术争鸣，目前多数专家学者认同：地域文化就是在中华大地一定的地理区域范围内，经过长期的历史积淀所形成的，独具特色、传承至今仍发挥作用的文化传统、遗存、习俗等产物。通俗的表述就是人们常说的"百里不同风，千里不同俗"。当然，地域文化不仅仅局限于或等同于风俗。

什么样的文化才是真正的地域文化呢？为什么不同的地域会产生不同的地域文化呢？认识和了解地域文化对我们现代人又有什么启示呢？这就需要分析了解地域文化的特征及其形成的原因。

6.1.2 地域文化的基本特征

地域文化作为文化的一种类型，具有一般文化形态所拥有的共同属性，但它又是一种特殊类型，有着自己的特殊性质。这种共性和个性一起构成了地域文化的基本特征。一般来讲，地域文化具有如下主要特征。

（1）强烈的地域性

地域性是地域文化的最基本的特征，也是其核心。这里所说的"地域"，不仅仅是特指"本乡本土"的地理概念，还包括了在这一方水土上生存的人群以及由此产生的地域人群"集体潜意识"的"地域隐形文化"。也就是说，共同地理范围中生活的人群的共同心理的地域性，是地域文化的核心，它决定着地域文化的存在，是区别不同地域文化的主要标志。

从旅游文化的角度来看，我国华北地区许多景观具有"雄浑、粗犷、豪放"的地域特色，所以自古"燕赵多慷慨悲歌之士"。而江南地区则地形复杂，多绵延的丘陵、密布的河流，景色秀丽妩媚，民性则聪颖柔弱，许多自然、人文景观都有"灵秀、小巧、雅致"的特色。至于楚文化，则有另一种风格。楚地先民好祀鬼神，富有激情，生活浪漫，想象力丰富，故楚地成为中国古代文学艺术浪漫主义传统的发祥地，产生过《离骚》等文化巨著。楚地的旅游文化，又显示出瑰丽、奇异、浪漫而略带神秘感的特色，故有学者将湖北的旅游形象定位为"神奇江山，浪漫楚风"。可以说，每一地域的人们，都有属于自己地域特色的生存环境和生活方式。俗语道："靠山吃山，靠水吃水""一方水土养一方人""一方人习一方环境""一方环境育一方文化"。当年曹操挥师南下，欲统一中国，赤壁一战只因中原将士不习水战，不服水土，百万雄师毁于一旦。由此，地域间自然、文化之差异及作用可见一斑。文化则又恰恰源于环境和生活，随着地域环境和生活方式的变化而发展；不同的地域环境，不同的生活方式，文化也就各异。河姆渡文化与大汶口文化是公认的中华民族文明两大起源，由两者遗址中出土的文物可以看出，南北文化的差异性已经初现端倪。在以后几千年的发展过程中，形成了各自所特有的文化体系，而且，由于政治、历史等多重原因，地域间的划分日趋具体,这就是为什么在先秦出现了齐鲁文化、荆楚文化、吴越文化等一系列具有地域特征的文化体系。可见,地域间存在着生存方式的差异性和特殊性,即存在地域文化差别。

(2) 辩证的历史性

地域文化也是人类文化长期演变的结果,是在发展中形成与延续的,所以它具有历史继承性和演进性等特点。地域文化既有本地域历史文化的沉淀、继承和发展,也有对其他地域文化的吸收和融合。它的形成是进化和创新的过程。在这个过程中,历史会在文化身上烙下深深的时代印记。如齐鲁文化就是特定历史时期产生的地域文化。春秋时期,百家争鸣,齐文化与鲁文化,可以说是两朵风格截然不同的文化奇葩。由于历史的撮合,两者构成了一个体系——齐鲁文化,生存并发展于齐鲁大地。至汉武帝时,"罢黜百家,独尊儒术",齐鲁文化中的儒家文化成为了中华文化的正统,延续并影响了中国两千余年。在这个发展过程中,由孔孟之道到程朱理学,儒学也在不断地变化,先后与道学、玄学、佛学等结合。可见,地域文化在各个历史时期的都有不同的特征,但是,它却有其自身的延续性和更替法则。

(3) 特殊的民族性

地域文化民族性特征的具体反映就是风俗与民俗文化。一方面,在我国,由于"大杂居、小聚居"的民族生活现实,使民族分布于神州各个角落。每个民族由于生活区域、生活习性和生活方式等的不同,因而各民族间的文化存在着较大的差异,而形成了不同风俗或民俗的地域文化。另一方面,即使是同一个民族,由于地域的分野,自然条件影响,也形成了不同的风俗与民俗。所谓风俗,应劭在《风俗通》中曾有过解释:"风者,天气有寒暖,地形有险易,水泉有美恶,草木有刚柔也。俗者,含血之类,像之而生。故言语歌谣异声,鼓舞动作殊形,或直或邪,或善或淫也。"(张亮采,1996)。用现在的话说,风俗就是在一定的自然环境中,在一个特定的社会群体中所长期形成的生活习惯,一种模式化的行为。而民俗,就是民间社会生活中传承文化事象的总称,是一个地区、一个民族世世代代传袭的基层文化,通过民众口头、行为和心理表现出来的事象。这些事物和现象,既蕴藏在人们的精神生活传统里,又表现于人们的物质传统中,可以说这个定义主要是从文化的角度强调了它的民间性和习惯性,说得直白一点,民俗就是民间的习惯成自然。由于这种民间的社会生活习惯或模式化行为处在不断的运动中,如行风一样,所以古人又形象地称其为"风俗"。可见民俗与风俗二者本质是一样的,只不过是风俗概念出现更早一些,其外延更注重的是地域的概念。民俗概念始于汉代,其"民"更强调的是人们的分野,阶层之分,族类之分。由于古代人们流动小,一定的"民"总与一定的"风"相对稳定在一定的地域里,故二者虽有区别,但是其联系也是割不断的。二者都是地域文化的具体表现。用地域文化来表述一定的文化现象,虽弱化了文化的民族性,但不等于它失去了民族性。

古希腊心理学家伊壁鸠鲁(Epicurus)认为,不同民族表明同一事物的名词之不同,不只源于那个民族与其他民族的不同本性和那些事物在那些民族中的每个民族那里产生的印象。这说明两个问题:第一,民族间文化产生差异性的原因来自两个方面,民族自身的本性和事物对一个民族生存所产生的作用;第二,各民族间的确存在着强烈的差异性。

在以上地域文化特征中，虽然地域、历史、民族都存在着差异性，但由于地域相对比较稳定，故我们把地域、历史、民族三者用"地域文化"归而统之，以便正确认识和研究。

6.1.3 地域文化对现代旅游的启示

作为旅游文化研究的对象之一，正确认识和开发地域文化对现代旅游有着至关重要的意义。其中最重要的是它能启发我们对旅游文化特性的认识，进而更有利于在实践中发掘旅游文化内涵，推动区域旅游业的发展。

目前学术界对旅游文化的特性仍在探索之中，但其中也不乏颇有见地的观点。为大多数人认同的主要有：综合性、地域性、继承性等观点，此外还有民族性、变异性、时代性、新奇性、多样性、大众性、服务性、多元二重性、双向扩散性等。但这些"特性"大多存在一个共同的不足，就是不够"特"，而局限于一般文化的共性表述而已。

要揭示旅游文化的特质，就应该区别于一般文化的共性，抓住特殊性；就应该将旅游文化置于一个矛盾发展的过程来看，将地域文化纳入旅游文化范畴，作为一个特殊的文化现象看待。它的矛盾运动的对立统一，突出表现在2个方面，即：文化求异与认同的对立统一；文化求新与守真的对立统一。这两对对立统一的矛盾运动最终的落脚点就是地域文化永无止境地不断创新发展的过程。

(1) 文化求异与认同的对立统一

众所周知，旅游者出游的主要动机之一是出于对旅游目的地的景观和文化的好奇与认同。旅游行为的起点首先源自于动因。作为旅游行为的主体，旅游者之所以选择旅游，最基本的原因就是其有着旅游需要。需要的期待是目标，目标是旅游消费行为最主要的诱发因素。需要与目标相遇产生动机，动机是旅游消费行为的主要推动力量。在这里，需要、目标、动机都是旅游行为的原因。而作为旅游文化主体的心理活动，则都是建立在一个文化求异与认同的前提下。换言之，旅游是人们在一定的社会经济条件之下，为了缓解压力、放松身心、审美追求、获得精神与物质方面多种满足（特别是好奇心的满足等各种身心自由的体验）的异地休闲生活方式。旅游活动是人们的旅游消费心理的求异与认同和旅游文化环境的异质特征相互作用的结果。

无论是从旅游消费心理还是从旅游环境看，都是因为一个求异性才唤起了旅游活动的开始，而在整个旅游过程中，旅游者无时不表现出在文化时空上对新与异、奇与美的追求。"在空间上表现为体验与探索异域文化的渴望，在时间上表现为对后向文化即传统文化或前向文化即新型文化的向往"（马波，1998）。而作为旅游介体，其参与旅游过程的目的虽然是为了获取经济利益，但为了达到高效益的目的，它必须参与旅游文化产品的生产，并努力挖掘旅游客体文化的异质性，以制造出有韵律、有意味的文化表现形式，突出旅游产品的文化差异，以提高旅游的吸引力。一般而言，旅游目的地和旅游客源地的文化差异越大，对旅游者的吸引力就越大。这已经成为当今旅游开发遵循的一个基本原则，即把握住旅游吸引物的独一无二性和垄断性。这就是人们常说的"越是民族性的,越具有世界性"。同时,旅游的文化价值还表现在于旅游际遇主客之间的文化的相似性,即在旅游中时常表现出来的文化认同和文化寻根。同时,文化的异质性对旅游动因的刺激又是有度的,如果文化差异到旅游者无法认同、无法接受、无法交流的程度,甚至产生"心理震撼",就大大削弱了旅游吸引力,让游客望而却步。这就不仅不会促进旅游业的发展,反而会起到阻碍作用。大多数人都不会选择将自己置身于一个不了解、不适应的文化之中去冒险,去体验没有身心自由与安全的"非惯常环境"。所以,和谐的旅游在求异的同时,也是一种文化认同的过程。从异质文化中找到相同点,哪怕是一种潜在的或已经消失了的,这才是旅游者最大的满足,也是最有意义的交合点。所以,不少学者都赞同"旅游文化是文化求异和文化认同的平衡,是不同民族文化的冲突交流,是传统文化和现代文化的交汇。"事实上,旅游文化作为一个运动的矛盾体,它的发展与创新正是基于这种求异与认同对立统一过程中相对平衡的平台之上的,这也是它较之其他文化最具特性的地方。研究地域文化,开发地域文化是达到文化求异与认同的最有效办法,也是最终目的。

(2) 文化求新与守真的对立统一

旅游文化从某个方面说是个致力创新的过程,同时也是一个要努力保住特色、强化本质的过程,这就是求新与守真的对立统一。地域文化的本质也要求这样。从历史上看,文化的创新与发展,离不开交往。反过来说,没有交往的文化是很难发展的,有的最后会凝固成为封闭文化或死文化。而旅游文化之所以能承继、发展、生生不息,就在于它是一个永远创新、求新的文化。在旅游的过程中,始终存在着异质的地域文化的双向交流与扩散的客观事实。我们在前面说过,旅游者的旅游动机主要是文化上的求新、求异心理。换个角度看,这种文化的交往,一方面是旅游者将客源地的文化带到了旅游接待地,自然会引起接待地文化的变化。这种变化虽然在短时期内难以看出,但它持之以恒,而且是复杂的、多方面的潜移默化,最终会形成对接待地的语言文字、风俗习惯、伦理道德、价值观念等文化领域的强大冲击。这种冲击又是旅游文化创新过程必不可少的。一个没有受外来文化冲击、洗礼、增添新鲜血液的文化是没有活力的文化。创新是旅游产品的生命线,因为旅游就是求新求异动机的驱使。然而,如果开发的旅游文化产品,一味追求新奇,一味追求市场,在发展过程中丧失了调控能力,也容易商品化、媚俗化,使文化失去本真,产生异化(如民俗文化的旅游开发),使地方文化失去特色。同时,这样的旅游产品也是欺骗和戏弄游客的,因为游客购买和消费的是旅游文化赝品,而且为此浪费了他们的金钱和时间,理性的游客肯定是不会满意的,这也是不符合旅游伦理的。而且,这对旅游地也是一个致命的损毁,因为谁也不愿意到一个毫无特色、缺乏本真、假冒伪劣的地方去游览和体验。所以,在求新的发展过程中,旅游文化一个最重要的任务是要"守真",保持住旅游文化的民族特色和地域特色。这也是旅游文化之所以是旅游文化的特性所在。换言之,研究地域文化就是促进旅游的可持续发展。

6.2 中国旅游文化区域

中国的自然条件复杂多样,地域辽阔,东西南北的差异非常显著,民族分布十分复杂，各地经济、社会、历史与文化发展背景各不相同，因而形成了一系列形形色色的人文景观旅游文化区。这种文化区是指具有相似旅游文化特质的地理区域。根据地理环境和文化属性、文化景观（如风俗、语言、建筑、民族、宗教、文化艺术等）、旅游发展方向的相似性原则，以及以传统文化为主并兼顾现代文化的原则，可将中国划分为以下15个旅游文化区。

6.2.1 燕赵旅游文化区

燕赵旅游文化区大致相当于现在的北京、天津、河北三省、直辖市地域范围，地理上位于内蒙古高原与华北平原，太行山、燕山与渤海的过渡地带，山地、平原、海岸兼备，地形复杂多样。该地区文化历史悠久，3000多年前已形成原始部落，燕国在此建立都城"蓟"，古代称为幽燕、蓟北、燕京。历史上辽、金、元、明、清等朝代均以北京为都城，开发历史悠久，经济发达，交通便利。

燕赵文化绚丽多彩，地域文化具有粗犷、豪放、激越、慷慨、苍凉、淳朴等特质。该地区风俗质实俭约，民风强悍，人民敦厚、忠实、坦直，粗豪尚武，好礼仪，自古多慷慨悲歌之士。燕赵武术驰誉海内外，这里是中华武术"南拳北腿"中"北腿"的故乡，千百年来习武成风，名将拳师辈出（如乐毅、廉颇、刘备、张飞、赵云、卢俊义、赵匡胤、霍元甲等）。河北沧州堪称为"武术之乡"。河北吴桥杂技历史悠久，世代相传，男女老少演练杂技蔚成风气，涌现了数以千计的杂技表演艺术家，有"杂技之乡"的美誉（有俗谚为证："上到九十九，下到刚会走，吴桥耍玩意，人人有一手"）。京剧、河北梆子、评剧、京韵大鼓唱腔高亢、激越，悠扬动听。皇家园林、古典建筑以及彩塑、风筝、年画、金石篆刻、吹歌、狮舞等丰富多彩的民间文化驰名中外。文化旅游资源丰富。新中国建立以来，位于本区的首都北京作为全国的政治、经济、文化、交通中心得到迅速发展，为原有燕赵区域文化赋予新的内涵和更大优势，从而傲立全国。

6.2.2 秦晋旅游文化区

秦晋旅游文化区地理范围大致相当于陕西、山西两省地域，位于黄土高原。这里是中华民族文化的发祥地，也是我国古代的政治、经济、文化重心，周、秦、汉、唐文化的中心，法家的策源地。秦晋文化重视耕战与商业，在历史上以气势恢宏、实绩显赫著称。秦晋文化区文化积淀深厚，遍地都是文物古宝。该区历史名胜、文物古迹极其丰富，古都与文化名城众多（如西安、咸阳、汉中、延安、韩城、榆林、大同、新绛、代县、祁县、平遥等），帝王陵寝宏伟，宗教胜迹辉煌（如云冈石窟、五台山、晋祠、悬空寺等）。民风古朴、淳厚、劲拔。人民勤俭质朴，勇于进取，讲实用，重功利。从人群性格上看，陕西人老成正统，性格乐观；山西人质朴厚道，雍容大度。历史上山西人善于统政理财，并多武将。我国有"山东出相、山西出将"之说（如关羽、杨家将、薛仁贵、尉迟恭、徐向前以及"将才之乡"裴伯村等，这与山西位于农牧交接地带的地理环境有一定关系）；陕西则盛出帝王（如黄帝、周文王、周武王、秦始皇、汉高祖、汉武帝、隋文帝、唐太宗等都立王秦川）。陕西不仅是人杰之地，而且是地灵之区，一方水土养育了一方人，这里有"米脂的婆姨绥德的汉"之俗谚。陕西不少地方风俗古朴奇异，如农村有"十大怪"之说。秦腔豪放、激昂、感人，陕北腰鼓威风无比，信天游悠扬动听……民间音乐颇具魅力（节奏自由，气势雄浑，跌宕起伏，勾魂摄魄，情真意切，感染力极强）。地域文化具有古朴、雄浑、灵奇的特色。

6.2.3　中原旅游文化区

中原旅游文化区在地理范围上相当于河南省及其附近地区。本区地理位置适中，山地、盆地、平原地形兼备，黄河横贯中部，优越的地理环境孕育了灿烂的古代文明。传统文化上崇尚周礼，重史，以《诗经》为准绳。自古人杰地灵，多忠烈与名人，如古之苏秦、岳飞，今之杨靖宇、吉鸿昌等均是名垂青史的忠烈之士。历史名人有范蠡、张良、张衡、张仲景、玄奘、杜甫、白居易、韩愈……由于中原是群雄逐鹿之区，历史上曾是权术纵横捭阖之士产生之地，该地区古都名城众多（七大古都占其三：洛阳、开封、安阳），名胜古迹遍布（少林寺、白马寺、龙门石窟、关林、巩县宋陵）。民风淳厚，人民性格坚韧平和，刚柔相济，朴实奔放。历史上人们多笃信佛教（历史上河南人饱经自然灾害和战争的折磨，心灵需要宗教的抚慰）。民间提倡重义轻利，注重人伦和睦。民间文化辉煌灿烂，豫剧优美动听，少林武术威震天下，马街书会世代相传，春节习俗隆重。地域文化具有源远流长、灿烂辉煌的特色。

6.2.4　齐鲁旅游文化区

齐鲁地区相当于现在的山东，依泰山而濒大海，古称"海岱之区"。春秋时代为全国政治、文化中心，人民重礼尚义，重视教化（"至今齐鲁遗风在，十万人家尽读书"），创造了深刻影响中华文化几千年的儒学体系，成为中华文化的正宗。泰山、曲阜的孔府孔庙是本区最具代表性的文化景观。这里与中原文化区一样也是人杰地灵之地，名人辈出。山东有民谣道："大儒圣人孔夫子，吃苦传道邱处机；民贵性善孟亚圣，说鬼道怪蒲松龄；忠诚彪炳诸葛亮，正直爱国戚继光；梁山好汉是宋江，慷慨义士是邹阳；农民起义有王伦，乞讨办学乃武训。"在文化特质上，齐文化空灵活泼，开放创新，注重功利（历史上的"务实、富民、富国、强兵"）；鲁文化质朴凝重，尊重传统，崇尚伦理。齐地是道家学派、阴阳家、神仙思想的发祥地，这与濒海带山的地理环境有关。因为濒海地区的人们想象力丰富，海市蜃楼的大海奇观，正是激发人们去做神仙梦的诱因。在人群性格上与习俗上，山东人性格豪爽、敦厚、正直、忠诚、宽容、讲义气、富于团结精神、吃苦耐劳，但是也有点愚忠僵化、缺乏通融性之弊。人多嗜酒，酒文化之风浓郁。民间文化中的山东梆子、山东快书粗犷刚劲，享有盛誉。鲁菜系中国四大菜系之一，风格富丽华贵，讲究礼仪排场。地域文化具有淳厚、典雅的特征。

6.2.5　荆楚旅游文化区

荆楚旅游文化区相当于现在的湖北、湖南两省，地处长江中游，地形复杂，平原辽阔肥沃，湖泊星罗棋布，气候温暖湿润，"鱼米之乡"美誉由来已久。地理区位适中，地域文化具有与北部的中原华夏文化、南部岭南文化、东部吴越文化、西部巴蜀文化相互交融的特征。荆楚文化具有神奇、浪漫的特质。春秋战国时代是荆楚文化的鼎盛时期，瑰丽神奇的楚辞（屈骚）文学，巧夺天工的工艺制品（青铜冶炼制品、木竹漆器、丝织刺绣等），超凡脱俗的音乐（如编钟乐舞）美术，尚武爱国的民风习俗，筚路蓝缕的进取精神，构成了源远流长、神奇浪漫的荆楚文化。在人群性格与行为特征上，湖北人聪颖、细腻，随和机巧，有"九头鸟"之称；湖南人忠实、粗豪，务实精神强，善于以天下为己任，多雄才大略。吃辣椒厉害，干革命更厉害。过去中国之命运，几乎被湖南人左右，在大革命时期，湖南形成了一个庞大的政治与军事人才群体（如毛泽东、蔡和森、刘少奇、任弼时、李立三、左权、向警予、彭德怀、贺龙、罗荣桓、陶铸……）。湖北红安有"将军县"之称，该县产生了两位国家主席（董必武、李先念）和223位革命将领（如陈锡联、秦基伟、韩先楚等）。在我国曾有"文人多吴语，武将多楚音"之说。民间有"男人仗义，女人多情；湘军善战，湘女多情"等说法。两湖人均重视教化，读书学习竞争意识浓厚，素以应试教育水平高而驰名。本区的文化中心分别是武汉和长沙。武汉因高等院校和科研院所众多而蜚声四海，长沙近年因为蓬勃发展的文化产业（如湖南卫视等）而受到各界关注。在荆楚文化区中，湖北文化与湖南文化有着不同特征：湖北文化最突出的特征是"包容开放，交融会通"（与地域形象亦南亦北，九省通衢交融百方，移民社会文化融合等有关）；湖南文化最突出的特征是"经世致用，敢为人先"，这都是我国地域文化中的宝贵财富。有专家预言，湖北、湖南将引领"中部崛起"。

6.2.6 巴蜀旅游文化区

巴蜀旅游文化区以四川盆地为中心，包括重庆、陕南、鄂西、云贵部分地区，是兼容荆楚、秦陇、中原几种地域文化而形成的一种自适感很强的静穆的农业文化。人们以成都平原为中心，创造了"天府之国"的灿烂文化，旧志中"土地肥美、风俗淳朴""民力农桑""人勤稼穑""山川挺秀、多产英奇"等是对巴蜀文化地理特征的较好概括。德国地学家李希霍芬游遍中国后说："四川的山水是全国最美的。"（如"峨眉天下秀、青城天下幽、夔门天下雄、剑门天下险、九寨天下艳、大佛天下壮"）巴蜀地区人杰地灵，英才辈出，这里产生了司马相如、杨雄、李白、陈子昂、苏轼、郭沫若、巴金、何其芳、张大千、朱德、陈毅、邓小平、刘伯承、聂荣臻等英才俊杰。巴蜀文化绚丽多彩，富有特色。蜀锦巴缎自古有名，川菜、川剧辛辣活泼，风味浓烈。重庆火锅闻名遐迩，吃法"勇武、豪放、悲壮"。人民崇巫（如巫山、丰都"鬼城"）、尚武（巴人尚武，江北是"武术之乡"），悍勇，精敏，大多能说会道（由善于"摆龙门阵"和茶馆众多可见一斑）。人群性格泼辣在外，温厚在内，刚柔兼济，吃苦耐劳，善于精打细算，乡土意识较浓厚。成都是中国最富有诗情画意的城市，人们生活闲适，不尚逐利，悠然度日，人情味浓，是最适合人们生活和休闲的地方之一。

6.2.7 皖赣旅游文化区

皖赣旅游文化区主要包括安徽、江西以及江苏北部的一部分地区，从自然与人文上看，本区是地理上的东西南北的融合地带，人群性格与生活习俗混杂、调和，地域文化过渡色彩鲜明，交融性强。

旧志对安徽、苏北文化特征的概括是："地邻邹鲁，务稼穑，尚礼义""民生淳厚，以农务本"。安徽人群性格上多俭朴尚学，有一定开拓精神，"贾而好儒"。历史上徽州人善于经商，形成独特的"徽州文化"。有俗谚"前世不修，生在徽州，十二三岁，往外一丢""一世夫妻三年半，十年夫妻九年空"。徽州贞节牌坊多。商人忌讳卖茴香、萝卜，因谐音为"回乡""落泊"。有学者研究认为，徽州独特的地理环境（群山环抱、盆地居中的地形结构，邻近太湖流域的地理位置）孕育了徽商文化，人多地少的地理环境导致的徽州物产的"结构性失调"是徽商文化形成的物质基础。民间文化丰富多彩，颇有特色，黄梅戏、凤阳花鼓、芜湖铁面、文房四宝（宣纸、徽墨、歙砚）、特色民居（宏村、西递等古村落）驰誉国内外。两淮文化区的文化特色"南北交融，过渡色彩鲜明"可由江淮音乐见其一斑。江淮音乐的气质外刚内柔，豪爽中透着一丝婉约，音乐文化拥有南北各地域的听众（如黄梅戏等）。

江西在春秋时代是吴、越、楚三国交界地，在汉代介于荆、扬二州之间，在唐宋时期是接受北方移民的重要地区。由于历史的地理的原因，使得江西地域文化表现出东西南北的过渡色彩，既具中原文化朴实奔放之气概，又有南国文化典雅秀丽之风格；既受到荆楚文化幽丽清奇气质之熏陶，又兼备吴越文化精巧细腻之特色。历史上文化发达，学术昌盛，人才辈出（如陶渊明、黄庭坚、欧阳修、宋应星、王安石、朱熹、汤显祖等）。明代有"翰林多吉水，朝士半江右"的民谚，很能反映历史上江西文化的鼎盛。临川素称我国"三大才子乡"之一。瓷器文化历史也很悠久，景德镇瓷器具有"白如玉、明如镜、薄如纸、声如磬"的独特美质，号称"瓷都"。地方戏曲弋阳声腔激越奔放。鄱阳文化"多方兼容、自成一体"都体现了这一特点。但现代经济、文化相对有些落伍。如今京九铁路的贯通，"中部崛起"势头的到来，相信会有利于促进新时期江西文化再创辉煌。

6.2.8 吴越旅游文化区

吴越旅游文化区地理范围大致相当于现在的江苏（苏南）、浙江、上海。地处长江三角洲与太湖流域，地形平坦，河湖密布，经济文化发达，商贸繁荣。典雅秀丽的江南园林（苏州、扬州），吴侬软语的方言特色（具有香糯之特色，有人说呢呢莺声的吴侬软语是被江南细雨润酥的），婉转动听的越剧、评弹（人称苏州评弹是世界上最美的曲调，美得已经冲破了语言的障碍，唱遍了海内外，赢得了无数的鲜花与掌声），精细富丽的锦绣丝织（如苏绣、杭纺、萧山花边），巧夺天工的紫砂陶器（"陶都"宜兴）等构成了本区文化"空灵明艳、精巧细腻"的特色。民性习俗上，旧志概括为"人性柔慧，敏于习文，疏于用武""山水清佳，风气朴茂，男务耕桑，女勤蚕织"。江浙人最大的特点是钟灵毓秀，宜兴（有"教授之乡"的美誉）、绍兴（有"无绍不成衙"，"绍兴师爷"之说）是人杰地灵之区，人才辈出，不胜枚举。如宋代以来，我国历代状元中，江浙人约占1/3。而今人们经济头脑发达，工商文化在全国独领风骚，在"温州模式"影响下，温州文化为吴越文化注入新的活力，使之更显亮丽色彩。上海经济、文化发达，是全国乃至远东的经济、文化大都会。

6.2.9 闽台旅游文化区

闽台旅游文化区位于台湾海峡两岸，地形多山地丘陵，平原、盆地面积较小，植被繁茂，海岸线绵长，有鱼盐之利，港口众多。华侨遍布世界各地，有"侨乡"之称。唐代海上"丝绸之路"的开辟（泉州），使这里成为中外文化的交汇地。近现代，这里受外来文化影响很大，地域文化更趋多元性和外向性。如厦门鼓浪屿被称为"万国建筑博物馆"，福建沿海经济特区的建立，由于特殊的地理环境、历史条件的影响，使该地区文化具有多元复合型文化特征，既有中国传统文化的基本特征，又受到外来文化的深刻影响，并且兼备少数民族文化习俗（如凿齿、文身、洗骨葬等）。闽台人特重故乡风俗，庙宇众多（福建有佛教寺庙4000多座，妈祖庙数百座），宗教文化比较浓厚，佛教、基督教信徒众多，信仰妈祖文化更是普遍。民族风情浓郁（如莆田的飞檐翘角民居建筑，惠安女奇特的传统服饰——"封建头、民主肚、节约衣、浪费裤"）。人群性格特征上，福建人坚韧、执著、勤勉，拼搏进取精神很强（如闽南歌曲《爱拼才会赢》）。现代文化重商重教（闽南人常言"不当老板不算好猛男"，闽台的教育事业在全国居领先地位）。区内文化地域差异较大。如闽东人求稳怕乱，闽西人重宗亲内聚（客家人），闽北人安贫乐道，闽南人讲究经商闯世界（如"闽"字被解释为"关在家里是一条虫，出门则是一条龙"）。语言十分复杂，闽语内部差异大，南北之间、沿海与内地之间很难交流。地域文化具有多元复合、异彩纷呈的特色。

6.2.10 岭南旅游文化区

岭南旅游文化区包括南岭以南的粤、桂、琼、港、澳，丘陵山地分布广。本区虽背山面海，北部关隘阻隔，远离中原，但历史上与中原文化交往密切。自古以来，该区便成为中外文化交汇处，与其他文化区相比，既有传统文化古朴典雅的特征，也有外来文化自由开放的色彩，可谓"中西合璧"。有人说岭南文化兼有大陆文化与海洋文化两种内涵，是开放与保守、先进与落后的复合体。如广东经济是全国最发达的，但广东人，家家户户信财神爷、黄道吉日、吉利数字、风水等。岭南园林、民居建筑、绘画、饮食文化等受西方外来文化影响较大。岭南是近代中国思想家的摇篮，中国革命的首义之区。近一个世纪以来，中国经历了三次巨大变革（第一次巨变是由封建帝制到民主共和制变迁；第二次巨变是从半封建半殖民地社会向新民主主义、社会主义的更替；第三次巨变是从高度集中统一的计划经济体制向市场经济体制变革）都是以广东为策源地，由南向北推进（如北伐战争、广州起义、经济特区），这与广东独特的地理区位和人文地理环境有关。改革开放后，崛起的特区文化、商业文化把岭南文化推到新的高度成为具有强大辐射力的高势能的地域文化。岭南文化具有重商、崇利的特征，商业精神是岭南文化的特色之一。岭南也是我国思想文化最开放的地区，不少地方报刊杂志深受民众欢迎；广东音乐欢快流畅；粤剧独具特色，被誉为"南国红豆"；粤方言古音绕口，节奏徐缓，尾音悠长。饮食中佳肴原料多生猛海鲜、珍禽异兽，粤菜系中国四大菜系之一，享誉海内外。人群性格特征是思想开放，开拓创新精神强。地域文化具有交融会通、开放活泼的特色。

6.2.11 云贵旅游文化区

云贵旅游文化区范围包括云南、贵州及广西的一部分。地形复杂多样，山地、高原、丘陵、盆地广布，岩溶地貌典型（如路南石林、桂林山水、织金洞等），气候四季宜人（昆明有"春城"之誉），动植物资源丰富（西双版纳被称为"动植物的王国"）。本区是我国少数民族最集中的地区之一，民族风情绚丽多彩（如傣族的泼水节、彝族的火把节、白族的三月街、壮族的歌圩、苗族的踩花山和芦笙舞，自由、开放、浪漫的恋爱方式，干栏式的民居建筑等），风土民情古朴奇趣。例如，云南的民俗就有"十八怪"之说，而这些民俗大多与崎岖的地形、湿热的气候等地理环境因素有关。由于特殊的地理区位，云贵文化既受中原文化、巴蜀文化、荆楚文化、岭南文化的影响，也受南亚佛教文化的熏陶，属于"混合文化"。宗教文化上，大部分民族信仰祖先崇拜、多神崇拜，并伴以道、佛和巫术的影响。人群性格上具有放达、乐观（据统计，节日多达53个，人们乐在节日与歌舞之中）、知足、保守（如"夜郎自大"、"坝子文化"）等特点。生活习俗上，人们嗜酒、茶。贵州自古出好酒，人们多海量。人们乐在茶中，有民谣为证："早茶一盅，一天威风；午茶一盅，劳动轻松；晚茶一盅，提神去痛；一日三盅，雷打不动。"婚俗文化上比较自由、灵活，父母干预少，男尊女卑意识淡薄，男子上门入赘甚为习常。各民族能歌善舞，人民热情好客，民风淳朴。如今旅游业发达，有春城昆明、古城丽江、路南石林、大理、泸沽湖、香格里拉、黄果树大瀑布、织金洞等著名旅游胜地。地域文化具有绚丽多彩、古朴奇异、淳朴和美的特色。

6.2.12 关东旅游文化区

关东旅游文化区范围包括黑、吉、辽三省，山环水绕，沃野千里，林海莽莽，林特土产丰饶。冰雪文化、黑土文化很有魅力。渔猎文化独具特色（如鄂伦春族、鄂温克族、赫哲族），民族风情多姿多彩。满族、蒙古族擅长骑马射箭，朝鲜族能歌善舞。"二人转"活泼风趣，大秧歌遍地开花。东北民俗奇趣，素有"十大怪"之说，而这些奇风异俗大多与寒冷气候等地理环境有一定关系。民风朴实淳厚。人群性格直率、豪放、豁达、剽悍（东北人在个性上有"东北虎"之称）。生活习俗上多嗜酒，人多海量（关东大汉个个能狂喝豪饮）。地域文化具有满汉融合的特点。而今人们思想观念有些落伍，市场经济观念比较淡薄。昔日的东北经济雄风有待振兴。大连新型城市文化的成功塑造，为关东文化区注入新的活力，目前已经成为本区经济、文化新亮点。地域文化具有豪放旷达、质朴厚道、宽厚包容、边缘弱化的特点。

6.2.13 草原旅游文化区

草原旅游文化区范围包括内蒙古与宁夏一部分，属高原地貌、草原景观。游牧生活方式历史悠久。人群性格粗犷、豪爽、剽悍、顽强、勇敢。人们体魄强壮，能歌善舞，蒙古族舞蹈活泼欢快，步伐轻捷，刚柔相济；民歌舒展嘹亮，热情奔放，并略带忧郁的韵味。民歌分为长调和短调两种，长调歌曲散得如同草原上顺风飘散的花絮；短调歌曲多用有弹性的规整节拍，颇有骑马驰骋的感觉。马头琴声辽阔低沉，悠扬动听。人们热情好客,真诚直率,并喜欢团体行动。民族风情浓郁,酒文化颇有特色,那达慕大会的赛马、射箭、摔跤等体育竞赛活动十分诱人。所有这些无不体现出深沉粗犷、豪放开朗的草原文化特色。蒙古包、蒙古袍、蒙古民歌、马头琴等是草原文化区独特的文化景观。

6.2.14 西北旅游文化区

西北旅游文化区包含新疆及甘肃、宁夏部分地区,地形以山地、盆地和高原为主,气候干燥。古代西域地处中西文化的交汇部,"丝绸之路"的开辟促进了东西方经济、文化的交流,丝路沿途文物古迹丰富。本区穆斯林众多,伊斯兰教文化浓厚,清真寺比比皆是。瓜果、畜产品、药材等土特产丰富。民族风情绚丽多彩(如刁羊、姑娘追、花儿会等),载歌载舞,热情奔放。维吾尔族的服饰文化(艳丽多姿)、饮食文化(烤全羊、吃抓饭、馕等)、音乐文化(欢快奔放)很有特色。民间歌舞热烈得像一团火,情绪躁动,乐句、动作具有挑逗感(眼神左顾右盼,脖子、两臂、双肩、腰身等所有能动的身体部位都调动起来,动作比较激烈)。人民热情好客,民风淳朴感人。有人将新疆的民族风情这样概括:"早穿皮袄午披纱,晚围火炉吃西瓜;吃的米饭用手抓,双手不离冬不拉。"地域文化具有奇美多彩、热情奔放的特色。

6.2.15 青藏旅游文化区

本旅游文化区包括青海、西藏两省自治区,区内地域辽阔,地形为高原山地,平均海拔在4000 m以上,号称"世界屋脊",气候高寒,交通不便。生活方式以游牧为主,人民能歌善舞,热情奔放,开朗祥和,吃苦耐劳。藏传佛教盛行,宗教寺庙林立(有寺庙2000多座)。宗教对社会各个层面影响深刻。地域文化具有原始、神秘、奇特的特征。如活佛转世制度,袒露右肩的藏服,有名无姓的人名,形如碉堡的石碉房,奇异的丧葬习俗(天葬、水葬等),辉煌壮观的宗教建筑,动作幅度小的踢踏舞,原始的交通工具(牦牛、羊皮筏子等),无不显示出神秘、奇特的色彩。辉煌的寺庙、飘扬的经幡、成群的牛羊、洁白的哈达、雄伟的碉房、美丽的毡房、嘹亮的民歌、神奇的藏药、可口的青稞酒与酥油茶是青藏文化区典型的文化景观。该地区的建筑、雕塑、绘画、民间技艺深受南亚印度、尼泊尔的影响,也受我国中原文化的熏陶,具有特色鲜明、多元融汇的特征。青藏旅游文化区是一个独具特色、以宗教文化与游牧文化为主要特色的旅游文化区,在旅游文化上具有"神秘奇特、圣洁纯美"的特色,是一个天人合一、人神对话的神圣境域,是一个开发"理想型文化旅游产品"的最佳地区。

6.3 区域旅游的文化策划

地域文化与旅游景观,如同人的灵魂与躯体。宋人郭熙曾说:"山水以山为血脉,以草为毛发,以烟云为神采。"寥寥数语,就把山水景观拟人化了,然而,有了"血脉""毛发""神采"还不能称其为完整的人。因为,完全意义的"人"是有思想,有灵魂的,所以,旅游景观也要有灵魂,景观的灵魂就是地域文化,纵览世界各著名景观无不包含强烈的地域文化和明显的地域特征。

区域发展是文化内容的层层积淀的过程，特色景观是时代进程的标记，反映某个时代特定地域、特定文化土壤和社会经济条件下生产方式、生活方式、思维方式、风俗习惯以及社会心理的需要，因此做好旅游文化策划研究对于提高旅游开发质量与品位具有重要作用。

6.3.1 把握好区域旅游地的文化导向

要把握好区域旅游地的文化导向，也就是要确定旅游地形象的文化主题。这对潜在的旅游者来说，通过主题能一目了然地知道该地旅游的文化格调；对旅游地来说，主题是引导开发与建设的方向。一个以自然风光为主体的山水旅游区，就应该强化它是自然美，景区内一切人工建筑、人文设施都应为这个主题服务；一个以历史文化景观为主体的景区，则应恪守历史文化的内涵美，切忌整旧如新，搞现代化改造。一句话，文化导向的重点是确定旅游地的文化属性和审美价值，它是旅游地可持续发展的前提保证。

6.3.2 做好区域文化特色的发掘与主题定位

地域特色的发掘和文化精髓的提炼以及文化主题的确定是旅游文化策划与开发的关键。要做好区域旅游地文化的定位，其实际就是旅游地形象主题定位，这是景区建设的灵魂，不论是自然景观还是人文景观，都有其确定的主题。自然景观中有的表现不那么明显，就需要人工设计、提炼，这正是包装所要进行的内容。历史人文景观大都有较明显的主题，但也可以通过包装加工来使之更鲜明。现代人造景观则大多是围绕着某个文化主题而设计的，因此被称之为主题公园。无论哪种景观，都必须有明确的定位，其文化个性越鲜明就越具特色，主题也就更突出了。尤其要注意的是在景区内最好不做分散主题的景物。如绍兴鲁镇，就是围绕鲁迅笔下的鲁镇这个主题而建设与包装，一切景物都是为主题服务。在这里游人只感觉到走进了鲁迅的著作而不是其他人的著作之中。再如海南的"椰风海韵醉游人"；北京的"东方古都，长城故乡"；云南的"七彩云南，快乐天堂"；湖南的"山水湖南，伟人故里"；湖北的"神奇江山，浪漫楚风"；江西的"绿色家园，红色摇篮"；宁夏的"神奇宁夏，西部之窗"；浙江的"山水浙江，诗画江南"；洛阳的"千年帝都，牡丹花城"等都是主题突出、特色鲜明的旅游地域文化策划佳作。

6.3.3 注意文化资源转化的可行性识别

文化资源向旅游产品转化的过程，实际上是旅游区文化设计的实施过程。旅游文化设计必须考虑文化资源的可开发性，即这种资源转化为旅游产品的可能与程度。例如，长江三峡地区的文化资源十分丰富，但真正能转化为旅游产品的不一定很多，这就需要进行旅游文化开发的可行性识别。

发掘旅游地的区域文化内涵，要做到既深刻又生动。比如对自然类旅游资源的景点，要做到科学内容与文学艺术恰到好处的结合。一味地编造些神话与传说，只能在导游过程中博得肤浅的一笑。对于人文类景观，则要注意不要坠入庸俗化、古板化两个极端的误区，要展现出其深刻的文化内涵和真实的历史内涵，寓深刻于通俗之中。

6.3.4 做好区域文化旅游产品的策划与开发

本着尊重事实、尊重历史的原则,根据满足旅游需求和创造名牌的目标,对文化资源加以去粗取精、提炼升华的加工制作,使其地方特色进一步"特化",并加以良好的"包装",是旅游文化转化为旅游产品的必要途径。区域文化旅游产品的策划与开发途径主要有以下两条。

文化融入　文化开发主要是进行文化包装,把地方环境艺术、建筑艺术、园林艺术、工艺美术、装饰艺术等融入旅游区建设之中,强化旅游区的文化特色。具体说就是要做好旅游地地域文化的创意设计,也就是旅游地形象主题的具体化,将旅游文化物质化、载体化、景观化、可视化、体验化,使旅游地理性抽象的精神文化辩证逻辑地转变为感性具体的物质载体,即形成游客能直接识别的形象。诸如地域文化博览园或地域文化主题公园、旅游地标志性的景观、旅游地形象的物化标识和推介语、旅游地建筑物与公共设施的格调、旅游纪念品和商品的品牌选定、旅游宣传品的方式、旅游地的背景音乐、旅游企业的理念文化和服务文化的塑造,以及旅游地居民的精神面貌培养等。这是一个系统工程,是一项浩繁而艰辛的工作,但它对区域旅游建设、管理和市场开拓具有重要的意义,是文化产品向经济效益转化的重要环节。

氛围营造　就是营造区域文化氛围,这是一个系统工程,不是某一个部门能胜任的,必须由地方政府出面运用各种手段全方位包装,设立专门机构,统一思想、统一筹划、统一协调,运用各种技术手段进行全方位的包装,才能收到最大化成效。营造区域文化氛围应抓好以下工作:

一是应发动全民共同营造和谐的旅游文化氛围。把本地域旅游形象融入当地居民风气中、生活中、教育中,让游人在无形的旅游交往中感受到旅游地形象的魅力。云南在早些年就已经在这方面下工夫,提出一个"全民办旅游"的口号,发挥全体居民的力量与智慧,但又不是一哄而上、混乱无序、急功近利的做法。而是先在重点地区广泛、深入地动员当地居民参与旅游文化资源的发掘、保护,通过对当地居民的教育营造浓厚的旅游文化氛围。譬如,在这里游客不仅在旅游景点、在宾馆电视上能看到原汁原味的民族歌舞表演、少数民族服饰,即使在城市街头也有免费的风俗展示可以参与和欣赏,在这里井然有序的商业网点、良好的公共环境、亲切和善的民风不但使游人感到轻松、和谐,而且也对其旅游地形象特色有着亲切而深刻的感受。这就是最好的宣传与包装。在当今,营造一个信用、公道、安全、方便、和谐的旅游环境当属全方位包装旅游地形象的第一要务。

二是要充分利用现代化信息传播手段,把信息传播到海内外"热门"局域网或区域网,尽可能展示旅游地网址、电子信箱、声讯咨询电话号码,千方百计增加访问频率。

三是对传统的散发传单、小册子的传统推介方式不轻易放弃,而是改进方法,提高效率。如在机场、车站、码头、宾馆饭店等游人集中的地方,设置多媒体查询系统,方便游客了解该地的旅游情况。

四是要努力提高旅游服务信息化的质量。旅游管理部门和旅游企业应在海量信息储存方面和信息提供的广度、深度、速度等方面加强建设,能使人们在家里就能领略到旅游地形象所反映的实际内容及其优越之处。

6.4 旅游地域文化形象塑造

旅游形象是旅游产品的本体素质及其服务环节在旅游者心目中的综合认知印象。旅游者的综合认知过程是一种文化活动。旅游区域旅游文化的塑造在某种角度上讲,就是高品位旅游形象的塑造。

6.4.1 塑造一个好的旅游地形象

所谓旅游地形象,就是游客和潜在的游客对一个旅游区域所涉及旅游活动的文化的感知和认识,并由这种感知和认识在头脑中形成的综合印象。

旅游地形象是旅游地客观现实在人们头脑中的总体反映。旅游者的感知对象是旅游地的自然景观、人文景观以及特定的"旅游氛围",实际上就是一定的旅游文化的形象表现。

无论是自然景观还是人文景观,都具有明显的区域性、综合性和可观性的特征,这些特征在满足旅游者的心理需求、塑造旅游地形象中是必不可少的。其中人文景观的构成要素最为纷繁复杂,而"旅游氛围"更像区域的个性一样是一种抽象的感觉,是旅游者对旅游地环境的主观意识。

如果把自然景观、人文景观进一步因子化,成为不同区域旅游文化的判别标识,那么自然景观的因子相对要简约一些。主要有区域位置、地形、环境等。而人文景观则包括有种族与人口景观、聚落景观、生产景观、语言景观、宗教景观、民间生活文化景观、流行文化景观等一系列类别。其下又可以分为诸多因子,如语言景观就可以细分为方言、文字、地名、广告、标志用语等。从上述物质的和非物质的因子入手去观察一个区域,就会得出一个关于该区域文化的总的综合印象。在此基础上从旅游的角度融入旅游的氛围,就会获得该区域的旅游地形象。换言之,旅游地形象就是公众对该地区的自然景观、人文景观,包括居民生存方式、经济状况、社会风貌、风俗习惯、文明程度、旅游服务设施和服务水平、旅游氛围等涉及旅游活动的诸要素在头脑中反映而形成的总体印象。这个印象应该是鲜活生动的,内涵丰富的。

旅游地形象不是被动的,它既不是被动地形成,也不是被动地为游客接纳,它对游客、景区建设,对区域旅游的发展都具有积极的能动作用。在现代科技发达的信息社会,人们正在积极主动地塑造良好的区域旅游地形象,向更广泛的公众推介区域旅游地形象。在这项工程中旅游文化义不容辞地承担起中坚作用。

6.4.2 抓好旅游地域文化建设

旅游地形象的文化建设,说到底是旅游文化的建设,这是一个复杂而系统的工程。但就一般性原则来说,应注意如下几个方面:

6.4.2.1 旅游地域文化建设应该本土化

旅游文化建设与其他建设,如经济建设、工程建设不一样,其标准主要不是追求国际化，而是要坚持本土化。文化是有个性的，旅游文化更是要发扬其个性，突出景区特征，强化旅游地与客源地的文化差异。

第一，要深入研究景区的内在本质特征，把握区域旅游地的"文脉"。这就要求结合自然景观的"基底"作用来创作。正是由于自然景观的地域分异才导致了置于其上的文化创造的地域差异。而更重要的是要把握社会环境影响的"主导"作用带来的独特印记。譬如，同是江南名楼，岳阳楼在湖边，黄鹤楼在江边。面对浩渺苍茫的秋天水色，岳阳楼以关心民疾为灵魂，黄鹤楼则以寄托乡愁为灵魂，二者意境决然不同。旅游文化建设就像小说中塑造人物形象一样，也不能有雷同。

第二，突出本土化应从硬软两个方面同时着手。所谓"硬"，就是对物化的文化因素采用工程措施，比如对区域内具有民族文化意义、历史纪念意义的文化遗迹进行保护和开发，修建地方文化博物馆、展览馆；对城镇、乡村的建设规划做出体现地方文化特征的法规约束，使建筑式样、风格及布局能体现出本土特色。所谓"软"，就是对非物化的文化因素采取制度建设和教化引导，比如开展乡土文化教育，通过各种途径、方法弘扬本地传统的优秀观念意识和道德风俗。特别是在旅游服务上，充分体现本土特色，将游客对了解异质文化的渴望心理之满足寓于极富地域文化或民族文化精神的服务之中。采用有着浓郁地方特色的接待方式和定期组织举办有地方特色的节庆活动、民间体艺活动等，营造能使旅游者激动不已、甚至终生难以忘怀的旅游氛围。

第三，重点发掘民俗文化。民俗的开发是旅游文化建设本土化的最有效办法之一。民俗处在文化意识的最底层，它像基石一样承担着各文化意识在其上的造型，它又以"不愿死的一种活化石"的责任，奠定了人类文化意识的理性基调和现实的倾向性。更可贵的是，民俗与一般的文化意识不一样，它不是悬在社会生活的半空，也不是与之相对而存在，而是与社会生活水乳交融。从某个角度看，民俗又是社会生活的一个部分，所以它有鲜明的民族特征品格、原始文化品格、生活属性品格、动态积累品格、历史传承品格和地域变异品格等多种品格。发掘民俗文化，就是发掘一种不同于他地的生存文化，其本土化是最优异的。当然，不是所有的民俗文化资源都可以开发为旅游文化产品的，只有那些能为旅游业所利用，并能吸引旅游者的积极健康的民俗因素和事象，才能作为开发对象。

随着旅游市场消费向高层次发展，旅游者已经不仅仅是满足于观光度假式的旅游，旅游文化的交流也不仅仅是停留在对静态展示物的目光交流，而是更注重对异质文化的旅游体验与参与。因此，活态民俗应该成为旅游文化开发的注重点。活态民俗的主体是人，游客既可以参与，又可以旁观。在整个民俗表演活动过程中，参观者（个体）和参与者（群体）之间就容易产生集体归宿的情感认同，所以具有很大的吸引力。除了参与性、吸引性外，活态民俗还有一个最大的特点——可移性。它可以到其他自然风景区和旅游城市去进行交流和表演。作为商业演出，这对推广、宣扬区域旅游地形象具有其他活动不能比拟的优势。

6.4.2.2 旅游地域文化建设要坚持可持续发展，防止文化"褪色"

旅游文化建设对区域旅游的可持续发展有着至关重要的意义。因为任何一个旅游地的可持续发展都有赖于与文化的和谐发展，特别是与本土文化的和谐发展。然而，任何一个旅游地都不是真空存在的，对外来事物的新鲜感和好奇心是每一个民族都有的。偏僻地区的人们向往流光溢彩的都市生活，而喧嚣城市中的人们又渴望乡村悠然自得的环境，这是无法改变的心理趋向，即使是生活在旅游区中的居民也同样享有改变生活的权利。而旅游业对接待地的社会影响也是不可避免的。外界生活方式的介入，往往就会改变当地的文化，尤其是相对落后和封闭的文化，更容易遭到破坏和毁灭。旅游地社会文化的变迁就会影响到旅游地的生命周期。所以，旅游地在开发过程当中，对外来文化的取舍应深思熟虑，对本土文化则要精心呵护。要注意文化调适，既考虑到当地的文化均衡和居民文化心态的变化，又要缓和由于旅游发展导致的本土文化与异域文化的矛盾或同化。特别是"同化"，最容易引起本土文化的"褪色"，从而使之失去特色，也就失去了生命力。因为自然淳朴才是永恒的，民族的才可能是世界的。那种忽视对本土旅游文化内涵的开发，一味引进外来文化的急功近利的做法，是短期行为，必然阻碍旅游的可持续发展。这种现象在国内国外都有例可鉴。如神秘清纯的泸沽湖摩梭人的风俗民情在现代时尚文化、商品经济大潮的冲击下，已被破坏得黯然失色；新加坡的旅游业不可谓不发达，但在一段时间曾出现游客锐减的问题，其主要原因就是"日渐成为西方城市的翻版，而失去了许多自己的亚洲的特色"。现在国内很多地方的旅游开发仍在重复趋同化、现代化、城市化的错误，只为一时的经济目的，而忽视旅游地的文化特色，任由特色旅游产品"文化褪色"，失去了可持续发展的能力。

6.4.2.3 旅游地域文化建设要防止"伪文化"

文化建设对发展旅游的重要性已经越来越为人们所重视，而文化建设最立竿见影的方式就是人文景观的建造。于是出现了旅游文化建设就是人文景观建造的认识错误。再加上先期出现的深圳"锦绣中华"、北京"世界公园"等成功范例所带来的经济效益的影响，一时间，神州大地刮起了建造人文景观的热风。数千处人造景观（点）笋突而出，投资动辄几千万、上亿元，其中大型项目被视为最有利可图。无序竞争，就难免出现造假。于是一些"伪文化"的作品也就粉墨登场。所谓"伪文化"，就是打着旅游文化的幌子，或掺假营私，或偷梁换柱，或粗制滥造，或无中生有，或嗜疮好痂，建造一些文化垃圾。制造伪文化有两种情况：一种是明知不对，有意为之；另一种是弄巧成拙，或水平太差、真假莫辨而为之。无论哪一种，对旅游健康持续发展均有百害而无一利。伪文化的表现主要有：

破坏自然 风景名胜旅游区最大特点是其景观资源。景观资源的吸引人之处就在于其自然景观与人文景观的协调。特别是可变性强的人文景观，在开发与建设中应该围绕着保持、衬托、强化自然美的主题，使人文景观与自然景观相辉映。在这一点上，古人就做得很好，尽管他们有时以风水的方式来表现，但人与自然的和谐是他们的重要价值取向。而现在很多风景区内，在建造人文景观时，置自然景观的"底色"于不顾，进行破坏性建设，或毁灭性开发。如黄山削峰建缆车，本溪水洞旅游区在旱洞中建古生物宫，都是对自然风景、原生环境和地貌景观的破坏。而营口闻名中外的熊岳望儿山，本来根据其独特的自然景观"老年人头石像"，适当地在山顶建造了一座古塔作为终日盼望儿子归来的慈祥老母亲的化身，进而在山脚下海蚀平台上又塑造了一座老母亲塑像，形成了爱我母亲、爱我家乡、爱我中华、主题突出的望儿山公园。但后来又硬塞进一个巨型的大肚弥勒佛，高高坐落在山巅之上，这不仅与逼真的"老年人头石像"的自然景观格格不入，而且也极不自然，弄得佛也不自在。违背自然、破坏环境的文化会给人一种假、丑、恶的感受。

弃真求假 有的地方打着保护祖国文物遗产的幌子，争取款项，募集资金，当资金到手之后却不按文物维修的有关政策和规定办事，不经报批任意修建。不是把握历史文化导向，表现它的民族性、艺术性、传统性和特殊性，而是采取媚俗手段，置基本的史实于不顾，虽然名为"仿古""复古"，却不知古从何来。

穿凿附会 一些地方不要任何根据，就以某一历史人物或历史时间为背景，盲目修建"行宫""故里"，有的还根据史籍捕风捉影，或依据戏文穿凿附会，到处建楼、阁、宫、斋、城、苑等。

庸俗迷信 以"抢救文物""挖掘民俗文化"为借口，靠建造"神仙居所"、"鬼都冥府"吸引游客。客观上是在为封建迷信活动推波助澜，对游人特别是青少年毫无益处。

移花接木 有的旅游景区自己不动脑子搞文化建设，而是借鸡下蛋，直接将别人的热点项目照搬照建，或放大或缩小，变成自己的文化项目，也不管这项目是否与自己的文化主题相符，这也属于公然的造假。还有一些是张冠李戴，如在一些民俗旅游点，打着民俗招牌的节目却根本没有民族的表演内容，或者穿着这个民族的服装，跳着另一个民族的舞蹈。楼堂馆所也是挂着民族招牌而无民族风格的服务内容。

在一定的条件下，伪文化短时间内或许能取得一些经济效益，但从长远看，从可持续发展的角度看，它终将是要被唾弃的。所以人造景观的建造必须符合文化精致的原则，要选择那些真正能代表区域文化的精华，又易于与旅游的观赏性、娱乐性形式相结合，易于表达，具有吸引力的内容为主题。尤其要做到既有深刻的文化内涵，又要符合旅游文化心理，使游客通过观赏、娱乐得到精神文化的满足。为此，必须加强旅游文化的研究，从主题的选择到规划设计和施工，都要做到不虚伪、不欺骗、不庸俗、不粗制滥造。

6.4.2.4 旅游地域文化建设也应走规模效应道路

文化不是孤立的现象。文化是社会集群共同的心理认知和普遍自觉的观念，以及相同的生活模式，文化又是在交流中形成的多方位的物质表现形式。所以，在旅游文化开发与建设中要注意文化的规模效应。这种效应既体现在对文化的全面理解的效果上，也体现在经济效益上。在这方面不乏好的例子。如扬州邗江县有隋炀帝陵，但其仅遗一抔黄土，状殊冷落，如果只单独修建其陵，就是再豪华气派也会脱不了形影相吊的氛围。当地有关部门却将眼光放宽，将陵墓及附近铁佛寺、雷塘、迷楼、江都宫、九曲池、阮元墓、大槐安国等景点开发连成一线，形成了独特的隋文化景观，将一个死文物点活，成为一个文化活景点。地域文化往往是相对的，在一定的条件下，地域可以放大，例如著名的"古运河旅游"，1980年开发时，只有无锡一个点，后来围绕古运河这个主题，几个地区联合开发，将各民俗旅游点串联成线，将镇江、扬州、苏州、杭州都纳入这条线中，推出20多个水上旅游项目，形成一个有开头、有高潮、有结尾的古运河民俗文化之游，被国外游客称之为"神奇的旅游"。在旅游界获得了"不到长城非好汉，不游运河太遗憾"的推介赞誉。在徽州旅游文化开发中，歙县利用棠樾石牌坊群的知名度，带动附近徽城镇的唐模，推出"唐模—棠樾—徽城水街、牌坊、祠堂、民居一日游"项目。黟县则借西递村的名气，联合宏村和南屏，推出"西递—宏村—南屏明清民居游览"项目，都是很成功的例子。更有气派的是山东潍坊推出的"千里民俗旅游线"。它以潍坊点为轴心，途径青州、临朐、安丘、高密、昌邑、寒亭等6个县市区，设24个民俗景观、6处民俗博物展览、3处民俗文化村，全程逾700km。一路下来，让游客对鲁中的民俗精华就有了大致的体验。因之而闻名海内外，获得极大成功。

6.4.2.5 要重视审美引导环节

好的旅游产品和媒体条件是树立良好形象的基础，但它们必须为旅游者所接受、所认同，才能形成一种公众形象。因此不可忽视审美引导环节。审美素质是旅游者个人的事，但其旅游行为和审美意向是可以引导的。这不仅是导游人员的事，更重要的是旅游开发策划、线路与景点策划、游赏系统策划以至每一项设计和建设，都应具备一定的引导性、启发性和标识性，同时策划宣传材料乃至服务文化的研究和实施，都是旅游地开发必须整体考虑的文化建设问题。

总之，区域旅游要想发挥自己的特点优势，提高品位，吸引广大的游客，关键是抓好旅游文化的建设，利用旅游文化搞好形象包装，推出有自己鲜明特色和亮点的旅游地形象。

【思考题】

1. 分析说明风俗民俗与地域文化的关系。
2. 简述地域文化对旅游建设及开发的意义。
3. 为什么说文化主题定位是旅游文化开发的关键？
4. 什么是旅游形象？塑造旅游形象应注意哪些原则？
5. 文化旅游产品策划与开发的主要途径是什么？
6. 请设计当地的旅游地形象主题词（要求做好当地的文化主题分析；进行主题概念分解；对拟定的当地旅游地形象主题词给予解释。可以分小组共同研讨）。

【案例分析】

荟萃地域文化精华，建设吴文化博览苑

吴文化博览苑又称吴文化公园，旅游界称它为无锡民俗村。吴文化博览苑坐落在无锡市惠山区堰桥镇西高山，是国内由农民捐资创办的第一座大型文化园林。吴文化博览苑以地域文化为内涵，开发地方文化资源，形成一所大型的综合性文化园林，具有非常鲜明的吴文化主题特色。走进园内，乌瓦粉墙，小桥流水，一幅江南风情画展现在面前。

吴文化博览苑辟有物质文化区、人文文化区（吴地人文馆区）、民俗文化区3个馆区19个展馆。展区内集中了作为文化遗产保存的5个瑰宝，即3.7万平方米的仿明清

古建筑，9条碑廊300余块碑刻，千余幅国内名家手书的楹联匾额，千余件各种材料的雕塑，千余件民间生产生活器物，集中收藏保护和展示了吴地的多种艺术珍宝。吴文化博览苑以丰富的资料、实物、图片、电化形象为手段，展现五千年的吴地生产、人文、民俗的壮丽画卷。

最早建成开放的是吴地人文馆区（1990年元旦开放），全程展现了吴地文化发展的历史轨迹。吴地开发史馆里有大量的图片、实物模型，其中最引人注目的是泰伯像。吴文化的启蒙与发展都离不开泰伯，史馆把泰伯南奔以来各个历史时期中开发吴地的有功人物及业绩展现给观众。陈列泰伯、仲雍、季札、阖闾等人开发江南的史迹，展示史前荆蛮先民渔猎耕作情景，表现大禹、泰伯、黄歇、陈勋治水的功绩。育才厅，展出吴地进士录、状元榜，介绍科举童试、乡试、会试、殿试等情况，陈列教育名人、乡贤塑像、反映吴地人杰地灵。名人厅，塑有顾恺之、倪瓒、李绅、顾宪成、胡雨人、唐文治、华彦钧、杨荫浏、秦邦宪、荣宗敬、荣德生、孙冶方等古今名人51位，个个神采飞扬。百业厅和三百六十行廊，展示吴地自范蠡经商以来、米市、布码头、冶炼等百业俱兴，各行各业作坊、小业主、手工业者、个体商贩的众生相。福寿山和江南风情苑，展示了吴地婚丧喜庆礼俗。

吴文化博览苑还在建设发展中，它是融自然景观和人文景观于一体的精神文明建设工程，它将地域特色、思想特色、生活特色、科技特色、民间习俗特色等融为一体，是在中华民族文化特点的基础上突出吴文化所构筑的地域文化博览苑。吴文化博览苑是我国将地域文化与旅游开发有机结合的典范。

发挥地域文化资源优势，打造水浒文化旅游城

山东郓城是水浒文化资源的荟萃地。近年来，水浒英雄首领宋江的故乡郓城充分发挥地域文化优势，积极打造水浒文化旅游城。水浒文化旅游城是郓城旅游业发展的重点项目，它是包括水浒文化街风情展示、宋江武校的武术交流等于一体的综合性人文景观，是水浒文化的一个缩影，吸引着广大游客前往水浒英雄的故乡，重拾义气，体验豪情。

水浒文化城的建设现已初具规模。整个旅游区集观光游览、历史文化体验和武术教学、研究、交流等诸多功能于一体，是一个多功能、多层次的观光休闲和修学旅游场所。目前整个景区面积在16万平方米，建筑面积6.8万平方米。水浒文化城分三个功能区：即历史文化展区、武术教学区、武术修学演艺区。主体建筑都是明清时期的古代建筑，具有很高的文物价值。水浒文化街把濒临倒塌的院落进行维修，既保护了文物，成为游客观光游览的历史文化、地域文化与武术修学的旅游胜地。水浒文化城将按照文学名著《水浒传》中描写的场景，恢复宋江怒杀阎婆惜的乌龙院、酒坊、茶肆、宋代钱庄、纸牌作坊、古筝作坊等历史文化景观内容，建设宋江武馆等，使之成为水浒文化及北宋时期郓城民俗文化的展示中心。

作为水浒故事的发源地，郓城境内的水浒文化旅游资源非常丰富：宋江老家宋家村、晁盖故里东溪村、吴用故里车市、智取生辰纲的黄泥冈、晁盖中箭身亡的曾头市、宋江得天书的玄女庙、刘唐醉卧的灵宫殿等遗址犹存，伴随着动人的传说，吸引

着八方来客。这些地域历史文化资源，将会逐步被旅游开发利用。到时将形成山东独具一格的水浒文化旅游项目，吸引众多的游客，对当地的旅游经济发展和文化建设做出重要贡献。

案例分析思考题：

1. 结合这两个案例分析地域文化与旅游开发的关系。
2. 查阅有关资料，谈谈你对无锡吴文化、郓城水浒文化进行旅游深度开发的想法，并策划无锡吴文化园、郓城水浒文化城的旅游主题形象。

第 7 章 旅游跨文化研究

【本章概要】
不同国家、不同地区、不同民族的人在不同的生活环境中逐渐形成了各具特色的生产和生活方式,这些生产和生活方式又影响和推动着各种文化的发展,从而产生文化差异。旅游与文化有着密切的关系,从某种角度上讲,旅游实质上就是旅游客源地与旅游目的地异质文化的碰撞与融合。本章在阐述旅游的跨文化交流性特点的基础上,比较了旅游活动中旅游主体、客体和介体由于文化背景的不同而存在的差异,分析了产生种种差异的原因,论述了旅游者文化与旅游目的地东道主文化之间的文化冲突与整合,探讨了跨文化差异研究在旅游业如旅游产品开发与营销、旅游接待、旅游企业管理、旅游培训中的实际应用。

【学习目标】
1. 了解旅游的跨文化交流属性。
2. 理解中西方在旅游主体、旅游客体、旅游介体方面的文化差异。
3. 了解中西方旅游文化差异产生的原因和旅游客源地与目的地文化冲突与整合的原因。
4. 认识树立跨文化意识和培养跨文化交流能力对旅游经营活动的重要性。

【关键性术语】
跨文化交流;异地性;文化传播;旅游主体;旅游客体;旅游介体;旅游性格;文化冲突;文化整合;跨文化交流能力;跨文化培训;跨文化管理。

7.1 旅游与跨文化交流

旅游作为一种以消遣、审美、求知等异地身心自由的体验为本质目的,以异地性、暂时性、业余性、愉悦性、体验性、非功利性为基本特征的人类活动,其本身体现为一种文化现象。旅游使来自不同文化背景的人们在旅游目的地相遇、交往。因此,旅游不仅是一种文化活动,本质上还是一种跨文化交流活动。

7.1.1 跨文化交流概述

跨文化交流是指不同文化背景的人们之间的交流。跨文化交流活动古已有之，作为一种学问来研究始于20世纪60年代，而作为一门独立学科的跨文化交流学则形成于20世纪70年代的美国。根据跨文化交流学理论，不同人的文化、社会背景、生活方式、受教育情况、信仰、性别、年龄、政治、经济状况、爱好、性格等方面都存在着不同程度上的差异，这样，在交际时，说话人和受话人对信息的理解不可能达到百分之百的认同。从这个意义上讲，任何人际之间的交流都是跨文化交流，跨文化交流双方的文化背景，可能基本相似，也可能相去甚远。跨文化研究中按传统将文化分为主流文化和亚文化。主流文化是在社会上占主导地位的、为社会上大多数人所接受的文化。主流文化对社会上大多数成员的价值观、行为方式、思维方式影响很大。亚文化指仅为社会上一部分成员所接受的或为某一社会群体特有的文化。每个人由于所属的群体不同都有着各种亚文化或者说群体文化的痕迹，但我们需要分析的是其文化特点中所共有的主流文化部分。虽然每一个小群体之间也有着各种分歧，但总体说来，国家民族之间的差异更为明显，对人的决策和感知具有更多的决定性。故我们所强调的跨文化交流侧重于指不同国家、民族之间的交往。根据萨姆瓦的研究，东方人与西方人之间的文化差异最大，跨文化差异最为明显。

知识链接：

个人主义文化和集体主义文化之间的差异

个人主义文化（以西方人为代表）	集体主义文化（以东方人为代表）
交易导向（关注结果）	关系导向（关注过程）
短期收益	长期导向
强调内容（事实、数字、比率）	强调情境（经验、直觉、关系）
依赖于直线式的推理	依赖于迂回式的推理
独立	相互依赖
竞争、决策驱动	合作、一致同意
直接、明确的沟通	间接、迂回的沟通
个人职责	保护"面子"
直线式的时间，缺乏耐心	可变通的时间，充满耐心

7.1.2 旅游的跨文化交流

从历史上看，旅行与旅游活动极大地推动了国家和民族间的跨文化交流。古代的使节、商人、游客等在跨文化交往中扮演了重要的角色，他们自觉不自觉地将本土的文化带到外邦，又将在外的见识传回本土。在丝绸之路上，往来不断的游者们将东西方的文化互相传播着。玄奘巡访印度，带回许多经论、佛像，将见闻著成《大唐西域记》，详细记述了游历110个国家和传闻的28个国家见闻、风光、风俗、文化、宗教信仰、历史地理、山川河流、气候生物等；马可·波罗通过《马可·波罗游记》向西方人介绍了中国，在众多的欧洲读者心目中，为中国勾勒出一个地大物博、文明昌盛的形象。

现代旅游作为一种特殊的文化活动已经成为世界范围文化传播与交流的重要途径。随着国际旅游的发展，越来越多的国家注意到了旅游的这种功效，将其作为国家文化对外宣传和吸纳外来文化的重要途径。

在旅游活动中，旅游主体即旅游者承载着他所在国家和地区即客源地的语言、服装、行为方式、思想观念等一系列的可见和不可见的文化元素来到异地他乡与当地人交流，对其社会文化产生影响，同时也感悟当地文化，将信息带回本国，传播给其他人群。

旅游资源同样具有很强的文化传递性。特别是人文资源，它是人类的历史遗存，是人类创造的物质和精神财富。人类将某个历史时期的生产力发展水平及社会生活的方方面面，以遗址、建筑、园林、雕塑、书画、文学艺术、伟大工程、陵寝等各种形式遗存下来。通过旅游活动，我们就可以从中了解历史、学习文化。

旅游介体即为旅游主体提供各种服务的旅游部门和企业。较为典型的就是导游人员的活动。通过导游的介绍和讲解，游客不仅可以了解目的地的文化，增长知识、陶冶情操，且能促进不同国度、地域、民族之间的相互了解和友谊。导游服务对各国、各民族的传统文化和现代文明进行兼收并蓄，有意无意间传播着异国、异地文化，是一种广泛的文化传播，促进了旅游主客体之间的沟通与交流。

旅游使来自不同文化背景的人们相遇并认识到多元文化的存在，促进了人们对相异文化的了解与宽容。从世界旅游组织每年提出的旅游主题中可以看出，从跨文化交往的角度理解旅游和发展旅游是被多次提及的一个主题。如1980年的"旅游为保存文化遗产，为和平及相互了解作贡献"，1984年"旅游为国际谅解、和平与合作服务"，1989年"自由的旅游促成世界一家"，1992年"旅游是促进社会经济发展和增进各国人民了解的途径"，1996年"旅游业——宽容与和平的因素"，2001年"旅游业——为和平与不同文明之间的对话而服务的工具"。这些旅游主题的提出说明旅游是促进不同民族、国家间文化交流的一条重要的途径。

7.2 中西方旅游文化差异比较

国际旅游是一种典型的跨文化交流活动。在国际旅游中，由于不了解彼此的文化特质而影响旅游接待者的服务质量和旅游者的旅游体验的事件时有发生。在旅游活动中，人们发现，被一种文化视为正常的和可接受的行为，而在另一种文化中却可能被视为侮辱的、令人恼怒的，如果不注意文化差异，就极容易在旅游交往中产生误会乃至冲突。西方欧美等国一直是我国重要的旅游客源国，近些年来也成为我国重要的旅游目的地国家，因此，了解中西方旅游文化差异对促进中西方旅游者与东道主之间的理解与尊重，减少文化冲突，促进我国国际旅游的健康持续发展意义重大。

中西方旅游文化的差异主要表现在旅游主体文化、旅游客体文化、旅游介体文化、旅游区域文化诸方面的差异，前面已有一些章节进行过论述，故在本节仅选择其重点作简要的比较与介绍。

7.2.1 中西方旅游主体的文化差异

旅游主体文化的差异,主要表现在民族旅游性格、旅游消费行为、旅游审美习惯及旅游服务感知诸方面。

7.2.1.1 民族旅游性格差异

民族旅游性格是指某一民族在旅游生活中表现出的集体性格特征。因文化不同而导致中西方在民族旅游性格上存在差异。中国是"静的文明",在观念上的表现是追求安稳,在行为上的表现是喜静厌动。中国人在旅游行为中提倡适度旅游,反对过于张扬和冒险,古有"孝子不登高不临危""父母在不远游"的说法,对旅游活动中复杂性、多样性、刺激性的追求极为有限,形成了中国人稳健内敛的民族旅游性格。西方是"动的文明","动"在观念上表现为积极进取精神,在行为上主要表现为喜动厌静,强烈的探索意识使得他们不惜冒险,以满足个人征服自我、征服自然的个人成就感,体现个人的竞争能力,他们往往喜欢一些极具刺激性的旅游项目,形成冒险、开拓、外张、行乐的民族旅游性格。

7.2.1.2 旅游文化传统差异

(1)中国旅游文化传统

①重人传统 中国古人对山水景观欣赏时总是将审美主体放在首要位置,认为凡是被称为风景名胜的地方主要是因为它和名人文化之间有着千丝万缕的联系,而不太看重景观自身的特色。因此,名人是旅游景观成名的重要因素。正如刘禹锡在他的《陋室铭》中所言:"山不在高,有仙则名;水不在深,有龙则灵。"因名人的因素而使景观成名的类型和事例主要有以下3种形式:

名人生卒地 "群山万壑赴荆门,生长明妃尚有村。一去紫台连朔漠,独留青冢向黄昏。"王昭君不仅因其美貌名列中国古代的"四大美女"之一,更因其为民族团结作出的贡献而名垂青史。如今,王昭君的出生地湖北省兴山县宝坪村和她的陵寝呼和浩特市的昭君墓均成为著名的旅游地。

名人游览地 湖北宜昌的三游洞之所以有名,除了景观优美以外,更重要的是因为先后两次有三位著名的文人结伴同游此洞,留下了珍贵的诗词作品。前一次是唐元和十四年(公元819年),诗人白居易、白行简兄弟与友人元稹三人同游此洞,饮酒赋诗,三游洞由此得名。后一次是宋嘉祐元年(公元1056年),文学家苏洵、苏轼、苏辙父子三人慕名游览三游洞,赋诗唱和。前后传下"前三游""后三游"的佳话。

历史事件发生地 如三国古战场遗址之一的湖北当阳长坂坡,原本只是鄂西山地向江汉平原过渡的坡形地段的弹丸之地,很不起眼,却因赵云单骑救主的故事成为旷世名胜。

一般来说,名人知名度直接关系到旅游景观的知名度、旅游吸引力和旅游价值大小。封建帝王作为封建社会最有权力和声望的"名人",他们游览过的景观知名度要比同类景观知名度大得多。乾隆皇帝下江南的"壮举"不但使大运河的观光旅游声名远扬,更使苏州和杭州成为世人向往的"人间天堂"。著名文人对于景观的成名及其级别的高低也具有重要作用。黄州赤壁之所以能以假胜真,其声势和影响甚至超过了蒲圻的真赤壁，苏轼个人的名气在其中起到了很大作用。

② 重文传统　重文传统与重人传统有一定相通之处，凡是曾被历史名人留下游记、诗词、楹联、题名的地方大都被后人看重，视为旅游名胜。

山水诗　内容大多是描写自然景物、人文景观，以抒发作者的情怀。早期山水诗以谢灵运的作品最负盛名。唐前期以李白、王维为代表，后期则以柳宗元为代表。

游记　东晋末年陶渊明的《桃花源记》是所见到较早的以游记笔法来写的散文。柳宗元在《永州八记》中丰富了描写自然山水的艺术手法，确立了山水游记作为独立的新型文学体裁在文学史上的地位。之后，随着旅游活动的不断深入和发展，游记的创作不断增多，如苏轼的《石钟山记》、王安石的《游褒禅山记》、陆游的《入蜀记》等。

楹联　历代文人墨客在旅行游览过程中，特别注重楹联的创作，这些楹联常与景观融为一体，成为名胜古迹不可缺少的组成部分，并在欣赏中起着画龙点睛的作用，对旅游者有较大的吸引力。如沧浪亭楹联"清风明月本无价，近水远山皆有情。"

石刻题名　往往是对某一景区全体或局部的概括，起着一语点破景观审美内涵的作用，如泰山的"五岳独尊"石刻。

③ 尚古传统　在根深蒂固的宗法观念和儒家强调稳定思想影响下，古代中国形成了"尊老""尊古"的社会倾向，认为凡是传统的东西、饱经沧桑的东西，总是会展现出非凡的价值，应倍加珍视。尚古传统在中国旅游文化传统中的重要表现就是越古越好、越旧越好，它不但代表着古人的一种好恶倾向，更成为古人进行景观评价的一个重要标准。同时，尚古传统也影响着古代游记的创作模式，凡所游览的风景名胜有关古代文化遗迹的，作者极少不加以追根溯源式的介绍。如果游记中没有对游览地的历史进行追溯，不但被认为是对古人有失尊敬，其文化价值也会因此大打折扣。

④ 崇尚自然的传统　将自然景物作为审美欣赏的客体，通过对自然景观的欣赏来获得感官的满足乃至心理和精神上的欢畅与愉悦在中国有着悠久的历史。历代的山水诗词、山水游记莫不通过对自然山水风光的描摹体现出对大自然的向往与热爱，形成了崇尚自然的传统。

自然山水的形式美　在古人眼里，自然万物，无论是形态、色彩还是声音、态势等都符合整齐一律、调和对比、对称、均衡、节奏、韵律、和谐等形式美的规律和要求，具有形式美的特征。

山水比德　中国旅游文化将自然景观所具有的一些特性视为某种品格和道德的象征，在热爱和依恋自然的背后蕴涵着对某种品格与道德的赞美与推崇。人与自然的交流或人对自然的欣赏，实质上是人与自然人格象征的交流或人对自然人格象征的欣赏。

由于很早就将自然景物作为审美的客体加以欣赏，中国古人对自然之美有着较为深刻的理解和独特的体悟。在中国旅游文化中，"自然"不仅指自然界和其他未被人类加工过的客观物质世界，还被广泛地用作衡量旅游文学、建筑、园林、绘画艺术、工艺品、风景区建设优劣的重要标准。所谓"清水出芙蓉，天然去雕饰"，足见"自然"对中国文化影响之深广。

⑤ 附会的传统　附会其本意是"使事之不相联属者相会为一"。在旅游活动中，

通过牵强附会、张冠李戴，甚至凭空捏造出一个美妙动人的神话故事与传说，不但使山水有了灵气，草木有了生机，更提高了旅游景区或景点的知名度。这一做法虽为某些文化人士所不齿，但却被普通的旅游者所接受。

附会的传统主要有以下几种表现：

因形似而附会 将自然物与人类熟悉的事物联系在一起，通过附会赋予自然物以生命和灵气。如巫山神女峰，黄山的猴子观海。因形似而附会的旅游景观在中国旅游区中数量众多，有时还成为景区中的必游景点。

因音近而附会 通常是因为汉字一字多音或不同汉字发音相近造成的附会。这种现象在我国景点名称的得来中普遍存在。黄州赤壁原名赤鼻矶，因赤鼻音近赤壁，于是有"三国周郎赤壁"之附会。苏轼到此一游后，以其一系列诗词文章把曹操、周瑜等历史人物演绎得淋漓尽致，黄州赤壁因此名声大振，成为著名的旅游景观。

因神似而附会 将某种实际上或传说中的力量或精神强加到本来不具备该特点的客观对象之上而凭空编造的一种附会。如晚年的李白一贫如洗，投奔在安徽为官的叔父，最终病逝于采石矶。李白病逝后，好事者根据他一生好酒爱月的浪漫气质编造了"李白醉酒捉月，溺水身亡"的传说。更有好事者依据李白酒醉捉月的传说建造了捉月亭，使得采石矶旁的捉月亭被蒙上了一层神秘的气氛，千百年来吸引了无数的游人。

因误解空间而附会 这种附会多是由于古代州县设立屡屡变迁，所辖范围时大时小，致使同一地名归属不一，同一人物生于此而卒于彼造成空间位置的误解而致。例如，杜牧"借问酒家何处有，牧童遥指杏花村"中的杏花村原址是在安徽贵池县，而后世却将其附会为山西汾阳县"杏花村"，使后者的声望和知名度远远大于前者。

(2) 西方旅游文化传统

① 重物传统 西方以上帝创造世界为基础的基督教哲学背景孕育出与中国迥然有别的重物传统，这一传统对西方旅游文化的形成和发展产生了巨大的影响。

重物传统表现在旅游活动中，西方人偏重于对山水景观外在形态美的欣赏。西方人认为山水景观本身所具有的光泽、线条、色彩和声音等外在的形式美是他们喜欢山水的理由和吸引其前来参观欣赏的主要因素。由于在山水审美中偏重于从客观实在的、真实的角度去欣赏景观的形态，常常能使审美主体摆脱种种精神欲念的束缚，完全沉浸在由山水自然美所激发的精神愉悦中，这与中国古人赋予自然景观诸多伦理道德意味形成了鲜明的对比。

②"罪感"传统 据《旧约·创世纪》记载，亚当和夏娃被逐出伊甸园后，他们的儿子该隐杀死了自己的兄弟亚伯，耶和华说："你必游离飘荡在地上。""失乐园"与"游离飘荡"把人类行旅的起因解释为神的惩罚。这种将"居"与"行"理解为神的眷顾与惩罚的宗教意识形态，为旅游打上了原罪的色彩，使西方旅游文化形成了"罪感"传统。

"罪感"传统表现之一就是古代西方人认为旅游活动中没有安逸可言，到处充满着残缺和不确定性，需要人们不断去冒险和探索。因此，他们在旅游时涉足具有粗犷、原始、崎岖等"崇高"意义的自然景观，如峡谷、瀑布、峭壁、雪山等。在他们看来虽然这些巨大、凹凸不平、阴暗坚实的景物和刺激的场面常常会给人带来"痛感"，但没有这种"痛感"也就没有审美上的"快感"可言。

"罪感"传统的另一种表现是与宗教禁欲主义连在一起的。古代西方人将劳累看成是旅游的目的和效果，认为这也是一种寻求自由生命体验的方式。因此，旅行时常常不怕辛劳，有时甚至是衣衫褴褛，风餐露宿。他们喜欢的就是这种吃苦的旅游体验，直到今天，西方人还保留有背包旅行的习惯。

③ 求真传统　在民主开放的政治制度之下，受传统的理性精神和自由思维方式的影响，古希腊人对外部世界怀有深厚的探索兴趣，总是用一种怀疑的、批判的眼光去观察和审视周围的所有事物。一大批哲学家、科学家和史学家因此养成了旅游考察的习惯。几乎所有有成就的学者，都有过在地中海沿岸考察的经历。由此形成了西方旅游文化求真的传统。如古希腊时期，数学家毕达格拉斯游遍了地中海沿岸；哲学家亚里士多德在小亚细亚地区旅游和演讲。

④ 探险传统　环绕地中海的自然地理环境和人类生存的本能需要与逐利动机使古希腊、古罗马人形成了征服海洋、冒险勇进的旅游文化传统。中世纪晚期，有的旅游探险者随殖民者的船队来到非洲，深入丛林、部落，考察当地自然环境、风俗民情；有的沿着商人、传教士的足迹，结伴来到遥远的南亚次大陆，寻找心仪已久的印度文明。这些探险者旅行的目的不是积聚财富、开拓疆土、传播福音，而是探奇求知，满足好奇心、求知欲。

此外，西方人流动性较强。古代西方民族由狩猎、游牧习俗逐渐养成了注重磨炼技能的个人主义，流动性较大，常常离开自己的故乡到处云游。

⑤ 虚构传统　虚构传统主要表现在游记的创作风格上。就游记的内容而言，有其真实的一面，也有虚构的成分，古今中外莫不如此。只是西方一些游记作者为增强游记的趣味性和故事性，常常刻意在游记中编凑、虚构旅游或旅行过程中的某些内容。如《格列佛游记》第一卷《小人国之旅》中许多情节都是虚构的，只有仔细阅读才能找到些许游记的踪迹。即使被公认为写实的《马可波罗游记》也具有很强的故事性，许多地方经不起后人推敲。如马可波罗说他深受成吉思汗的喜爱，但在《元史》中却没有关于马可波罗的任何记载。

7.2.1.3　旅游审美习惯差异

旅游活动就是审美活动。同其他审美领域一样，旅游审美的取向和结果常常因为主体的不同而有较大的差异。究其原因，除了旅游者个体差异因素外，文化差异也是导致旅游者的旅游审美观产生差异的重要原因。旅游者不同的文化背景、价值体系使得他们对旅游审美对象的选择不一样，就是同一景观，他们的审美反应也有差异。

中国人受"比德"思想影响关注山水景观所附载的人文美，而西方人则关注山水景观本身的自然美；中国人的艺术审美受"天人合一"思想影响集中于抒情的印象重现，西方人的艺术审美集中于风景的客观描写；中国人尚静，通过对静景的体悟达到陶冶性情、愉悦身心的审美目的，西方人尚动，注重体验和参与，在冒险和动态中得到美的满足和享受。

具体来说，中西方游客在山水审美、园林审美、古建筑审美、饮食审美、雕塑审美、绘画审美、音乐审美等方面存在很大差异，这在前面一些章节已有论及，这里就不再赘述。

7.2.1.4 旅游服务感知差异

游客对旅游的满意度依赖于服务的质量，在旅游活动特别是国际旅游情境中，关于服务质量的优劣的理解也存在鲜明的跨文化特征。

中国是一个以过去取向为主的社会，或者重视过去的社会。人们崇拜祖先，敬老尊师，重经验，重年龄，因为这些方面都与"过去"相关。在中国的传统社会中，等级观念较强，历来主张尊卑有别，长幼有序。大多数中国人随着年龄的增长，从心态上逐渐趋于平稳，他们对于"老"字心安理得地认可。因此，在旅游活动中，年长的旅游者总会受到旅游接待者和团友特别地关照和优待，年长者也因为受到尊重而对旅行持积极评价。而西方是崇尚个人主义和未来取向的社会，人们对年龄和经验并不十分尊重。因此在旅游活动中，西方年长的旅游者独立意识强，不愿老，不服老，渴望被平等地对待，认为这才是他们应该得到的礼遇。中国东道主对西方老年人嘘寒问暖、关心备至的照顾被理解为一种冒犯。导游员不征得老年游客的同意对其提供额外服务如搀扶等是不受欢迎的。"哥德堡"号在广州停留期间，中方旅游部门针对老年游客的免票服务被瑞典方视为一种"特权"就是一种典型的文化差异表现。

知识链接：

老人不"老"

一个中国留学生在德国柏林的一个地铁出站口看到一个满头白发的老太太正吃力地推着一辆行李车，于是出于礼貌赶紧上前，对老妇说：(Hello, old lady, let me help you)"老太太，让我来帮您。"谁知老太太不但不领情，还回过头来满脸怒气地说：(No. I don't think so. I can do this thing by myself)"不，不需要。我自己能做。"留学生当时很纳闷，以为碰上了一位精神不正常的老人。后来一打听，才知道自己在称呼上犯了大忌，用"老"来称呼西方人，当然会引起他们的反感。

西方崇尚个性自由，将个人尊严看得神圣不可侵犯，追求个人利益，因此西方人尊重别人的隐私权，同样也要求别人尊重他们的隐私权。在言语交谈中，中国的东道主对西方游客的关心可能会被认为是冒犯个人隐私，招致反感。中国人攀谈起来，相互问年龄、工作、婚姻甚至工资收入，十分自然。而这些问题被西方人称为"护照申请表格式的问题"，令人不悦甚至讨厌。中国人往往喜欢对别人进行劝告和建议，并使用"要、不要、应该、不应该"等，如导游对游客提一些建议，劝告"别喝太多了"、"多穿点衣服"等。这类关心，中国人听了心里暖呼呼的，可西方人看来，有干涉个人自由之嫌。

由于中西方思维方式的不同，使得中国人与西方人在旅游景点的书面语言介绍方面存在差异。中国思维模式的直觉性、模糊性使中国人形成了不求精确、模糊表达的方式。在说话、写作时往往采用一些模糊、含蓄和华丽、浮夸、抒情的辞藻，而非具体特征的描述。在旅游文本和导游介绍中频繁使用"大概、差不多"等模糊概念的字眼，随意使用"天下第一"等夸张的言语。相比之下，西方思维模式的精确性、实证性的特点使西方人在旅游文本中注重实用性，注重景点地理环境、服务设施、优势与不足诸方面的纯信息传递，而风光景色的描述性篇幅则着笔不多。

7.2.2 中西方旅游客体的文化差异

旅游客体即旅游资源或旅游产品。旅游者出游除了受自身的精神享受和发展需要的"推力"作用之外，在很大程度上还受到异地景观、异质文化等旅游客体的"引力"作用。中西方由于受自然条件、社会文化等因素的影响，在物质文化——旅游资源或旅游产品方面存在鲜明的差异。

物质文化是文化的具体有形部分，是通过人类的劳动制造出来的一切物品。在它们上面凝聚着人的观念、需求和能力。不同的文化创造了各具特色的物质产品。中西方民族在各自的历史发展中创造了许多风格迥异的物质文化产品，如生产工具、日用器具、服装、饰物、宫殿、住宅、寺庙、都市、城堡、陵墓、园林、公园、雕塑、绘画等，这些物质文化产品构成旅游客体最显著的文化差异，成为旅游目的地重要的旅游资源。本教材的第3章和第4章已对中国与西方的旅游客体文化进行了详细的分析比较。

7.2.3 中西方旅游介体的文化差异

旅游介体即旅游业，具体而言就是为旅游者提供吃、住、行、游、购、娱等旅游服务的各种旅游企业。旅游业面对的是流动性很大的旅游消费者，他们来自世界各地，在风俗习惯、生活方式等方面的独特的风格对各国旅游企业的生产经营活动也产生影响。西方旅游者"求新、求异、求乐"的民族性格及个人主义的传统使得他们注重寻求不同一般的旅游体验，对大众旅游特别是团队旅游这种太过于传统的旅行方式并不太感兴趣，因此，西方旅游企业致力于开发特色产品和自助产品以满足其个性化需求，在旅游活动的安排上凸现参与性和趣味性。中国旅游者有群体主义倾向，因此，中国的旅游企业更注重各种团体包价旅游产品等产品的开发，在旅游活动中重视集体活动的安排。

中西方旅游企业在管理文化上存在明显差异，具体内容详见第5章5.3节世界主要旅游企业文化类型的跨文化分析。

7.3 中西方旅游文化差异的原因分析

不同国家、民族的旅游者文化差异是由自然、经济、社会环境以及宗教等多种因素共同作用形成的，中西方之间的旅游文化差异就受到这些因素的影响。

7.3.1 自然环境的原因

"一方水土养一方人"，自然环境是文化生成的土壤，是文化创造的第一变量。各地的地理位置、地形、气候、水分、土壤、动植物等自然生态环境的差异在很大程度上影响了各地文化的产生、发展与特色形成。中华文明起源于黄河流域，三面连陆一面靠海的半封闭地理环境使中国几乎处于与世隔绝的状态，土地肥沃，光热水条件配合良好，农耕环境得天独厚，这就十分自然的形成了中国人喜静厌动、稳重保守的旅游性格。西方文化源于古希腊，由于古希腊土地贫瘠、临海，船舶成了他们最主要的生存工具，航海需要冒险，可以开拓新的空间，激发人的创造力，因此，古希腊人在惊涛骇浪中锤炼出了开拓、进取、勇敢、协作、灵活、开放的民族精神，这种精神传统使得西方人乐于出门远行，并且追求旅游活动的冒险性、刺激性和趣味性。

7.3.2 经济环境的原因

就某一程度而言，中西思维、价值观的差异性也受到各自经济制度深刻而恒久的影响。中国的传统经济是典型的自给自足的自然经济。小农经济自给自足的特征使人们缺乏与外界的联系，视野狭窄，思维闭塞。这种"农业文明性格"造就了中国人注重伦理道德，求同求稳，以"和为贵，忍为高"为处世原则。人们不喜出门，视不可知的旅游地为危途，倾向于选择成熟的旅游目的地，并且在团体旅行中尊老爱幼、相互帮助，重视人际关系的和谐。

西方文化的发源地希腊半岛及其附近沿海地区的手工业、商业、航海业的发展，引起古希腊哲学家对天文、地理、气象、几何、物理等学科的浓厚兴趣，逐渐形成了西方注重探索自然奥秘的科学传统。工业革命以来，由于受到大工业生产方式所特有的组织性、科学性、民主性的陶冶，"公平理论""自我实现理论""竞争精神"成为西方人思维方式的典型特点。这种"工业文明性格"造就了西方人有较强的斗争精神，以独立、自由、平等为处世原则。因此，西方人喜欢通过旅行来探索大自然的奥秘，多选择一些人迹罕至的旅游地和参与性、体验性强的旅游项目，以挑战自我，实现自我价值。

7.3.3 社会环境的原因

社会环境主要指由制度、政策、法规等构成的社会意识形态的总和。中国几千年封建社会的发展中，战乱不止，动荡不息，但超稳定的农业生产方式、社会组织形式、宗法伦理观念使得老百姓产生了重血缘、重群体、重尊卑的社会心理。因此，中国人偏爱集体旅游，强调旅游中的集体意志及尊卑关系，旅游活动易受他人影响。而古希腊的民主政治制度使得民主观念、法治意识成为社会全体成员所达成的共识，他们认为人人能力相等，地位平等，行为自由，人与人之间更多地体现了一种独立的性格，因此，西方人在旅游中也强调平等独立，重视自我感受。

7.3.4 宗教文化的原因

在中国，儒家（教）文化、道家思想以及佛教对人们的旅游行为产生重要影响。儒家（教）"孝子不登高不临危""父母在不远游"的古训使得中国人长久以来对旅行与旅游持保守态度，"比德"思想则影响了人们对自然的审美习惯；道家"崇尚自然""返璞归真""自然无为"的观点使中国人乐于走向大自然中去陶冶性情，体悟生命的价值和意义；佛教主张的"八正道""因果报应"等观念也促使中国人在旅游中谨言慎行。

在西方，受基督教文化影响，人们通常认为自己在上帝面前是有罪的。以原罪为起点的西方文化，为远离原罪，人们不断忏悔，寻求变化，这就造成西方人求"变"、求"动"、求"异"的行为取向。因此，西方人旅游时追求活动的丰富性、参与性与刺激性。此外，在西方，宗教文化资源特别是教堂在旅游资源中占有非常重要的地位。

7.4 旅游文化的冲突与整合

交往假设理论认为，不同文化背景人们之间所发生的交往既可能导致积极的结果，也可能导致消极的结果。持积极观点的人认为来自不同文化背景的旅游者和东道主交往，能够导致相互之间的欣赏、理解、尊重和喜爱，形成积极的态度，增强社会互动和文化交流，促进文化的整合。持消极观点的人则认为旅游者与东道主这种交往是表面的，不能形成积极态度，双方由于在价值观和语言符号系统等方面的差异易形成刻板印象，引起跨文化交流中的文化震惊和文化冲突。

7.4.1 旅游文化的冲突

旅游文化冲突是由于个人之间的直接相遇而造成的。旅游者与东道主的交往可以发生在众多各不相同的情景之中，如旅游者乘坐飞机或公共汽车、在酒店居住、在餐厅用餐、游览旅游景点、去商店购物、去夜总会娱乐、与导游交谈、考察当地的市井生活或观看当地舞蹈等，这些接触通常具有短暂性特点。在短暂性接触中，旅游者往往显出他在物质上的优越性，特别是他感到这种优越性来自于他所在的久居地的文明时，他就会利用接待者的弱点，甚至视接待者的纯朴、厚道为愚昧无知，因而趾高气扬。因此，旅游者与接待者之间的相互关系变得势利起来：两者间的人际交流、文化交流、好客、微笑，甚至互相帮助，都成了要用金钱换取的行为。久而久之，接待者对旅游者形成一种富有和傲慢、对东道主社会的需求缺乏关切、没有人文情怀的陌生人的刻板印象，而旅游者对东道主的刻板印象是贫穷、落后、愚昧，但在经济交易中却有对宾客进行剥削的权利。这种消极负面的刻板印象能够轻易地影响到旅游者和东道主的相互知觉，埋下文化冲突的种子。

随着大量旅游者的涌入，旅游地的自然生态环境极易受到破坏，水、空气、噪声、视觉污染不仅降低了旅游地的旅游吸引力，也影响了当地人的生活。与此同时，在与异质文化的交流中，当地人的思想文化、生活方式受到潜移默化的影响，他们开始对自己的传统生活方式感到厌倦，不再珍视有着悠久历史的民族文化、传统与习俗，甚至出现卖淫、赌博、投机诈骗、走私等不良社会现象和犯罪行为，影响了旅游地的社会秩序，破坏了旅游地本土文化的纯朴性，对当地文化产生了污染。接待者对旅游者的态度从旅游业发展之初时的欢迎到后来的冷漠、恼怒乃至对立。在国外，旅游文化的冲突使当地人从乱涂"旅游者滚回去"的标语，到组成突击队赶走露营者和对汽车驾驶者进行野蛮的攻击，有时甚至发展到暗杀。法国的绿色和平组织曾经发动一场全国性运动，要求对法国旅游业严加限制。因旅游跨文化交往所造成的文化冲突不仅在世界广泛存在而且也已发展到相当严重程度。

知识链接：

关于中国游客的刻板印象

刻板印象是一种不承认群体内部存在差异性，不承认一般规则存在例外的思维方式，是一种将某一特定群体等而视之的贴标签的行为，比如人们普遍认为法国人浪漫，美国人随和，英国人保守，德国人严谨，中国人爱面子，日本人精明等。正面的刻板印象可以吸引旅游者和便于人们尽快适应环境，但负面的刻板印象会加深对来自不同于自己文化的成员的偏见和歧视。实践证明，大量的刻板印象是负面的，突出的是不利的特征。例如，随着我国出境旅游人数的增多，由于文化差异及其他因素的影响，不少外国人已形成一些对中国游客有偏见的刻板印象，包括中国游客喜欢在非抽烟区抽烟等。

7.4.2 旅游文化的整合

文化并非一成不变，而是为满足社会需要而不断发展的。同时，文化不仅有排他性，也有融合性，特别是当不同文化交流、交往的时候，他们必然会有一个相互吸收、融合、调和、借鉴的过程，这个过程也就是文化的整合。文化整合是文化发展的自然途径。旅游文化的冲突与整合是旅游文化发展对立又统一的两个方面。旅游主体在旅游过程中与目的地文化发生接触、碰撞、震惊和冲突的同时，也在自觉、不自觉地进行着交流和融合。旅游的动机之一是渴望对文化差异的了解，这种渴望促使游客以平静的心态与目的地居民进行平等的交流。游客通过与目的地居民面对面的沟通，对目的地文化氛围的亲身感受，从而更加深入地了解目的地的文化。目的地居民也可以通过与游客的直接交流，获得比其他传播方式更实在的对外地文化的了解。旅游者与东道主文化间的理解与尊重会促使旅游目的地文化的融合和多元化。广西桂林的阳朔镇人口不过2万~3万，而每年在阳朔长住的外地游客有6万~8万，是本地人口的3倍，每年到阳朔的游客超过300万，这个数字还在不断增加。游客在这里可以领略到阳朔当地民族传统文化，同时西方一些思想、观念、生活方式又被当地居民逐渐了解、接纳，在这里交汇、融合，形成了独特的"西街文化"。在中西文化融合的环境中，游客与东道主之间的陌生感消除了，共同营造出一种多元旅游文化氛围。

旅游因其大众化和普遍性在跨文化交流中起到文化整合的作用，而各种异质文化间的整合会带来地方特色文化的消失。因此，旅游文化在整合中如何保持各自民族特质就成为旅游文化学应该关注和予以研究的课题。

知识链接：

"西街人"的跨国婚姻

川流不息的西方人给桂林的阳朔西街带来了西方世界的气息和观念，使西街人墨守了千百年的淳朴但又显得保守的观念动摇了、变化了。这些变化的观念中，最为突出的是婚恋观念。这里的青年男女认识到爱情不应受国界的限制，许多父母放弃了把孩子"捆"在身边防老的想法。于是，这里的姑娘、小伙，在与在这里长住的外国小伙、姑娘们的接触中，毫无顾忌地产生和发展着相互的爱情。从 20 世纪 80 年代后期至今的 10 多年中，西街的或在西街工作的男女青年娶洋媳妇或嫁洋丈夫的已经有 200 多对。特别值得一提的是，这 200 多对涉外婚姻的稳定率几乎为 100%。这大概与西街人仍坚持着传统择偶标准，加上双方动机的纯真和他们有培养感情的充分条件有关。

7.5　跨文化与旅游活动及旅游经营

（1）加强跨文化培训，提高旅游活动中跨文化交流能力

中国有句古话："非我族类，其心必异。"这句话提醒我们，不同区域、民族、种族间的文化差异是客观存在的。在国际旅游繁荣的今天，旅游研究面临的一个最重要的课题就是如何化解旅游跨文化的交际障碍。旅游实践证明，提高跨文化旅游活动参与者的跨文化交流能力才是解决这一问题的根本办法。跨文化交流能力是指保留与传播本国文化，尊重与接纳异国文化，以开明的态度从不同的视角看待和理解母语文化和异国文化的能力。加强文化修养，充分了解对方是交流的基础，因此，旅游企业对从业人员进行跨文化培训及对旅游者进行跨文化知识宣传是增强其跨文化意识、提高其跨文化交往能力的有效手段。

①旅游从业人员应了解客源国的文化背景　人们所具有的文化知识越丰富，对其他文化了解越深刻，也就越能够更好地预测他人的行为。熟悉对方的文化，才能预见并化解可能出现的文化冲突。旅游企业对员工的跨文化培训旨在帮助他们理解自己的文化及旅游者的文化，鉴赏不同文化之间的差异性，从而接受文化上不同的旅游市场，教会旅游服务工作者去尊重来自不同文化背景的旅游者并与他们进行有效的交流。服务行业追求的是顾客的满意度，所以旅游从业人员作为专门服务人员，在为旅游者服务时，不仅不能触犯客源地文化规范或习俗，而且应当有意识地使用旅游者的礼仪接待，以他们认可的符号表达、交流。总之，中国旅游业日益融入世界市场，也就越需要对从业人员进行客源国文化、国际礼仪、国际惯例与规则的培训。具有跨文化意识的旅游接待者、管理者和决策者是未来中国旅游业健康发展的必要条件。

②旅游从业人员特别是外语导游员应具有精深娴熟的外语能力　语言作为人类表情达意、交流思想的根据，在交流中至关重要。外语导游员工作时所使用的外语，正是他的接待对象的母语。旅游者之所以在人生地不熟的异国他乡首肯导游，就是因为彼此使用同一种语言，有了亲近感。这是外语导游员与外国旅游者能够最快实现交往的原因之一。由此可见，旅游企业对外语导游员进行外语能力特别是外语运用能力的培训，对旅游者与东道主的跨文化交往成功至关重要。

③旅游者要事先了解目的地国风俗民情　由于旅游产品是由旅游者与旅游服务人员共同参与生产的，其质量高低也与旅游者的行为息息相关。"入国问俗，入乡问禁"，能有效地避免触犯他国的禁忌。国际生态旅游协会所制定的《旅游者伦理规范》

的第一条就是要求旅游者"怀着谦逊的态度和真诚的渴望更好地认识你所访问的国家的人民，敏感地意识到别人的情感，从而预防可能的冒犯行为"。1985年世界旅游组织旅游第六次大会通过的《旅游权利法案》和《旅游者守则》中，就要求旅游者除了尊重过境地和逗留地的政治、社会、道德和宗教及遵守当地的现行法律和规定外，还应做到充分理解东道国的风俗习惯、宗教信仰和行为活动，要特别尊重其自然和文化财富；不应强调自己与当地居民之间的经济、社会和文化差异；要以受教育者的身份去领略作为人类整个财富不可分割的一部分的当地文化。旅游者在旅游过程中的一举一动、一言一行都不应当触犯目的地的社会文化规范。因此，旅游者在旅行之前通过自学和参加各种跨文化培训项目，学习关于旅游目的地社会的价值观、社会规范等方面的知识，在旅游过程中，本着尊重原则与目的地居民进行平等、友好的交往对其旅游满意度的提高是十分重要的。

知识链接：

中国公民出境旅游文明行为指南

中国公民，出境旅游；注重礼仪，保持尊严。
讲究卫生，爱护环境；衣着得体，请勿喧哗。
尊老爱幼，助人为乐；女士优先，礼貌谦让。
出行办事，遵守时间；排队有序，不越黄线。
文明住宿，不损用品；安静用餐，请勿浪费。
健康娱乐，有益身心；赌博色情，坚决拒绝。
参观游览，遵守规定；习俗禁忌，切勿冒犯。
遇有疑难，咨询领馆；文明出行，一路平安。

（2）加强旅游产品的设计、开发及营销的文化针对性

当今国际旅游者的出游动机多种多样。在对不同文化的旅游市场的识别之中应该运用文化差异的知识。文化差异应该作为一个对国际旅游市场细分、目标市场的确定以及定位的重要参考因素。例如，西方旅游者对旅游活动的多样性要求极为强烈，喜欢冒险，希望借助旅游来实现自我价值，尝试新的与众不同的东西，更希望能按照自己的个性决定购买适合自己的旅游产品。因此，对于旅游业来说，要根据旅游者的这些需求特点有针对性地设计、开发和宣传旅游产品。

（3）实施跨文化管理，克服旅游企业跨国经营文化障碍

随着中国的入境旅游和出境旅游的快速发展，中国的旅游企业在境内加强了与国际知名的跨国旅游集团的合作，如国旅与美国运通、中旅与德国途易的合作，而在不久的将来，中国的旅游集团势必随着日趋强劲的出境旅游进行海外市场拓展。国际化发展的公司在异域除了国家干预、市场、意识形态障碍之外，也必然会受到文化因素的制约，企业内部及企业与当地社会的文化差异必然构成企业发展的障碍。因此，旅游跨国企业欲有效管理文化差异，消除文化冲突，就必须要实施跨文化管理。所谓跨

文化管理，是指涉及不同文化背景的人、物、事的管理，跨文化管理的核心是解决文化冲突。跨文化管理涉及跨文化地进行沟通、领导、激励、决策和跨文化地进行人员培训、国际谈判和工作安排等内容。具体表现为利用和控制文化差异、防止差异演化为冲突、消除已有的文化冲突。为解决企业发展与当地文化的"隔膜感"，旅游企业的发展必须符合当地经济发展状况和道德规范，并有助于提高当地人民的生活水平。在企业内部，要加强不同文化背景的员工与员工之间、领导者与员工之间、部门与部门之间的沟通。为了解决文化冲突，还需要在管理过程中寻找超越文化冲突的企业目标，以作为维系不同文化背景的员工共同的行为准则。因此，国际旅游集团在中国要获得健康发展及中国本土旅游集团要尽快占领国际市场，其关键是有效掌握和强化跨文化管理来化解旅游集团的企业文化冲突，达到跨文化的融合。

知识链接：

日本东京"迪斯尼"与欧洲巴黎"迪斯尼"

1983 年，"迪斯尼"决定走向海外，建成了日本迪斯尼乐园，完全采用美国"迪斯尼"的标准化的经营模式，并连年创下该公司收入新高，以至引起许多文化与营销学家的关注。显而易见，日本作为东方文化的典型代表，与美国的西方文化有着极为明显的差异，但迪斯尼公司在经营和营销方面却获得了显著的成功，并成为跨国经营的典范。文化差异非但没带来阻力，反促成了日本"迪斯尼"的成功。雄心勃勃的迪斯尼公司于是在 1992 年 4 月，吸取日本迪斯尼的经验，在法国巴黎建造了另一个海外乐园——欧洲"迪斯尼"。然而这项投资却未能取得预期的成功。当年只有 40% 的法国游客来此参观，更让人惊讶的是其中很大一部分是到欧洲旅行的日本人，至 1994 年底，欧洲迪斯尼乐园共亏损 20 亿美元。为什么在美国和日本如此成功的经营模式在法国却行不通呢？忽视欧洲与美国的文化差异，对营销策略没有做适应性的本土化调整是失败的根本原因。

【思考题】
1. 为什么说旅游是一种跨文化交流活动？
2. 如何理解旅游主体的跨文化交流作用？
3. 中西方旅游者在旅游性格、旅游消费习惯、旅游审美、旅游服务感知上有何不同？
4. 中西方旅游客体文化上存在哪些差异？
5. 哪些因素导致中西方旅游文化差异的产生？
6. 旅游文化的冲突是如何产生的？
7. 如何理解旅游文化的整合？
8. 如何提高旅游从业人员跨文化交流能力？
9. 旅游者在目的地游览时面对异质文化应持一种什么态度？
10. 旅游跨国企业通常面临哪些文化障碍？应如何克服这些文化障碍？

【案例分析】

中国人的"客随主便"

在中国,客人怕麻烦主人,一般"客随主便"是中国人接人待物礼貌、文明的表现,欧美人却对此困惑。卢先生曾多次与荷兰人一起接待中国来的代表团,在机场,级别较高的一般会安排在贵宾室先休息。当大家被问及想喝点什么饮料时,可乐、啤酒、矿泉水、茶等一应俱全,但中国人往往都说"随便"或"什么都行",令接待人员无所适从。也有团长先说喝茶,于是团员一个接一个异口同声说喝茶,让对方不免疑惑中国人喝饮料也要集体行动。另一次,中方代表团顺利完成考察任务后,离开前主人安排一天自由活动,上午购物,下午由于时间短暂,便提供了郁金香花园和风车村两个景点选择,二者相距较远,由客人任选其一。征求中方意见时,中国人彬彬有礼地回答"都可以"。荷兰人以为是中国人两个地方都想去,又把两个景点的特色解释了,并歉意地说明了由于时间限制只能去其中之一。团长发现有误解,就解释说"您看哪儿方便就去哪儿,不要太费心了。反正我们第一次来荷兰,去哪都行。"这位荷兰人觉得很头痛,不知中国客人到底想去哪一个景点,接待过的许多中国团队都是如此,似乎没有个人主见和选择,人云亦云。而在中国旅行的西方游客有时提出某些要求时,中国人觉得比较难办,但又不好意思直接告诉他们不行,就说"我们考虑考虑",考虑的结果当然还是不行,西方人对中国人的这类"闪避式回答"极其无奈,极为不满。

案例分析思考题:
1. 为什么中国人不直接说出自己的想法?
2. 中国人和西方人在"考虑"这一词的理解上有何不同?

第 8 章 旅游接待地文化的变迁与调适

【本章概要】
　　本章以旅游接待地整体作为研究对象，探讨了旅游活动对旅游接待地社会文化的积极影响与消极影响及其作用机理，分析说明了旅游接待地在旅游发展过程中可能发生的社会文化变迁，进而研究了旅游接待地可持续发展中的文化调适问题，提出了科学的旅游发展观。

【学习目标】
　　1. 了解旅游活动对旅游接待地社会文化的积极影响与消极影响及其作用机理。
　　2. 认识和理解旅游接待地在旅游发展过程中可能发生的社会文化变迁。
　　3. 掌握旅游接待地可持续发展中的文化调适方法。
　　4. 正确认识并树立科学的旅游发展观。

【关键性术语】
　　旅游接待地；社会文化；积极影响；消极影响；作用机理；社会文化变迁；旅游异化；文化调适；科学的旅游发展观。

8.1 旅游对接待地社会文化的影响

8.1.1 旅游对接待地社会文化的积极影响

（1）促进接待地的对外文化交流
　　文化交流是文化发展的前提。旅游在客观上起着促进不同地区、不同民族乃至不同国度文化之间的相互沟通作用。与其他文化传播相比，旅游活动交流方式的优势十分明显：首先，它是一种人群之间的直接交往，而不是以文字、有形物品或者以个别人为代表的间接沟通或信息传递；其次，旅游体现着各种社会文化现象的交叉和渗透，其中不同文化主体间的沟通内容涉及甚广，几乎无所不包；再次，旅游是人类的和平交往与自由交往，是人类文化最理想的交流方式；最后，以旅游为媒介的对外文化交流虽然离不开政府的参与，但主要是一种民间文化交流活动，这种民间活动常常能发挥正式的外交活动所不能发挥的作用。接待地通过发展旅游，一方面可以了解别人，促进人类和谐和世界大同观念的形成；另一方面又可以宣传自己，树立自己的真正形象。这在我国国际旅游业发展的历史过程中表现得相当明显。

(2) 促进接待地民族传统文化的保护和复兴

民族文化是一个国家或地区重要的旅游资源，随着旅游业的发展和接待外来旅游者的需要，当地一些原先几乎被人们遗忘了的传统习俗和文化活动得到开发和恢复；传统的手工艺品因市场需求的扩大得到发展；传统的音乐、舞蹈、戏剧等文化艺术以及非物质文化遗产受到重视和发掘；长期濒临湮灭的历史建筑得到维护和管理等。所有这些原先几乎被抛弃的文化遗产不仅随着旅游的开展而获得了新生，而且成为其他旅游接待国或地区所没有的独特文化资源。它们不仅受到旅游者的欢迎，而且使当地人民对自己的文化增添了新的自豪感。例如，我国江南三大名楼的重建与维修，西安市抢救整理了仿唐乐舞，湖北省域的三国文化与清江流域的土家族风俗旅游资源的保护与开发等。

湖北的宜昌地区是我国土家族居住区域的边缘地带，历史的进程使本地区土家族的民族印记越来越少。他们由于与汉族杂居，在长期的共同生活中已经渐渐汉化，除了保留一些传统的饮食习惯之外，他们的服饰与汉族已经完全一样，民居建筑也由吊脚楼逐渐变成了和汉族一样的土砖屋、水泥楼房，许多风俗习惯和民俗仪式已经被遗忘。本地区并不浓厚的土家族文化正在逐渐消失，当地人也渐渐忽略了自己的民族身份，民族意识越来越淡薄，逐渐失去了土家族的特色。基于旅游业可以促进经济的发展和旅游开发有利民族文化的挖掘与保护的认识，宜昌的土家族居住地区在发展旅游业的过程中自觉地将土家民族文化融入旅游开发过程中，通过挖掘整理进而保存这个区域独特的土家文化。目前，数十种土家族传统民间艺术形式被一一搬上了旅游舞台。如诙谐幽默的碗碟小闹《夸丈夫》，铿锵激越的田园山歌击打乐"薅草锣鼓"，原汁原味的土家祭祀舞蹈跳丧、跳神，以及"土家堂戏"、打夯、蜡染等。此外，一些景区的半山腰、水车边、屋檐下，都有当地土家农民歌手在喊山歌，唱小调，织西兰卡普。一些源于生活的劳作场景，也被演绎在田园之中，土家族的独特生活方式得到重新展现。同时，通过发展旅游业，大量游客的到来唤醒了当地人的"族体意识"，他们意识到自己民族文化的独特性和不可替代性而倍加珍惜，百般呵护。许多被遗忘到角落里的文化遗产又被重新利用了起来，日渐消逝的民族文化得到了保护和复兴。

旅游业的发展使不少民族传统文化起死回生，使之成为旅游接待地的特色产品。当然，有些原先几乎被抛弃的传统文化遗产之所以能够获得前所未有的重视，是因为旅游业所能带来的"实惠"，而不是因为它们对当地居民有什么代表价值，有什么功用。这一点诚如雅法尔·雅法里所说，"许多宗教或考古建筑之所以从被毁坏的境地中拯救出来，更多的是由于旅游的发展，而不是由于它们在当地民众看来所具有的价值"。

(3) 促进接待地社会文化的现代化

① 旅游能促进接待地社会文化在物质层面上的现代化　为了适应旅游业发展的时代需要，吸引游客前来参观访问，接待地会不断改进自己的物质条件，新的文化设施

会有所增加,文化环境不断优化。旅游促进了一些城市独特风貌以及其他颇具创造性的人文景观的形成,为旅游地增添了新的文化风采。如世界水电旅游名城宜昌市的城市环境、文化设施、社会面貌的大改观并发展成为湖北省域副中心城市,就与旅游业的促进和带动有关。

②旅游能促进接待地社会文化在科学技术水平上的提高 科学技术的发展是旅游活动产生和发展的前提条件,但旅游发展过程中又不断对旅游地科学技术提出新的要求,要求与旅游活动有关的交通运输工具、通信以及旅游服务设施和设备等更加快速、便利、舒适和安全。尤其对发展中国家来说,旅游是刺激这些领域加快发展的重要因素。同时,在旅游交流过程中,一些旅游者会给接待地直接带来先进的科学技术思想和成果(如通过学术交流、会展活动、会议旅游等),对接待地的科技发展起到一定的促进作用。

③旅游能促进接待地社会文化在行为层面、精神层面趋向国际化、现代化 旅游能促进接待地社会文化不同层面的变化,尤其是行为方式、价值观念、消费模式上的演变,使之趋向国际化、现代化。比如,在我国,受所谓携带"欧风美雨"西方先进文化的国际旅游者的影响,人们的家庭观念、社会观念、消费模式、企业管理和城市管理意识等都发生了巨大变革。可以说,改革开放以来我国旅游业的发展不仅为国民经济的繁荣作出了巨大贡献,而且在很大程度上促进了文化的现代化进程。这一点是无法用旅游收入之类的数据来衡量的。

8.1.2 旅游对接待地社会文化的消极影响

任何事物都有两重性,有利就有弊,旅游也是如此。经济学家已普遍意识到,旅游在给接待地带来经济增长和就业机会增多的同时,也有可能引起物价上涨,地价攀升,损害当地大多数居民的经济利益,导致当地产业结构发生不良变化,影响当地经济的稳定与持续发展等。同时,旅游对接待地社会文化的影响有其积极的一面,也有消极的一面。其负面作用主要有以下几个方面:

(1)使接待地的历史文化遗产与自然遗产遭受到不同程度的人为破坏

旅游活动对历史文化遗产与自然遗产的破坏,主要有以下几种情况:

①游客不检点的行为和当地人造成的破坏 有些游客乱刻乱画"某某到此一游",随地吐痰,随意丢弃废物等,造成环境污染和破坏。许多古建筑的墙壁、门窗上刻痕累累,旅游名胜地垃圾成堆。例如,我国著名风景名胜地黄山上因游人乱扔垃圾,一度曾漫山遍野飘舞着各种颜色的塑料袋,被人戏称为"万国旗",后花费大量人力物力才得以清除干净。

当地人的破坏也不容忽视,这类人为破坏比旅游者造成的问题更严重,而且更不容易控制。据报道,有些居住在长城附近地区的农民竟挖取长城砖石来建房,有的甚至用长城砖石给自家造猪圈;武汉曾有某些单位向东湖内倾倒垃圾;有些地方盗掘历史文物、古生物化石等事件屡有发生。

②超饱和接待游客 在景点经营管理中,多数情况下是为了追求高利润,也有时是因为形势所迫(这种情况一般出现在较短的假日,如双休日、黄金周),游人数量超

过了合理容量,破坏了旅游资源,降低了环境质量,有时甚至造成游人伤亡。例如,世界七大奇迹之一的埃及金字塔由于长时间大量游人的攀登已受到严重损害,有人估计,它将不会再继续存在1万年。我国的万里长城也有类似问题。北京故宫举世闻名,游人川流不息,其旅游最佳容量3万~4万人/日,但节假日高达13万人/日,严重超负荷,川流不息、日复一日的游人将大殿内的金砖踩出深深的凹坑,广场和通道的金砖也损坏得厉害。以日接待量4000人为宜的周庄,旺季日接待游客达2万人,最高时达到了3万人,远远超过其接待能力。我国的敦煌石窟和十三陵地宫由于游人呼出的二氧化碳、其他有害气体和水分以及散发出的体热造成了封闭空间的环境变化,对其中的文物造成不利影响,使壁画及文物褪色剥蚀。

③开发和保护不当或"破坏性"开发 近年来,旅游业已成为带动地方经济发展的龙头产业,有些地方虽然出发点是为了发展旅游业,但是由于缺乏相关的专业知识或考虑不周,受利益驱动、急功近利,建造了一些不适当的工程,造成了对旅游资源和旅游环境的破坏,影响了其应有的特色和风格。它们看似在开发保护,殊不知其后果却是破坏性的,这是最不应发生却屡见不鲜的事实。

比如"杜甫草堂",当年杜甫穷困潦倒,在友人的帮助下才在成都筑一草堂勉强度日,有了这种切身的体验才得以写出《茅屋为秋风所破歌》以及"安得广厦千万间,大庇天下寒士俱欢颜"的千古名句。而今天所看到的杜甫草堂却是营造考究的"精舍",门外还蹲着两个石狮子。这哪里是"草堂",简直成了官绅之家。最典型的例子莫过于张家界武陵源自然保护区,以其独特的自然地貌景观于1992年被联合国教科文组织列为世界自然遗产名录,1998年却受到联合国的黄牌警告,原因是在景区内乱建旅游设施(如饭店、宾馆、游乐场等)。联合国官员声称:景区内城市化倾向严重,景观品位下降。后来拆迁了19万 m^2 的违章建筑。武当山金殿曾有"雷火炼殿"奇观。当电闪雷鸣时,金殿常遭雷击,火球滚动,但在殿内的人却安然无恙。待雨过天晴之后,因电火将铜锈剥离,所以金殿500年来金光闪闪、熠熠生辉。近年来也像对其他古建筑一样安装了避雷针,"雷火炼殿"的奇观消失了,金殿也因生锈而变黑了。山西永济普救寺内莺莺塔,是中国四大著名回声建筑之一。当人们在附近以石相击时,便会发出清晰的"咯哇"的回声(被人们称为蛙鸣、普救蟾声)。近年来出于保护的愿望,修建了回廊,干扰了声波的传播,回声效果大为削弱。

目前,有些古建筑被改造得面目全非,未能"整旧如故",而是"整旧如新"。文物古迹的价值就在于它们是历史的遗存,哪怕已经斑驳陆离、锈迹斑斑,甚至残缺不全,这正是历史留下的痕迹,所以称文物古迹为"历史的载体"。为了延续其寿命,有时须进行必要的修缮,但修缮中往往违背对文物古迹应遵循"修旧如故"的原则,而求其"修葺一新",严重影响旅游资源原有的最有价值的特征。

(2)使接待地固有文化舞台化、庸俗化

①接待地文化的舞台化 当传统民族文化作为旅游资源加以开发利用时,就走上了商品化的道路,因此也势必会遵从市场规律和价值规律。经济利益的驱动,片面地满足游客的猎奇心理,使接待地的传统文化、地域文化、民族文化带有明显的表演色彩,在很大程度上失去了原有的意义和价值。传统的民族文化被放在舞台上、货架

上，待价而沽。如传统民间习俗和庆典活动本来都是在特定的时间和地点、按照传统规定的内容和方式举行的，但是很多这种活动随着旅游业的开展逐渐被商品化，不再有什么"规矩"。而是根据"旅游需求"随时随地开展，活动的内容和形式也相当"灵活"，带有明显的表演色彩，在很大程度上失去了原有的意义和价值。许多神圣的民俗节日，在旅游接待地几乎在天天过，如内蒙古大草原的"那达慕"，云南傣族村的"泼水节"等。

很多时候，开发者无视民族文化的真正内涵，完全按照游客的喜好来开发、过度包装民族文化。因此，游客所见所闻的并不全是当地或该民族真正的传统文化，而是打着"传统"旗号的"伪民俗""伪文化"。一些民族歌舞表演虽然能将一部分传统文化保存下来，但这些已经不是原汁原味的传统文化，而只是经过较大修改、放在舞台上表演给游客看的"节目"。大多数演员都是从艺术学校毕业的学生，很多不是本地人，没有受到过本地民族文化的熏陶，是一群不折不扣的"职业土著"。他们穿着民族服饰，将传统的民族歌舞甚至民族礼俗都搬上舞台，每半小时一场，每天都在不停地重复相同的内容。他们的表演是机械的、程式化的，没有发自内心的激情。歌舞变成一种"例行公事"的活儿而不是一种生活中的娱乐。单纯为表演而表演出来的东西脱离了原生土壤，有"形"而无"神"，厚重的民族传统文化轻而易举地被简单、造作的模仿所取代。久而久之，目的地一些社会文化就逐渐失去了特色，就连当地人由于在旅游者面前长期的"表演"，也会在潜意识里默认了这些经过包装了的"传统文化"，真正的传统文化则被遗忘在角落里，落满了灰尘。这种旅游所导致的结果是，游客实际所观察到的不是一个国家和地区的真实景况，而是一个国家和地区的虚幻景况；丰富多彩、内涵深厚、独具特色的民俗文化显得肤浅、苍白；旅游文化产业将会逐渐蜕变成为一个纯商业化的产业，陷入一种"无义"的境地。

②接待地文化的庸俗化　　现代旅游是一种大众化的文化消费活动。大众所受的教育是有限的、并不具备高层次的文化修养，没有机会进行特殊的鉴赏训练，这就决定了他们在旅游过程中很少会带着鉴赏的目光去看民族文化，而更多的是以消遣、猎奇为目的，他们更倾向于感性、轻松、刺激的东西。为了满足一部分游客落后的甚至是低俗的需求，有些开发商在开发建设旅游景区时，无视民族文化和地域文化的真实性、神圣性，不惜把一些旅游项目庸俗化。

而旅游接待地的旅游行业工作人员，尤其是导游人员，由于自身文化素养不够高，对民族和地域文化没有深入的理解，很容易弄巧成拙。在特定的景点把事先准备好的导游词机械地背诵一遍，或者随便给游客唱几首所谓的民歌，是很难把民族文化的深刻内涵表现出来的。

接待地的歌舞表演也存在这样的问题，最典型的是各接待地的婚俗表演。这个节目鼓励游客参与，一般由男性游客充当新郎的角色，整个表演过程是在游客的口哨声中完成的。这样的一个节目，游客更关注的是能否过一把"新郎瘾"，没有人真正去从文化上鉴赏歌舞与民俗文化，他们只是为了求消遣、求刺激。这样的表演纯粹是为了取悦于游客，表演完之后，游客对少数民族的婚俗还是一无所知，更不用说从文化层次上去理解和欣赏这一传统仪式了。

这样一些单纯为了吸引游客而开展的活动，非但没有展示民族文化的特质，相反，民族文化原有的内涵和存在价值改变了或消失了，失去了真实的存在环境和意义，传统民族文化就这样在旅游活动中逐渐被庸俗化甚至异化了。

(3) 扭曲接待地的道德标准，促成或加剧了接待地种种社会问题

由于旅游地"文化设限"宽松化，容易导致社会道德观念扭曲，犯罪率呈上升趋势。任何本土文化在与外来文化接触时，通常会有选择地接受和吸收那些与本身文化价值观相契合的内容，而排斥那些与本身文化价值观不相容的东西，即经过了所谓"文化设限"的过滤。但是，在经济利益的刺激下，旅游地对外来旅游者的"文化设限"较一般情况下更为宽松一些。旅游地为了招徕游客，违心地接受外来文化中某些与本土文化的道德观念与价值取向大相径庭的东西。有的学者将其称为"虚意接受"，即当地并不打算或不愿意让外来文化的某些因素，特别是与本身文化价值观相抵触的部分侵蚀或融入本土文化，但出于经济效益方面的考虑，或有意识地睁一只眼、闭一只眼地做出让步，甚至主动迎合旅游者的需要。泰国许多旅游地一度大力推销的某些不健康的旅游产品，如"人妖"表演、色情表演等，确实迎合了少部分游客的需求，也为该国带来了滚滚外汇。但据泰国官方公布的资料显示，从1984年到现在，泰国人感染艾滋病、再度感染以及扩散的速率都很快，已有14万人死于这种顽症。由此而引发的旅游形象的下跌，目前已导致泰国旅游业出现滑坡。上述案例表明，发展中国家或地区在发展旅游的过程中，有时难免受到西方社会生活方式和思想意识的影响，进而有可能使当地的传统道德观念发生裂变和扭曲。尽管"色情、酗酒、抢劫皆因旅游业而起"的说法是片面的，但应该承认旅游业同一些社会问题的出现和蔓延确有密不可分的关系。在海外旅游者"现代化"消费模式的诱惑下，在旅游者和旅游地之间生活水平差异悬殊这一客观事实的刺激下，当地的部分居民极易失去原有的纯朴美德，坠落到罪恶的泥沼之中，色情泛滥，赌博猖獗，离婚率上升，严重影响社会秩序的安定，使当地的社会风气恶化。

随着旅游的发展，接待地居民经济意识加强，越来越强调经济收入，因而社会分层的标准不再是传统的家庭出身等因素，逐渐变成了金钱。旅游的出现使当地的部分资源得到增值，从而使得这部分资源的拥有者或者开发者和部分从业者获得经济利益之后成为当地社会的上层。居民所拥有的资源、经营能力以及分工的差别也打破了当地传统农业社会贫富基本均衡的状态，拉大了贫富差距，也会导致一系列社会问题。

(4) 引发媚外或排外情绪，影响接待地文化的健康发展

旅游地"仆从性"文化加重，居民的媚外或排外情绪直接影响当地文化的健康发展。在经济相对落后的旅游地，成群结队的旅游者所挟强势文化使得当地居民的民族（地区）自卑感和媚外思想等"仆从性"文化逐渐加重。在旅游发展过程中受来自经济发达国家和地区的富有游客以及随这些游客进来的外来先进经济文化势力的直接冲击，旅游接待地的自卑感和媚外思想会逐渐加重。旅游地居民一方面对旅游者的举止言行、穿着打扮、生活方式等进行屈意的迎合、追求和模仿，最终使得人们对本地社会文化传统等开始怀疑、离弃乃至反叛，从而对接待地固有的社会文化产生强烈的销蚀作用，诱发民族虚无主义的产生。逐渐丧失了对本土文化的自豪感，进而对自己的

文化缺乏信心和兴趣，从而成为当地"伪文化"的文化掮客。

在接待地综合接待能力有限的情况下，旅游者的大量涌入可能使当地居民的正常生活受到妨碍和干扰，使其产生排外情绪。当地居民对旅游者的态度就有可能从起初的友好热情转为不满甚至怨恨。世界著名旅游城市巴黎，每逢旅游旺季城市交通严重阻塞，人们怨声载道，于是一些景点的居民自发组织起来，阻止满载游客的大巴车进入市区；在意大利的威尼斯，卖纪念品的商店挤垮了许多为当地人服务的店铺，咖啡店和餐馆的价格飞涨，超过了市民的承受能力，熙熙攘攘的游客令当地居民非常烦恼，城市人口从20世纪40年代的15万人锐减至如今不足8万人。这是因为旅游者的大量涌入使当地居民的正常生活受到干扰和妨碍，并导致原有的淳朴民风与民族美德弱化，产生种种社会问题（犯罪增多，地价、物价上涨，交通拥挤，环境污染等）。当这种现象发生到一定程度时，当地居民对旅游者的态度就可能从起初的友好热情转为不满甚至怨恨（"旅游怨"）。

总之，盲目媚外，会诱发民族虚无主义；盲目排外，则有可能导致社会文化的故步自封。这两种情况都应防止。

8.2　旅游对接待地社会文化影响与作用的机理分析

旅游对接待地社会文化之所以能产生影响，是由于旅游者和接待地居民或者说参观者和被参观者的直接或间接的际遇。这种际遇导致了外来文化同本土文化的直接碰撞（冲突与融合），从而引发接待地社会文化的逐渐变迁。旅游接待地本土文化同外来文化之间的冲突与融合，具有文化冲突与融合的一般规律，但其过程和方式又具有一些特殊性。一般来讲，旅游影响接待地社会文化存在如下机理。

（1）在接待地文化交汇的舞台上，主客双方的接触和相互作用不平衡

尽管旅游活动中的文化扩散是双向的，但实际上旅游者给接待地带来的影响比他们接受接待地社会文化的影响的可能性要大得多，即客方作用大于主方作用。其原因：①旅游者在一个接待地逗留时间一般较短，且接触范围有限，因而受接待地文化影响较小；而旅游接待地的居民同旅游者的接触是长期不断的，受异地文化的影响因而较大。②主客接触和相互作用的不平衡性，会因双方间的经济上、社会文化上的势差而进一步加重。就大多数情况而言，旅游接待地一方处于弱势（如张家界、九寨沟、长江三峡等旅游接待地）。尤其是在现代大众旅游时代，旅游客源地文化一般属于高势能文化，而旅游目的地文化则处于低势能文化。这就是文化传播、交流中的不对等现象。旅游无疑是有利于传统文化的传播和交流的，许多偏远、古老的民族文化借助旅游被世人所认知，旅游成为宣传、传播传统文化的有效途径。然而，在这种传播和交流之中，却存在着不对等的现象。两种文化在接触后发生传播、交流，其主要的形式之一就是采借，即在传播过程中互相采借对方的文化。旅游是人与人之间的交流和接触，所以它就可以而且确实是文化采借的一个渠道。由于具有古老传统文化旅游的目的地是社会经济相对落后的地区，这些目的地要在日复一日的长时间里，遭受相对发达的外来文化持续冲击，而每个旅游者的活动相对其日常生活来说不过是匆匆来客，所以这些接待地的民族传统文化与外来文化的相互作用极不平衡。在整个旅游文

化交往过程中,他们向游客所采借的越多,向游客所传输的就相对越少,由此出现了文化的不平等交流。这种不平等交流还会因旅游者的旅游方式、个人动机和文化特性、旅游者与当地居民的交流时间与空间等因素的变化而呈现极不相同的效果。

(2)旅游文化的冲突与融合

在旅游消费活动中,作为客源地文化载体——旅游休闲者的位移,对旅游地文化载体——居民的沟通交流和行为示范,发生了外来文化和本土文化的交流传播和冲突融合。一方面,旅游地文化有可能影响客源地文化,促使客源地文化变迁,如乡村游客受城市文化的影响、大陆游客受港澳文化的影响、中国游客受西方文化的影响;另一方面,客源地文化要作用于旅游地文化,促使旅游地文化变迁,这是旅游活动中文化变迁的主流。可见,旅游活动促进了客源地文化和旅游地文化的传播交流,引起了文化冲突与文化融合,导致了文化变迁。在旅游经营活动中,旅游经营者对旅游地文化环境的建设及文化资源的保护利用,不仅可以改变旅游地的物质与行为文化,而且可以改变旅游地的精神文化,这是对民族和地域文化的自觉改造。不过,旅游以文化差异为基础,但旅游又促进了文化的一体化。结果是旅游对文化的改变造成了对文化多样性的威胁,反过来又影响了旅游。

旅游在改变文化的同时,也在改变社会。在旅游活动过程中,由于旅游者和旅游地居民,以及其他旅游活动相关者不仅会通过文化交流改变文化观念,而且会通过经济活动改变社会地位,进而引发客源地,特别是旅游地的社会结构、社会风尚等方面的变化。

旅游文化的冲突主要表现为:旅游者与目的地居民之间的误解;旅游者固有文化与目的地文化的对立;旅游者对旅游目的地环境文化的负面影响。

旅游文化的融合或整合的主要表现为:旅游者与接待地居民之间的好奇与相互欢悦;不同旅游者与接待地居民之间的相互帮助;现代旅游企业制度在接待地的移植与扎根;不同文化集团和社会背景的人们的精神交流和情感融合(如现代国际旅游使得中西方人民在不少问题和观念上得到理解和沟通)。

(3)旅游活动使接待地本土文化对外来文化的相容空间拓展

在一般情况下,任何文化在与外来文化接触时,都只是选择那些与本身文化价值观相契合的东西加以接受和吸收,而对那些与本身不相容的成分予以排斥。虽然在旅游业发展中,接待地对外来文化也会有所选择,但在经济目的的刺激下和对旅游客源市场的开拓中,选择接受的范围会比一般情况下有很大的扩展,或者说对外来文化的相容性将有增大。尽管这种相容是"虚意接受"(即迫使接待地创造适合旅游者的文化环境),但随着时间的推移,"虚意接受"的某些文化内容会逐渐扩散渗入到本土文化之中。

(4)外来文化的扩散渗透会使接待地文化发生重构和变迁

社会文化变迁通常是指一个民族生活方式所发生的任何变更,这种变更或是因为内部发展所引起,或是由于不同民族或地区之间的交流而产生。归因于内部发展的变迁往往追溯到某些发明或发现,而归因于外部发展或交往的变迁则常常追溯到文化借取或传播。旅游业的发展,大量人员的相互流动,作为现代生活的标志,在客观上起到了沟通不同地区、不同民族乃至不同国度人们的作用。由于旅游，不同地区、不同宗教、不同文化背景的人们之间的交往，异地文化的流入，导致各种不同文化的交融、碰撞。因此，旅游业的发展会导致和推进社会文化变迁。

这种重构和变迁具有以下3个特点：

①从过程和形式来看，文化重构有可能是自发的（自然重构），也有可能是有计划的（计划重构）　所谓自然重构，是指对外来文化的选择吸收是自然发生的，由此所引发的文化变化是不自觉进行的（潜移默化的"示范效应"）。所谓计划重构，是指接待地有关机构在发展旅游过程中，对外来文化内容进行详细分析，加以甄别，有目的地筛选吸收，并研究文化改造、融合的对策与方法，以此来指导旅游开发和管理工作。近些年来，文化的计划重构已受到许多国家和地区尤其是发展中国家和地区的重视。我们旅游工作者应成为当地旅游发展中的"文化经纪人"，在主客交流中起主导作用、调控作用。

②从文化变迁的整体结果来说，不同接待地可能出现相当不同的情况　在受外来文化影响和文化变迁上，较封闭、文化构成单一、经济较落后的接待地要远大于较开放、文化复合成分较高、经济较发达的接待地。从社会进化论而言，社会变迁是一个从简单到复杂、从低级向高级的发展过程。旅游目的地的文化变迁基本上验证了这个过程，旅游是现代文明的社会的一种生活方式，客源地多是文明发达的地区，具有强吸引力的目的地多处在社会文明程度不高的地区（如九寨沟、张家界、神农架、泸沽湖、西双版纳、香格里拉等地），这种高势能文化和低势能文化的碰撞，使得低势能文化逐渐地向高势能文化靠近，如今这些地区，文明程度和经济状况逐渐在改善，地区更加开放，各种关系也变得比以前复杂。但是也应该看到不同目的地出现的不同情况，那些较封闭、文化构成单一、经济落后的目的地比开放、文化复合成分较高、经济发达的目的地更容易受外来文化的影响，引起更大的社会变迁。在现实社会的社会变迁过程中，进步和倒退两个方向上的社会变迁往往是同时存在、同时进行的。这就是为什么在目的地文化变迁中出现文明进步和经济状况改善的同时也带来了文化异化、人的异化和多种社会矛盾的激化。

值得注意的是，这种不对等还有可能会引起传统文化的丧失。在文化交流、采借的过程中，必然会有文化的调和，以至于文化的丧失和一统。在世界各地，由于经济发展、旅游活动、文化交往与交流，已经吞噬了那么多有特色的传统文化、地域文化，现在我们似乎唯有在东西方文化的宏观差异方面还可以寻觅。

③接待地的文化认同滞后现象　接待地的文化变迁一般是自外而内的，从而使得接待地常常出现文化认同滞后现象，即文化的很多方面已经发生了变化，但文化认同仍未能发生变化。旅游者对当地文化的冲击首先使他们从文化的各个层面吸收外来的文化，包括从表面的服饰、语言的模仿到思想、观念的趋同，这些都将快速瓦解当地社会文化结构。首先是浅层的物质层面，其次是中层的制度层面，最后是深层的以价值观为核心的精神层面。随着对外来文化的不断吸收，人们的心理行为逐渐发生变化。

8.3 旅游接待地可持续发展中的文化调适

8.3.1 旅游接待地发展中的文化调适措施

8.3.1.1 接待地旅游开发的文化整合或互补

(1) 传统性和现代化的整合或互补

在旅游开发中存在着传统性和现代化的调和问题。从旅游地社会文化的持续发展看，也必须重视传统性和现代化的均衡。文化传统是人们长期劳动创造及智慧的结晶，是一种"社会胶质"，人们对自己文化的认同，也就对自己的文化赋予了感情。如果旅游地忽视了文化传统的弘扬，那么等待它的将是精神上的沦丧，也就无从谈及发展，这是历史已经证实的法则。同时，现代化又是任何一个旅游地、尤其是经济不发达地区全力以求的东西。在旅游地发展的实践中，要解决传统性和现代化的矛盾，首先需要树立这样一种指导思想：一方面，要保护和弘扬实质性的传统，在推崇设施设备现代化、思想观念现代化、管理现代化的同时，不忘以传统文化作为底蕴；另一方面，在继承和发扬传统的过程中，必须结合现代化中的合理性内涵，致力传统的发展和创新。如颇具三峡文化特色的巴山舞的创新与推广，就是一个成功的例证。又如对传统民居、乡土建筑的旅游开发遵循"外土内洋"的原则，实行外观保护、内部改造的措施。只有建立传统性与现代化互补的二元结构，才能更好地促进旅游业的可持续发展。

(2) 民族性与世界性的整合或互补

这主要是正确处理好旅游接待地文化与外部世界文化的关系问题。旅游接待地的发展过程在某种程度上也是其民族化走向世界的过程。而民族性的文化要想具有世界意义，一方面要积极吸收外来文化中有价值的东西，同时也要避免民族文化特色的削弱与消失。旅游接待地可以在旅游开发与经营管理方面合理利用外来文化的某些形式和内容嫁接和改造民族文化，或者赋予外来文化以民族特色，这既能促进旅游者对接待地文化的认同和理解，又为文化再创造提供了新的动力。例如，广东菜在改进中糅合西菜特色，饮食文化的中餐西吃或西餐中吃就是较成功的尝试。

(3) 本真性和商品化的整合或互补

文化的本真性是指文化发展和展示中的真实性和自然性，这是旅游资源的魅力所在。但是旅游开发中出现文化的商品化往往又导致文化失去本真性，并最终遭到销蚀和破坏。因为商品化多照顾公众的一般爱好，会使文化的发展和展示只维持在最能带来收益的现实或潜在的顾客的水平上，使"消费社会"代替了"教育社会"，从而降低文化品位和使之商业化，甚至使文化实际上已经解体。这就要求把握好本真性与商品化的兼容关系。其措施有：一是正确处理旅游开发中经济效益与社会文化效益的关系；二是旅游开发既要遵循经济规律，又要遵照文化法则（如我国大量人造景观匆匆衰败的反面例子）；三是为游客在一定范围内亲身体验当地人民的真实生活创造条件，防止"伪文化"的传播。

(4) 开放性和限制性的权衡

旅游地要发展旅游，必须开放自己的社会文化门户，接受外来文化的影响和冲击。但是，每个社会的文化承受能力是有一定限度的。为了使主客文化的冲突和融合能够在互不伤害的前提下协调进行，许多专家认为，在有些情况下，有必要对以旅游者为媒介的外来文化的进入和扩散给予适当限制。通常所采用的办法是：错开旅游区和居民区，使主客之间保持一定距离。实践证明，全面开放是危险的，适当限制是明智的（如泰国的艾滋病成为社会的定时炸弹）。当然，任何限制措施都应以不导致本土文化与外来文化的隔离为前提，否则就变成了变相的排外和自我封闭，将阻碍旅游业的繁荣。总的来讲，接待地应根据自身的特点做出合理的选择。

8.3.1.2 接待地文化氛围的营造和居民文化心态的调整

所谓旅游地居民文化心态，特指旅游地居民对旅游和旅游者的态度。显然，这会直接影响旅游的社会文化氛围，影响旅游业的可持续发展。

旅游地居民的态度实际上是一个相当复杂的问题。首先，它受到诸多客观因素的影响，如当地的历史、经济、社会发展状况，当地居民与游客在价值观念、行为方式等方面的差异，旅游业给当地经济、环境和社会文化带来的影响，国家的政治、文化、外交、经济政策等。因此，不同旅游地居民的文化心态可能会有相当大的差异。其次，任何一个旅游地居民又会因个体方面的差异，如年龄、文化程度、职业、社会地位等，以及在旅游业发展中所得到的利益和所付出的代价而不同，对旅游和旅游者表现出不同的态度。再次，旅游地居民的态度会随旅游业的发展而不断变化。从总体上来看，旅游地居民的文化心态不外表现为5种基本类型：抵触、回避、保持距离、选择接受和全盘接受。其中，抵触和全盘接受会导致排外和媚外这两种不良行为，是不可取的。而从回避、保持距离到选择接受，态度渐趋积极和主动，则是正常现象。旅游地居民文化心态的调整，目的在于防止出现抵触和全盘接受两种极端，引导旅游地居民向积极的一面靠拢。要实现这一目标，需要采取一系列措施。

（1）加强旅游业的宏观调控与管理

政府部门在规划旅游业的发展时，不能把经济效益作为唯一的目的，而应当把提高当地人民的生活质量和促进人的自由全面发展作为长远奋斗目标，应加强旅游业的宏观调控与管理，把旅游业发展与社会文明进步作为一个整体，制定相应政策和行动准则，促进旅游与社会文化的协调发展。对各种不良行为应坚决取缔和打击，控制旅游污染的发生，营造良好的旅游文化氛围。

（2）尊重接待地居民的主人地位，吸收他们参与旅游决策

接待地居民的态度直接决定旅游业能否长期稳定繁荣。因此，为推动旅游可持续发展，在制定旅游规划时，必须树立"居民与游客并重"的思想，充分考虑当地居民的利益和各种期望，为他们参与旅游决策提供一定的机会。参与的意义在于尊重旅游目的地居民的主人地位，获得目的地居民的支持。要实现融入社会文化目标后的总体规划目标，至关重要的一点就是在进行旅游开发的规划时要吸收当地社区居民的参与，保证当地居民对旅游的开发有发言权和参与决策权，使其能在一定程度上决定旅游开发后社会文化的改变状况。

接待地居民参与是指把接待地居民作为旅游发展的主体进入旅游规划、旅游开发等涉及旅游发展重大事宜的决策、执行体系中。接待地居民的态度直接决定旅游规划

的实施和旅游地的生命周期,接待地居民参与的旅游发展是旅游可持续发展的一个重要内容和评判依据,在制定旅游规划时,必须树立"居民与游客并重"的思想,充分考虑目的地居民的期望,让他们提供对未来社区风貌发表意见的机会。有关的研究表明,体现社区居民意志或意愿的旅游规划更易于在实施过程中推行,也会使居民更有效地参与旅游的可持续发展。只有让当地居民积极参与决策,才能实现旅游开发与目的地经济、环境、社会文化目标的协调发展。

(3)强化宣传教育工作,提高居民的文化素质

其一,要引导接待地人民树立正确的旅游接待态度,培养世界公民意识,通过文化交流,彼此加深了解,建立友谊;其二,加强文化传统教育,强化本土文化中的重要价值观,树立民族自信心和自豪感,防止出现"客尊主卑"的思想与行为;其三,帮助接待地居民提高文化鉴别能力,自觉地吸收外来文化中先进的东西和抵制腐朽、没落的东西;其四,提高接待地居民的心理平衡能力(不能"穷则思邪"或"为富不仁")。通过各种途径和方法,加强对当地居民的法律、法规知识的教育,灌输可持续发展思想让当地居民知道当地的环境和资源对他们意味着经济来源和生活依靠。从根本上逐渐改变他们单纯地追求经济利益而忽视对当地环境保护的行为。

8.3.1.3 开展变通性旅游

(1)概念及其产生的背景

变通性旅游又称为"新概念旅游",意指以价值交换和人与人相互了解理解为基础,与接待地自然、社会和文化环境相协调,兼顾东道主、旅游者、旅游行业和政府各方面利益的旅游形式,形成"多赢"格局。其核心是筛选出"变通性游客",即尽量多和当地居民接触,尽量避开旅游基础设施而同当地居民共同使用住宿、交通设施的游客。

变通性旅游是在这样一个背景下提出的:大众旅游活动对人类自然和文化环境的污染日趋严重。面对这样的形势,一些学者开始冷静思考发展旅游业的方法论问题,提出旅游可持续发展实质是要反思和摒弃传统的追求规模和数量的大众旅游,寻求一种既能使东道社会收入最大化,又能保护生态环境和文化多样化的有效途径,"变通性旅游"这一新术语便应运而生。

(2)变通性旅游的范畴

研究者认为,修学旅游、宗教旅游、科考旅游、民俗旅游等人们通常视为特种形式的旅游,都可归于变通性旅游的范畴。

与传统的大众旅游相比,变通性旅游具有保证质量、保护性、计划性和由旅游地控制等优点,从而有着"肩负环境责任且具备环境伦理"的美称。

(3)变通性旅游强调的内容(内涵)

强调旅游活动的科学编排,提倡进行地区之间结对的有组织的往来交换,让游客看到接待地真实世界。

强调旅游基础设施的建设必须把同当地自然、社会文化环境的和谐放在首位,而不是简单地为经济目的服务。

强调接待地居民的权利,倡导旅游发展决策中的社区参与。

强调旅游从业人员在主客交流中的主导作用与调控作用(充当"文化经纪人"的角色)。

强调旅游开发者、管理者了解和熟悉本土文化和外来文化。

(4) 变通性旅游的优点

一方面,变通性旅游可促进接待地本土文化的保护和发展,引导旅游者有效地与之接触,促成旅游者同接待地人民之间的平等交往;另一方面,又使得外来文化以一种平和的方式渗入接待地,不至于超出接待地社会文化环境及自然环境的承受力,从而保证主客文化之间的和谐、稳定交流。总之,变通性旅游的突出优点是有助于旅游活动中文化潜移的双向平衡。

尽管变通性旅游还存在着一些疑难,但其倡导的"旅游地发展与当地自然、社会和文化环境相协调""在平等基础上建立主客相互关系"等一系列思想,构成了旅游可持续发展的思想的重要内容之一。每个国家和地区在发展旅游业过程中,都应该遵循这样的思想,或者说追求这样的目标,以最大限度地缓解大众旅游的各种负面影响,开创新的旅游世界。

8.3.2 对旅游接待地文化变迁持正确态度

文化不会是一成不变的,试图阻止文化的演进是不切实际的幻想。在文化交流碰撞的过程中,保守落后的弱势文化总会更多地受到先进文明的强势文化的冲击、弱化、同化,文化的历史变迁是一种必然。任何排斥先进文化的行为必然导致愚昧落后,而任何否定自身(民族和地方)文化特色的行为也必然导致文化同化和异化。而发展旅游业也必须是在坚持人类共同文明基线的前提下,发展文化的多样性,而这种多样性文化的发展不能以损害游客和目的地居民的利益为代价,一方面要给予游客真实的文化体验;另一方面要给目的地社区居民带来收益,而这种收益应是长期的和可持续的,因此必须使得目的地社区文化和谐演进和健康发展,这就要求旅游社区居民能够成为旅游的受益者,在社会、经济、文化上获得进一步发展的空间,获得现代文明生活的权力,同时也在文化上保持自己特色与优势,实现可持续发展。

8.3.3 树立科学的旅游发展观

当前我国人民生活水平不断提高,大众旅游蓬勃发展,旅游业为国家和地方经济发展做出了重大贡献。但由于缺乏科学的发展观的指导,也出现了一些偏差。我国旅游在许多方面已经出现严重的异化。例如,许多地方的政府官员都将旅游业作为主导产业加以发展,纯粹是出于经济目的,企图用旅游业这根脆弱的纤绳拉动 GDP 这只大船,结果使旅游业的经济压力不堪重负,旅游业的社会文化功能丧失殆尽。不少自然、文化遗产已由"传家宝"异化成为"摇钱树",错位开发、破坏性开发现象十分严重。许多地方一味追求经济效益,旅游发展已经带来许多严重问题,如环境污染、资源耗竭、生态恶化、文物损坏、文化异化、恶性竞争、欺诈游客等。至于民俗文化、宗教文化被旅游异化的现象更是比比皆是,不少已经背离了旅游的宗旨和本质。所有这些旅游异化现象应该引起我们的重视。从根本上说,发展旅游的主要目的是创造人与自然、人与社会和谐的生活环境，满足人们审美、消遣、享受、文化学习、陶冶情操、身心健康的需求，提高人类生活质量，最终促使人的自由全面发展。因此，我们决不能把旅游作为一种单纯拉动经济增长（或赚钱）的手段来看待。当前我国旅游业发展暴露出的种种问题更加促使我们应该树立和落实科学的旅游发展观，即"坚持以人为本，树立全面、协调、可持续发展观，促进旅游业的健康发展"。

8.3.3.1 "以人为本"是旅游发展的本质和核心

"以人为本"是旅游发展和科学的旅游发展观的本质和核心。"以人为本"首先应该解决为什么人的问题。我们认为，"以人为本"就是以大多数人为本，而不是以少数人为本，科学旅游发展观中"以人为本"的"人"主要是指旅游者（或游客）和社区居民。旅游开发、旅游经营与服务应以旅游心理学和旅游人类学等理论为指导，认真研究旅游者（或游客）的心理行为和审美偏好、生活观念，切实解决与广大旅游者切身利益紧密相关的问题（如身心需求、服务质量、旅游安全、消费价格、产品特色等）。旅游者是旅游的主体，游客是旅游业的上帝，不被旅游者认可的旅游是没有价值和意义的。因此，旅游发展首先应该研究人，即旅游者，然后才是物质设施。

"以人为本"是旅游开发与规划的根本原则。旅游开发中，对旅游资源进行评价时，注意与旅游者进行角色互换，以旅游者的眼光评价旅游资源的价值；在规划项目设施、线路组织设计时，力求使方案符合旅游者的心理行为规律，应努力为旅游者（或游客）创造一个充满人文关怀的旅游环境，为旅游者提供高质量的旅游经历和异地生活体验。旅游经营应努力为旅游者（或游客）提供充满人情味的服务。旅游开发还应研究旅游者、当地居民和开发商的特性及其相互关系，使旅游开发符合当地人民的意愿，切实照顾社区的根本利益，把旅游开发与促进当地居民的就业和提高人民生活水平结合起来，使当地居民从旅游发展中得到更多的实惠，做到兴地富民，把充分满足旅游者和社区居民的需求，促进社会和人的自由全面发展作为旅游发展的根本目标。

社区居民参与旅游发展主要体现在以下3个方面：参与旅游发展决策；参与旅游发展而带来的利益的分配；参与有关旅游知识的教育培训。社区参与必须通过一定的政治制度来体现，政府部门、国家旅游管理机构和行业组织可以采取系列行动来保证为社会各个阶层提供机会均等。

应坚决反对那种"以钱为本"、经济利益至上和只顾经营者利益的旅游发展观。努力克服"旅游异化"的现象，重视旅游作为人们审美、消遣、满足文化需求这种特殊生活方式和更深层的意义，重视旅游对生命意义追求和人的自由全面发展的哲学思考。要大力加强休闲与旅游教育，努力提高旅游者自身的旅游文化素质。旅游者要认真思考旅游的本质和真谛，树立正确的旅游理念，例如把旅游作为文化经历、文化体验（如体验真善美）、文化交流、审美欣赏、增长知识、净化灵魂和实现人的自我价值的方式等，而不应是随波逐流或心理从众，仅仅满足好奇心、追求感官刺激、迷恋享受或表达炫耀性消费，应把促进人的自由全面发展和社会的文明进步作为旅游追求的主要目标。

世界上许多发达国家并不将旅游发展首先视为经济利益，而更主要是为了提高人民的生活质量与社会整体素质，创造优美、和谐的生活环境，促进社会进步和人的自由全面发展。这些国家能够将旅游、休闲与社会公益事业有机结合。许多发达国家的学者对旅游的研究，主要不是从经济学的角度进行研究，而更多的是从社会学、文化学、人类学、心理学、行为科学、哲学等"人学"角度进行研究，真正体现了"以人为本"，这对我们树立和落实科学的旅游发展观有所启发。旅游学科的龙头应该是旅游哲学或旅游文化学，而不是旅游经济学。我们的旅游科学研究导向要有所转变，多关注旅游的价值、意义和人的发展，而不仅仅是服务于产值的增长和业主利润的增加。我们的旅游发展导向在许多方面确实存在问题，应该深刻反思并有所转变，注意从哲学的层次和人类学、文化学的角度多思考和研究旅游问题（如旅游的功能、目的、本质、价值观、人文关怀等），从本质和源头上解决旅游异化等根本问题。

8.3.3.2 "全面、协调"是旅游发展追求的最高境界

全面，就是全局，就是整体，而不是片面或不顾整体的局部；协调，就是统筹兼顾，就是和谐，而不是顾此失彼。旅游是人追求身心自由体验和人与自然、人与社会、人与人和谐统一的社会实践活动。旅游发展应始终坚持"全面、协调"的旅游发展观，正确处理好人与自然的关系，正确处理好旅游者、当地居民和开发商之间的关系，正确处理好旅游区域之间的关系，正确处理好经济效益与社会文化效益、环境效益的关系，实现良性互动和有机整合。建立具有社会文化综合目标的旅游总体规划，将社会文化目标融入旅游规划之中，是一种行之有效的方法。

坚持"全面、协调"的旅游发展观，就是要把旅游作为"统筹城乡发展、统筹区域发展、统筹产业发展、统筹经济社会发展、统筹人与自然和谐发展、统筹国内发展和对外开放"的最佳载体和重要的动力产业来发展。

"全面、协调、统筹"应该是旅游发展追求的最高境界，这也是中国全面建设小康社会的应有之义。

8.3.3.3 "可持续发展"是旅游发展的行为准则和终极目标

可持续旅游发展思想是全球性旅游发展哲学。它以强调对旅游开发的组合效应评价为出发点，以谋求旅游开发的长期价值为目标，并且对旅游的生态效益甚为关注。1990年在加拿大召开的Globe'90国际大会上构筑了可持续旅游发展基本理论的基本框架，提出了5项主要目标：①增强对旅游带来的环境效应和经济效应的理解，强化生态意识；②提倡公平发展；③提高当地社区居民的生活质量；④向旅游者提供高质量旅游的经历；⑤保护未来旅游开发赖以存在的环境质量。1995年4月，联合国教科文组织、环境规划署和世界旅游组织（WTO）等在西班牙召开"旅游可持续发展世界会议"，通过了《可持续旅游发展宪章》及《旅游可持续发展行动计划》，提供了一套行为准则和各国推广可持续旅游的具体操作程序。"旅游可持续发展的实质，就是要求旅游与自然、文化和人类生存环境目的地成为一个整体；自然、文化和人类生存环境之间的平衡关系使许多旅游目的地各具特色。旅游建立发展不能破坏这种平衡关系"（《旅游可持续发展宪章》）。根据可持续旅游发展的思想，调控旅游对社会文化的影响，应该坚持如下原则。

(1) 多目标并重的原则

即在规划中注重经济目标、环境目标、社会目标、文化目标，全面发展。

(2) 参与性原则

保证相关利益群体的参与，特别是利益目的地居民的参与。

(3) 利益协调的原则

利益协调是调节人们行为的杠杆，合理的利益调配是调控旅游、对社会文化影响的有力工具。

可持续发展是指以人为中心的自然—经济—社会复合系统的可持续发展，它被视为 21 世纪人类的行为准则。传统的旅游发展观存在着种种问题，如急功近利，只重视旅游的经济利益而忽视旅游的社会效益和环境效益，已经成为旅游业健康发展的严重障碍，当今人们已经越来越关注旅游的可持续发展。旅游可持续发展的具体含义是指旅游开发既应满足当代人（含旅游者和旅游地居民）的多种需求（经济、社会、美学、生态等），又不损害子孙后代满足其旅游需求的能力和进行旅游开发的可能性。这一理念的提出，旨在增进人们的旅游生态意识、旅游文化意识，保持未来旅游业发展赖以生存的环境（自然与人文）质量，促使人们致力提高旅游开发与经营管理的科学水准，从而使旅游业发展有着永不衰竭的后劲。旅游发展的重要基础和主要卖点是优良的环境、特色的文化，因此旅游与可持续发展有着天然的耦合关系，是能够较好实现经济效益、社会文化效益和环境效益有机统一的特殊产业，实施可持续发展战略应该是旅游业内在的本质的要求。这就需要旅游全行业形成共识，自觉行动。

旅游可持续发展与文化因素有着至关重要的内在联系。文化（尤其是价值观）可以说是旅游业可持续发展的强有力支撑。任何一个旅游接待地，要实现旅游可持续发展的目标，必须对旅游的社会文化效应予以高度重视。坚持"经济—文化"二元统一论和"资源—市场—文化"的综合导向；多搞"软开发"，少搞"硬开发"，走内涵集约式发展的道路；在旅游发展过程中对文化的潜移做出合理化的调适；充分重视文化在旅游开发与经营中的地位与作用，力求使旅游产品、旅游服务具有较高的文化品位、深刻的文化内涵和浓厚的文化特色，从而使其在旅游市场的激烈竞争中立于不败之地，以实现旅游业的可持续发展。

【思考题】

1. 旅游对接待地社会文化有哪些影响？
2. 简述旅游可持续发展的含义与实质。
3. 为保证旅游业可持续发展，接待地在文化调适上应注意哪些问题？
4. 何谓"变通性旅游"？这一旅游理念提出的意义何在？
5. 试述科学的旅游发展观的具体含义。

【案例分析】

泸沽湖忧思录——变迁中的女儿国

泸沽湖虽然地域封闭，但人们每天接触电视、广播、报纸、书刊，外来文化对人们的影响力是巨大的，当地的文化传统、风俗习惯正在起着变化。比如，这里的婚姻制度已嬗变为三种形式：一是走婚制，即"阿夏异居婚"，这是母系社会婚姻的主要形式，约占70%。二是"阿夏同居婚"，这是"走婚"这棵树上生出的一根枝杈。这种婚姻指已结成情侣关系的男女同居一家，但不另立门户，男到女家或女到男家由两家协商而定。三是一夫一妻制。后两种形式约占30%，而且还有扩大的趋势。据我观察，文化水平较高或有工作的，婚姻一般为"一夫一妻"或"同居婚"。这种趋势似已使母系社会的冰山一角开始融化，最具特色的婚俗文化现象的魅力在减弱。

过去，这里的民风民俗最醇正，但近几年也出现了打架、斗殴、赌博等歪风。过去，在交往中，诚实为本，骗人为耻，现在做买卖时以次充好，少给多收现象时有发生。

僧侣的戒规和宗教仪式的庄重与过去相比也发生了变化。碰巧，我们在里格岛遇上了殡葬仪式，一位名叫扎西的僧人给我留下了深刻的印象。他是出家人，却有一个同居的阿夏，与拉克六斤的五妹结婚并生有一男一女；他白天去念经，晚上主持篝火晚会，亦歌亦舞，是姑娘们喜欢的对象；他的职业是僧人，却用自家房产开了个旅馆，采购、收钱，扮演着商人的角色。小伙子聪明漂亮，那副潇洒劲头，村里的年轻人都很羡慕。

对于种种文化现象的变化，各类人众说纷纭。这里摘录几段村民的议论：在湖边的木楞房旁，几个老人坐在粗大的木桩上。一个头戴毡帽、魁梧的老人说："我年轻的时候，也走南闯北，赶马经商，远到印度，走过不少地方，也算见过世面吧。但还没见过现在的年轻人，骑着马走村串寨，见到老人，遇到喇嘛也不下马，说是骑给游客看的，真是活见鬼。"另一个老人插话："别说是村中间骑马，就连转尼马堆也有人不再行走了，骑着马转。"另一个老人深有感触地说："现在，什么人都谈着钱、钱、钱，他们真是没见过钱。我年轻的时候，曾用十多匹马驮过钱。"又一个老人说："他们天天谈论歌舞厅，我就悄悄地摸进去看了一下。哎呀，这哪里是在跳舞，那男的双手抬着女人，完全是我们葬礼中孝男举贡品托盘的姿势嘛！"议论引来了一阵阵笑声。

杨二车娜姆在她的《走回女儿国》一书中说："老人们的谈论，我并不完全赞同。社会在发展，民族也需要发展，永远保持传统是不可能的。永远保留那种自然经济状态，孙女重复外祖母，女儿重复母亲，那种亘古不变的历史应该成为过去。任何人也没有能力让时间倒流，关键是怎么变，怎么发展？如何少走弯路，如何认识传统，又如何辨别外来文明，这是值得思索的。如果认为外来的、一切新鲜的都是对的，不加选择地一概吸收，那么，不要几年工夫，在泸沽湖，将再也看不到真正的摩梭，说得严重一些，只能见到一些穿着摩梭服装的服务员。""那些紧挨着祖母房的卡拉OK厅、发廊等所谓的现代文明进入泸沽湖，似乎是一股混浊的河水淌入纯净的泸沽湖。这里有一种隐痛、一种看不见摸不着的城市病，随着现代文明传染给了我的故乡。湖边，在古老的猪槽船边，我看到一堆堆塑料口袋、饮料瓶。这些东西，一百年也不会腐烂。我有种奇怪的感觉：我们的母亲湖正在被人强奸。""外边进入的东西，并不全是精华，而是一些说不清是垃圾还是娱乐品的东西。连前所(村名)那偏僻的地方，每到晚上，都有许多年轻人挤在那间密不透风的录像厅，津津有味地看着这些《精武门》、《生死关头》、《鸳鸯情侣》之类的港台制品。真不知道，受这些东西熏陶的我的兄弟姐妹，将来走向何方，我很担心。"

（资料来源：www.ctnews.com.cn/gb/2000/08/14/zglyb/qcsh/1.htm）

案例分析思考题：

1. 旅游的发展对泸沽湖的社会文化有哪些影响？

2. 以泸沽湖为例，试用社会文化变迁和调适理论来分析传统旅游接待地社会文化发展。

3. 你认为泸沽湖旅游开发如何树立科学的旅游发展观，以保证其旅游业可持续发展。

参考文献

[澳]赖辛格,托纳.2004.旅游跨文化行为研究[M].朱路平译.天津:南开大学出版社.
白槐.1991.旅游文化论文集[M].北京:中国旅游出版社.
包大明.2007.宗教文化与旅游业发展[J].商场现代化(2).
曹诗图.1994.文化与地理环境[J].人文地理(2).
曹诗图,等.1996.社会·文化·环境[M].昆明:云南科学技术出版社.
曹诗图,杨宇.2001.欧、美、日、中企业文化比较[J].三峡大学学报(人文社会科学版)(2).
曹诗图,等.2003.三峡旅游文化概论[M].武汉:武汉出版社.
曹诗图,孙天胜.2004.新编人文地理学[M].北京:大众文艺出版社.
曹诗图,阚如良,刘晗.2006.对科学的旅游发展观的哲学思考[J].三峡大学学报(人文社会科学版)(6).
曹诗图,查俊峰.2008.试论旅游企业文化的特征、发展趋势与建设[J].武汉科技大学学报(社会科学版)(2).
曹诗图.2011.略论旅游文化学的主要问题——与邹本涛先生商榷[J].旅游论坛(5).
曹诗图,等.2011.旅游文化与审美[M].3版.武汉:武汉大学出版社.
曹诗图,等.2013.旅游审美概论[M].天津:南开大学出版社.
曹诗图.2013.哲学视野中的旅游研究[M].北京:学苑出版社.
常青.1998.从旅游景观的开发谈雕塑[J].雕塑(1).
陈从周.1984.说园[M].上海:同济大学出版社.
陈鸣.2004.实用旅游美学[M].广州:华南理工大学出版社.
陈蔚德.2004.导游讲解实务[M].北京:旅游教育出版社.
程进伟.1998.旅游与雕塑[J].雕塑(1).
丁新艳.2007.浅析宗教文化的旅游价值[J].沧桑(3).
方志远.2006.旅游文化概论[M].广州:华南理工大学出版社.
关世杰.2002.跨文化交流学[M].北京:北京大学出版社.
郭鹏.2007.试论我国的宗教文化旅游[J].前进(4).
郝长海.1996.旅游文化学概论[M].长春:吉林大学出版社.
何伯镛.1997.美育基础教程[M].广州:广东高等教育出版社.

胡龙成，曹诗图．1992．地理环境与中国民歌［J］．地理知识(3)．
胡幸福．2006．中华旅游文化［M］．银川：宁夏人民出版社．
黄传玲，程春旺．2006．中国古典园林文化内涵在旅游活动中的价值挖掘［J］．安徽农业科学(12)．
计成．1988．《园冶》注释［M］．北京：中国建筑工业出版社．
贾祥春．1997．旅游文化的特点及其在旅游业中的地位和作用［J］．复旦学报(2)．
贾玉新．1997．跨文化交际学［M］．上海：上海外语教育出版社．
金炳镐．1999．中国饮食文化的发展和特点［J］．黑龙江民族丛刊(3)．
孔润常．2007．中西方饮食文化差异［J］．中国食品(5)．
李辉．2005．妙处难于与君说——试论古典园林意境美在大众旅游中的消褪［J］．艺术百家(2)．
李景春．2000．论社会文化变迁与社会心理现代化［J］．华北水利水电学院学报(6)．
李蕾蕾．2000．跨文化传播及其对旅游目的地地方文化认同的影响［J］．深圳大学学报(2)．
李慕田，沈守兵．1996．论中国地域文化的地理特征［J］．人文地理(1)．
李齐放．2004．群峰一线开——三峡地区企业管理案例［M］．北京：中国财政经济出版社．
李天元，王连义．1999．旅游学概论［M］．天津：南开大学出版社．
李伟．2006．旅游文化学［M］．北京：科学出版社．
李祝舜，蒋艳．2003．欠发达旅游地社会文化变迁与社会心理现代化［J］．北京第二外国语学院学报(5)．
梁雪松，马耀峰，李天顺．2006．"文化边际域"中东西方旅游者行为比较研究［J］．旅游学刊(1)．
刘晗，曹诗图．2005．试论音乐文化旅游资源的开发［J］．云南地理环境研究(2)．
刘瑞新．2003．论饮食文化在旅游产业中的开发［J］．甘肃行政学院学报(4)．
刘振礼，王兵．1999．中国旅游地理［M］．天津：南开大学出版社．
鲁莉，曹诗图．2007．中西饮食文化比较及文化地理分析［J］．四川烹饪高等专科学校学报(3)．
马波．1998．现代旅游文化学［M］．青岛：青岛出版社．
钱茸．2002．古国乐魂——中国音乐文化［M］．北京：世界知识出版社．
乔修业．2000．旅游美学［M］．2版．天津：南开大学出版社．
沈祖祥．1999．旅游文化概论［M］．福州：福建人民出版社．
沈祖祥．2002．旅游与中国文化［M］．2版．北京：旅游教育出版社．
史建．1999．图说中国建筑史［M］．杭州：浙江教育出版社．
舒伯阳．2003．基于消费者行为分析的区域旅游市场规划方法研究［J］．人文地理(4)．
苏勤．2001．旅游学概论［M］．北京：高等教育出版社．
唐留雄．2001．中华饮食文化与我国旅游业的发展［J］．财贸研究，(2)
唐鸣镝，黄震宇，潘晓岚．2003．中国古代建筑与园林［M］．北京：旅游教育出版社．
田穗文，龙晓明．2003．旅游发展中的跨文化研究［J］．经济与社会发展(7)．
童恩正．1989．文化人类学［M］．上海：上海人民出版社．

王宏，王江萍．2002．雕塑在旅游中的地位及其价值[J]．武汉大学学报(工学版)(5)．
王会昌．1992．中国文化地理[M]．武汉：华中师范大学出版社．
王柯平．2000．旅游美学新编[M]．北京：旅游教育出版社．
王玲，牛艳茹．2007．宗教文化对旅游业的影响[J]．辽宁行政学院学报(1)．
王妙，孙亚平．1999．旅游对接待地的社会文化影响[J]．天津商学院学报(4)．
王明煊，胡定鹏．1998．中国旅游文化[M]．杭州：浙江大学出版社．
王晓倩，杨万娟，曹诗图．2013．旅游审美文化嬗变中的演进与异化[J]．旅游论坛(5)．
王毅．2004．中国园林文化史[M]．上海：上海人民出版社．
王玉成．2005．旅游文化概论[M]．北京：中国旅游出版社．
王玉德，邓儒伯，姚伟钧．1996．中国传统文化新编[M]．武汉：华中理工大学出版社．
王智杰．2004．书法艺术在现代旅游资源开发中的意义[J]．咸阳师范学院学报(3)．
文岚．2002．试论中西文化差异对旅游消费行为的影响[J]．湘潭大学社会科学学报(5)．
吴光玲．2006．关于文化旅游与旅游文化若干问题研究[J]．经济与社会发展(11)．
吴桂生．2004．论宗教文化旅游资源的利用与开发[J]．湖南商学院学报(4)．
吴清津．2006．旅游消费者行为学[M]．北京：旅游教育出版社．
夏林根．2004．中国古建筑旅游[M]．太原：山西教育出版社．
萧默．1999．中国建筑艺术史[M]．北京：文物出版社．
肖芬．2003．论中国古典园林的意境美[J]．南昌大学学报(2)．
谢贵安，华国梁．1999．旅游文化学[M]．北京：高等教育出版社．
谢彦君．2004．基础旅游学[M]．北京：中国旅游出版社．
修海林，李吉提．1999．中国音乐的历史与审美[M]．北京：中国人民大学出版社．
阳国亮，黄伟林．2001．多维视角中的旅游文化与发展战略[M]．北京：中国旅游出版社．
杨检波．2001．旅游地社会文化环境变迁机制试研究[J]．旅游学刊(6)．
杨文棋．1995．略论宗教文化与旅游业的关系[J]．华侨大学学报(哲学社会科学版)(4)．
杨永平．2004．旅游企业文化研究[M]．北京：经济科学出版社．
姚昆遗，贡小妹．2006．旅游文化学[M]．北京：旅游教育出版社．
尹华光．2003．旅游文化[M]．北京：高等教育出版社．
尹华光．2005．旅游文化学[M]．长沙：湖南大学出版社．
于光远，马惠娣．2002．关于文化视野中的旅游问题的对话[J]．清华大学学报(哲学社会科学版)(5)．
喻学才．2001．旅游文化[M]．北京：中国林业出版社．
袁本华，曹诗图．2001．东西方文化差异的地理透视与整合分析[J]．世界地理研究(1)．
袁成，曹诗图．2004．中西建筑文化比较及其形成背景分析[J]．三峡大学学报(人文社会科学版)(6)．
张德．1999．组织行为学[M]．北京：高等教育出版社．
张国洪．2001．中国文化旅游[M]．天津：南开大学出版社．
张继涛．2003．旅游主体文化的特征分析[J]．湖北大学学报(哲学社会科学版)(5)．
张建涛，刘兴．1998．风景区旅游接待建筑布局的原则与方法[J]．新建筑(4)．
张进福，肖洪根．2000．旅游社会学研究初探[J]．旅游学刊(1)．

张廉. 2004. 论旅游主体消费行为的文化过程[J]. 贵州商业高等专科学校学报(2).
张亮采. 1996. 中国风俗史[M]. 北京：东方出版社.
张卫. 1993. 旅游消费行为分析[M]. 北京：中国旅游出版社.
张伟强，陈玲，刘少和. 2004. 文物建筑保护与旅游开发协调发展及其对策[J]. 热带地理(2).
张宣. 2006. 中西文化差异对旅游跨文化交际的影响[J]. 福建经济(2).
章采烈. 2004. 中国园林艺术通论[M]. 上海：上海科学技术出版社.
章海荣. 2004. 旅游文化学[M]. 上海：复旦大学出版社.
赵伯乐. 2000. 宗教文化是一种值得重视的旅游资源[J]. 学术探索(6).
郑杭生. 2003. 社会学概论新修[M]. 北京：中国人民大学出版社.
中国出境旅游者消费行为模式研究课题组. 2003. 中国出境旅游者消费行为模式研究[M]. 北京：旅游教育出版社.
朱希祥. 1998. 中西旅游文化审美比较[M]. 上海：华东师范大学出版社.
朱耀廷. 2004. 中华文物古迹旅游[M]. 北京：北京大学出版社.
邹本涛，谢春山. 2008. 旅游文化学[M]. 北京：中国旅游出版社.
邹本涛，谢春山. 2012. 旅游文化学[M]. 2版. 北京：中国旅游出版社.